KB008374

다시 살아 숨쉬는 역사 ─────────

풀뿌리
/ 고조선부터
일제강점기까지 /
한국사

나남

글 고성윤

펴낸날 2017년 2월 9일 초판 1쇄, 2017년 3월 24일 초판 2쇄

펴낸이 김상수 ㅣ **기획·편집** 위혜정, 김새롬 ㅣ **디자인** 문정선, 김송이 ㅣ **영업·마케팅** 황형석, 서희경

펴낸곳 루크하우스 ㅣ **주소** 서울시 성동구 아차산로 143 성수빌딩 208호

전화 02)468-5057~8 ㅣ **팩스** 02)468-5051

출판등록 2010년 12월 15일 제2010-59호

www.lukhouse.com cafe.naver.com/lukhouse

ISBN 979-11-5568-291-3 03910

※ 잘못된 책은 구입처에서 바꾸어 드립니다.

※ 값은 뒤표지에 있습니다.

나는나다는 (주)루크하우스의 단행본 브랜드입니다.

다시 살아 숨쉬는 역사 ————————

풀뿌리
/ 고조선부터
일제강점기까지 /
한국사

고성윤 지음

　사람들에게는 저마다의 바람이 있고 처지가 있습니다. 이 시대를 살아가는 사람이나 지나간 옛 시
간을 살아냈던 사람이나 구체적인 형태는 다를지언정 각자의 욕구를 충족시키기 위해 살아왔다는 점
에서는 다를 바가 없는 것이죠. 각각의 욕구는 어느 한 시점에서 얽히고설켜 다양한 사건을 만들어
냅니다. 그렇게 만들어진 하나하나의 사건은 앞과 뒤에 놓여 있는 또 다른 사건들과 영향을 주고받으
면서 하나의 흐름을 만들어냅니다. 역사를 배운다는 것은 다양한 사람들이 얽히고설켜 만들어낸 그
이야기를 읽는 일과 같습니다.

나라나다

사람들에게는 저마다의 바람이 있고 저마다의 처지가 있습니다. 지금 이 시대를 살아가는 사람이나 지나간 옛 시간을 살아냈던 사람이나 구체적인 형태는 다를지언정 각자의 욕구를 충족시키기 위해 살아왔다는 점에서는 다를 바가 없는 것이죠. 그리고 각각의 욕구는 어느 한 시점에서 얽히고설켜 다양한 사건을 만들어 냅니다. 그렇게 만들어진 하나하나의 사건은 앞과 뒤에 놓여 있는 또 다른 사건들과 영향을 주고받으면서 하나의 흐름을 만들어냅니다. 이런 점에서 역사는 과거를 살아온 수많은 사람들이 만들어낸 대하드라마라고 할 수 있습니다. 따라서 역사를 배운다는 것은 다양한 사람들이 얽히고설켜 만들어낸 그 이야기를 읽는 일과 같습니다.

우리가 역사를 접하고 배우는 방식을 돌아보면 이야기의 흐름을 따라가는 방식이 아니라는 것을 알 수 있습니다. 역사 교과서가 그 대표적인 예입니다. 교과서는 역사를 흐름으로, 이야기로 접근하는 대신에 어떤 특정한 사건, 시점, 시대를 단절적으로 다룹니다. 사건 또는 행위를 원인과 결과의 인과관계 속에서 파악하지 않고 결과물 중심으로 나열합니다. 그 결과 어떤 현상이 벌어지는지는 익히 알고 있을 겁니다. 수많은 사건, 인물, 연도, 제도, 복식, 유물 등 시대별로 달라지는 모든 역사 학습의 요소들을 그저 외워야 하는 대상으로 만들어버린 것이죠. 하지만 역사에 단절은 없습니다. 그것이 어떤 일이었든 그 속에는 원인과 결과가 있습니다. 역사 속에서 발견하는 수많은 일들 속에서 인과관계를 찾아내는 노력이야말로 살아있는 역사가 되게 하는 첫걸음입니다. 또한 역사의 한 지점과 개개의 지점을 연결하는 전체 역사를 인과관계 속에서 바라본다는 것은 흐름을 중심으로 역사를 배운다는 말과 같습니다. 흐름을 알아야만 비로소 살아 있는 역사를 알게 되는 것입니다.

이 책에서는 한국사를 단절이 아닌 연결과 흐름이 있는 역사로 보고자 노력했습니다. 고조선의 건국과 열국시대(삼국시대), 남북국시대와 고려를 거친 우리 역사가 조선 시대에 들어와 어떤 요인으로 인해 결국 일제의 식민지로 빠져들고 말았는지를 사건과 사건의 인과관계를 파악함으로써 보여주려 했습니다. 고려 말 정도전으로 대표되는 신흥사대부의 등장으로부터 시작된 조선의 건국과 태종의 공신 숙청, 세종의 치적, 사림의 집권과 임진왜란, 인조반정과 정조의 개혁, 대원군의 집권 이후부터 조선의 멸망과 독립투쟁에 이르기까지 모든 역사적 사건은 연쇄 고리처럼 맞물려 있습니다. 앞의 사건이 뒤의 사건에 어떤 영향을 미쳤는지 그 속에서 사람들은 각자 어떤 태도를 취했는지를 알아야만 비로소 진정한 의미를 이해하게 됩니다.

흐름을 통해 역사를 배우는 것은 역사를 쉽게 그리고 깊게 이해하는 방식이기도 합니다. 하나의 맥락 속에서 '왜'라고 하는 문제가 해결되기 때문입니다. 고려 광종이 과거제를 도입한 것은 과거제가 단순히 좋은 제도였기 때문에서가 아닙니다. 구세력을 몰아내는데 반드시 필요한 조치였기 때문이었습니다. 또한 태종이 대규모 숙청을 단행한 것은 태종의 성격이 과격해서가 아닙니다. 왕권 강화를 위해 반드시 거쳐야 할 단계라고 생각했기 때문입니다. 이런 전후 사정을 안다면 매 사건과 그에 결부되어 있는 인물의 행동은 물론 사건의 결과물을 '외우는' 데도 아마 도움이 될 겁니다. 단어로 외우는 것이 아니라 결과물이 나오게 된 배경지식을 가지고 자연스레 습득하게 되기 때문입니다.

인물과 사건, 역사의 결과물에 대해 정확한 평가는 역사의 흐름을 이해하고 난 뒤에야 비로소 가능해집니다. 앞서 말했지만 사람들에게는 각자의 욕구가 있습니다. 그 욕구는 서로 부딪히고 갈등하고 조정하고 때로는 폭력적 해결의 과정을 겪게 되죠. 하지만 모든 사람의 행위가 그들 욕구를 실현하기 위한 것이었다는 단순하고 동일한 평가를 받아야 하는 건 아닙니다. 무엇을 위한 욕구였는지 그 수단은 정당했는지에 따라 다양한 평가의 대상이 될 수밖에 없습니다. 실제 어떤 이의 욕망은 역사의 발전에 긍정적인 영향을 끼친 반면에 다른 어떤 이의 행동은 공동체를 파괴하고 수많은 사람들을 나락으로 몰아가기도 합니다. 그리고 그 결과가 지금도 우리의 생각과 행동 그리고 생활에 영향을 미치고 있습니다. 몇 년 전, 몇 십 년 전에 벌어진 일들이 정치, 경제, 문화 등 각 영역에 걸친 우리의 생활에 영향력을 행사하고 있는 것처럼 수천 년 전 수백 년 전에 있었던 역사적 사건들 역시 마찬가지입니다. 고대사 논쟁, 자주성 논쟁, 친일 논쟁이 여전히 지금 이 시기에 벌어지고 있는 현실이 바로 그 증거입니다.

결국 역사를 흐름으로 본다는 것은 과거를 통해 현재를 보기 위한 역사 공부의 원래 의미에 충실하기 위함입니다. 과거를 제대로 보지 않으면 현재를 제대로 볼 수 없다는 말입니다. 그런 점에서 이 책이 살아있는 역사를 배우는 데 쓰인다면 좋겠습니다. 하지만 이 책에서 드러내고 있는 한국사에 대한 관점과 기준을 강요할 생각은 없습니다. '우리' 즉 이 시대를 공유하고 있는 사람들의 생각이 제각각 다를 수 있다는 것을 알기 때문입니다. 그렇기에 유일한 관점과 기준이란 어떤 개인 또는 집단, 나아가서는 국가조차도 강요할 수 없는 것임을 잘 알기 때문입니다.

마지막으로 한 가지 독자들에게 말씀드려야 할 일이 있습니다. 이 책은 고조선부터 해방 전까지의 한국사를 다루고 있습니다. 우리가 반드시 알아야 할 중요한 사건만을 흐름과 인과관계 중심으로 다루었지만 그럼에도 5천년의 역사를 한권의 책 속에 담아낸다는 것은 정말로 어려운 일이었습니다. 결국 해방 이후의 역사는 다루지 못한 채 출간을 결정하게 되었습니다. 1945년부터 오늘에 이르는 기간은 70년 정도에 불과합니다. 아주 짧은 기간이죠. 하지만 우리의 현실이 가장 직접적으로 '근거하고' 있는 기간이기도 합니다. 촛불의 거대한 물결이 발하는 에너지의 근원이 되는 시기이자 촛불의 원인을 제공한 시기이기도 합니다. 5천년 역사 중 미미한 일부분의 시간으로 취급해서는 안 되는 이유가 바로 거기 있는 것입니다. 하여 우리의 현재를 구성하고 있는 그 70년에 대해서는 별도의 책으로 다루고자 합니다. 이점 양해를 부탁드리며 이 책이 자신만의 역사관을 세우는 데 조금이라도 도움이 되기를 바라는 마음입니다.

고성윤

목차

01 고조선과 삼국시대? 열국시대?

02 남북국시대

03 고려

01

고조선과 삼국
시대?
열국시대?

1_ 우리나라 최초의 국가는 '조선'이었다

'옛날에 환인의 아들 환웅이 있었는데 자주 천하에 뜻을 두고 인간 세상을 탐내었다. 풍백·우사·운사를 거느리고 곡물·생명·질병·형벌·선과 악 등 인간의 360여 가지 일을 모두 주재하여 인간 세상에 있으면서 그곳을 합리적인 사회로 만들었다.'

고려시대 승려 일연이 쓴 《삼국유사》에 나오는 환인과 환웅의 이야기입니다. 환인은 하느님을 뜻하죠. 인간 세상으로 내려온 하느님의 아들 환웅은 곰이 변하여 여인이 된 웅녀와 결혼하고 아들을 낳았습니다. 환웅과 웅녀의 아들이 바로 단군왕검입니다. 그리고 단군왕검이 평양성에 도읍을 정하고 나라 이름을 '조선'이라 부름으로써 우리 역사 최초의 국가가 시작되었습니다. 이때 성립된 조선을 우리가 '고조선'으로 부르는 이유는 1392년에 이성계가 조선이라는 국호를 다시 사용했기 때문입니다. 이성계의 조선과 구분하기 위해 옛 조선이라는 의미로 고조선이라고 부르는 것이죠. 단군왕검이 나라를 세운 때가 중국의 요임금 시절이라는 《삼국유사》의 기록을 근거로 따져 보면, 고조선의 건국 시기는 기원전 2300년 무렵입니다.

고조선의 성립이 기원전 2300년 이전이라고 하면 쉽게 수긍하지 못하고는 합니다. 단군신화를 최초로 거론한 《삼국유사》가 고려 충렬왕 때인 1281년에 편찬된 서적이라는 이유 때문입니다. 한마디로 그렇게 오래전 일을 일연이 어찌 알 수 있었겠느냐는 것이죠. 하지만 일연은 《삼국유사》에서 단군을 언급하면서 《고기》·《위서》의 옛 기록을 보고 적었다고 했습니다. 일연의 시대에는 지금은 전하지 않는 역사서가 있었다는 이야기죠. 고구려·백제·신라가 스스로의 역사를 기록한 책인 《유기》·《신집》·《서기》·《국사》 등도 오늘날에는 전하지 않습니다. 이런 현실이 고조선의 실체 파악을 어렵게 하는 이유입니다.

하지만 몇 가지 근거를 바탕으로 고조선의 성립 시기에 대해서 추측해 보면 《삼국유사》의 기록이 터무니없는 이야기만은 아니라는 것을 알 수 있습니다.

우선 중국 사서의 고조선에 대한 기록을 참조하면 고조선의 건국 시기가 언제까지 거슬러 올라가는지 알 수 있습니다. 《사기》나 《상서대전》 같은 중국의 사서에는 기자가 조선으로 망명했다는 기록이 남아 있습니다. 기자는 기원전 11-12세기의 인물입니다. 이는 고조선이 기원전 11-12세기 이전부터 존재했다는 추정의 명확한 근거가 됩니다.

다음으로 들 수 있는 근거는 청동기 문화입니다. 청동기 문화는 국가의 출현과 밀접한 관계를 가지고 있습니다. 따라서 청동기 문화도 고조선의 성립 시기에 대한 근거를 제시해 줄 수 있습니다.

청동기 시대는 채집과 수렵을 주로 하던 구석기 시대와 농경과 목축을 병행하던 신석기 시대에 이어 등장했습니다. 청동기가 발달했던 시기는 벼농사가 시작되는 등 농경 역시 발달하던 때였습니다. 농경의 발달은 잉여 생산물을 발생시키는 동시에 토지나 생산물에 대한 사유재산 개념을 낳았습니다. 사유재산은 빈부의 차를 불러오고 이는 계급을 분화시키는 역할을 했죠. 한편 청동 무기가 널리 보급되면서 활발해진 정복 활동은 계급 분화를 더 촉진시켜 강력한 권력을 가진 지배자가 등장하게 되었습니다. 만주와 한반도 각지에서 발견되는 거대 고인돌은 청동기 시대 지배층의 권력과 경제력을 증명해 주는 유물입니다. 또한 이 시기는 지배자가 하늘에 대한 제사까지 주관하는 제정일치 사회였습니다.

고조선 역시 신석기 시대 말에서 청동기 시대 초를 거치며 힘을 축적한 집단에 의해 수립되었겠죠. 단군신화에서 단군왕검의 권력을 하늘이 내린 것으로 설정한 것은 단군왕검을 신비와 두려움 그리고 신성함의 대상으로 만들기 위해서였습니다.

●●● 고조선의 기원은 홍산 문화에서?

중국의 랴오닝 성의 우하량 지역에서 발굴된 기원전 3500년-3000년경의 신석기 유적에서 대규모 돌무지무덤과 제단이 발견되었다. 돌무지무덤은 만주와 한반도, 일본 등지에 널리 분포하는 무덤으로, 이는 황허 지역의 중국 문화와는 전혀 다른 양식이다. 이외에도 이 지역에서는 용

(상단부터) **우하량 유적의 돌무지무덤, 고구려 장군총, 백제 돌무지무덤**

(또는 곰이나 돼지) 모양의 옥기와 여신상도 발견되었다. 신석기 시대에서 청동기 시대로 연결되는 우하량 유적에서는 우리 고대 문화와 밀접한 관련이 있는 빗살무늬 토기, 고인돌, 비파형 동검, 청동거울 등도 대량으로 발굴되었다. 이 청동기 문화가 발전한 시기는 고조선의 성립 연대와 유사하다. 고조선의 비밀을 풀어 줄 열쇠가 홍산 문화에 있을 가능성이 높은 것이다. 중국이 갑자기 동북공정을 추진하며 홍산 문화를 포함한 랴오허 강 문명을 중국 문명의 기원이라고 주장하는 이유도 바로 여기에 있다. 그동안 그들은 황허 문명이 중국 문명의 기원이라고 자랑해 왔다.

고조선의 강역이었던 만주·한반도 일대의 청동기 문화는 기원전 2000년에서 기원전 1500년에 걸쳐서 시작되었습니다. 이 일대의 청동기 유물은 황허 유역의 청동기와는 구별되는 특징을 가지고 있습니다. 이를 통해 이 지역이 다른 청동기 문화와 구별되는 독자적이고 거대한 문화권을 형성했음을 알 수 있습니다. 이런 연구 결과는 고조선의 성립 연대를 기원전 2000년 이전으로 추정할 수 있게 합니다.

다뉴세문경(문화재청) | 고리가 두 개 달린 섬세한 문양의 거울이다. 고조선의 놀라운 청동 주조 기술을 보여 준다. 현대에 재현하기 어려울 정도로 정밀하다.

사실 어느 누구도 고조선의 건국 시기를 단언하기는 어렵습니다. 하지만 앞서 제시한 근거들을 토대로 추론해 볼 때, 고조선은 신석기 시대에서 청동기 시대로 넘어가는 시기에 복잡한 경쟁과 발전을 거듭한 끝에 랴오닝 지역을 중심으로 세워졌다고 보는 게 합리적입니다. 그리고 이 고조선이 우리 역사의 여명을 연 최초의 국가입니다. 바로 여기서부터 우리 역사가 시작된 것입니다.

고조선의 중심지가 어딘지에 대해서는 여러 가지 견해가 있지만, 흔히들 평양이 고조선의 중심이라고 이야기합니다. 평양이라고 하면 자연히 오늘날의 '평양'이 떠오르죠. 그러나 고조선의 수도인 평양성 또는 왕검성의 위치에 대해서는 아무도 확정적인 답을 하지 못하고 있습니다. '평양(平壤)'이란 문자 그대로 풀이하자면 넓고 평평한 땅을 의미합니다. 그래서 대읍(큰 고을), 장성(크게 둘러쌓은 성)의 의미로 쓰였습니다. 다시 말해 고조선 시기의 '평양'이라는 말은 지금 북한에 있는 평양이라는 특정 지역을 지칭한 용어가 아니라는 말입니다. 단지 나라의 수도라는 의미로 사용된 것이죠. 그래서 고조선에 관한 옛 기록에 나오는 평양은 고조선의 서울이라는 뜻으로 받아들여야 합니다.

또한 고조선은 기원전 108년, 한나라와의 전쟁에서 패하기 전까지 매우 오랫동안 존속한 나라였습니다. 따라서 고조선의 수도가 단 한 곳이었다고 보기도 어렵습니다. 《삼국유사》는 고조선이 수도를 네 차례 옮겼다고 전합니다. 조선 후기의 실학자 박지원이 《열하일기》에서 평양이라는 지명이 만주 곳곳에 있다고 한 이유가 바로 여기에 있겠죠. 이런 사실을 알고 나면 지금의 평양을 고조선의 유일한 도읍으로 단정짓기 어려워집니다. 따라서 지금의 평양과 옛 기록 속 평양의 명칭이 일치하고, 일부 중국계 유물이 발견된다는 것을 이유로 고조선 멸망 후 한나라가 설치한 낙랑군이 지금의 평안남도와 황해도 일대에 있었다고 주장하는 것은 문제가 많습니다.

이처럼 고조선에 대해서는 아직 밝혀지지 않은 사실들이 많습니다. 역사 기록과 유물이 제한된 상태에서 역사를 재구성하는 데 따른 어려움이죠.

그렇다면 고조선은 어떤 사회였을까요? 고조선의 역사가 신석기 시대 말기에서부터 청동기 시대를 거쳐, 철기 시대까지 닿아 있다 보니 각 시대별 특징을 정확하게 설명하는 데 어려운 점이 있긴 합니다. 하지만 고조선이 사유재산이 인정되는 계급사회였던 것은 분명한 사실이죠. 기원전 11-12세기에 이미 존재했던 것으로 알려진 〈8조법〉을 보면 '사람을 죽인 자는 즉시 죽이고, 남에게 상처를 입힌 자는 곡식으로 갚는다.'는 조항이 있습니다. '곡식으로 갚는다'는 표현을 통해 사유재산이 존재했다는 것을 알 수 있죠. '도둑질한 자는 노비로 삼되 용서받고자 하는 자는 한 사람마다 50만 전을 내야 한다.'는 내용도 있습니다. '노비'는 계급이 존재했음을 말해 주는 용어죠. 그리고 법이 집행되었다는 것은 강력한 국가 체제가 있었다는 의미로 받아들여도 무방합니다.

명도전(국립중앙박물관)

명도전은 일반적으로 전국 시대 연나라의 화폐라고 알려져 있다. 하지만 명도전은 연나라가 망한 뒤에도 계속 사용되었을 뿐만 아니라, 고조선의 강역 내에서 오히려 더 많이 발굴되는데 특히 지배계급의 무덤이나 제단으로 사용되었던 것으로 추정되는 고인돌에서 많이 출토된다. 이런 이유로 명도전이 연나라의 화폐가 아닌 고조선의 화폐라는 주장이 제기되고 있다. 손잡이 끝의 모양이 사각형이면 연나라 화폐, 원형이면 고조선의 화폐라고 구분하기도 한다. 명도전이 발견되는 지역을 이어 보면 중국의 시안에서 요서와 요동을 거쳐 경주에 이르는 매우 긴 교역로를 그릴 수 있다. 고조선이 교역이 활발한 사회였음을 보여주는 증거이다.

한편 고조선은 중국과 끊임없이 교류하고 경쟁하며 발전했습니다. 이는 고조선과의 충돌이나 교류, 망명 등의 사건을 기록한 중국의 역사서를 통해 알 수 있죠. 그런데 기원전 3세기 말 중국에 큰 변화가 발생했습니다. 그리고 이 변화는 고조선의 운명에 지대한 영향을 끼치게 됩니다.

수백 년간의 춘추전국 시대를 거쳐 기원전 221년, 중국 최초의 통일 왕조인 진(秦)나라가 등장한 것입니다. 하지만 진나라는 불과 15년 뒤인 기원전 206년에 망하고, 기원전 202년에 한(漢)나라가 다시 중국을 통일합니다. 앞서 말했듯이 중국이 대격변기를 겪고 있었던 것이죠.

이 무렵 연나라 출신 위만이 고조선으로 망명해 왔습니다. 연나라는 전국 시대의 강력한 나라 중 하나로서, 고조선과 국경을 맞대고 있었습니다. 위만이 연나라에 살던 고조선 사람인지 아닌지에 대해서는 논란이 있습니다만 정확한 사실은 알 수 없습니다.

어쨌든 위만은 고조선에 망명한 후 점차 세력을 키워 고조선의 준왕을 몰아내고 왕위에 올랐습니다. 이때가 기원전 194년입니다. 나라 이름을 여전히 '조선'이라고 한 것과 토착 세력이 고위층에 포함되었다는 사실로 볼 때, 위만으로 대표되는 이주민 세력과 토착 세력이 연합하여 준왕을 몰아내고 권력을 장악했다고 생각됩니다. 이후 고조선은 더 강력한 국가로 발전했습니다. 한나라가 국가 체계를 정비하고 있던 틈을 타 주변 지역을 복속시켜 나갔기 때문입니다. 당시 한나라의 북쪽과 남쪽 경계에는 흉노와 남월이 있었습니다. 한나라는 이들에 대한 정벌을 단행해 기원전 110년에 전쟁을 마무리 지었습니다. 배후가 안정되자 한나라의 눈길은 이제 고조선으로 향했습니다. 중국의 강력한 통일 왕조인 한나라와 만주·한반도에 강력한 세력을 형성한 고조선, 두 강자의 충돌이 불가피하게 된 것이죠.

기원전 109년, 한나라의 무제는 고조선에 대한 공격을 개시했습니다. 동북아시아 최초의 대규모 전쟁이 발발한 것입니다. 육군과 수군을 총동원한 한나라의 공격에 고조선은 전력을 다해 맞섰습니다. 한나라의 공격은 신통한 결과를 내지 못했죠. 실패의 책임을 물어 한나라의 장수들을 처형할 정도였습니다. 그런데 이 흐름이 뒤집히게 된 계기가 발생했습니다. 바로 고조선의 분열이었습니다.

전쟁이 발발할 당시 고조선의 왕은 위만의 손자인 우거왕이었습니다. 전쟁 이전부터 우거왕은 왕권을 강화하고 이를 기반으로 강력한 대외정책을 펼쳤습니다. 그러나 이에 반발한 제후들은 요동이나 한반도 남부 지역으로 도망치거나 망명했습니다. 전쟁이 벌어지기도 전에 내부 분열이 시작된 것이죠. 게다가 전쟁이 오랜 기간 지속되면서 내부 분열은 심각한 상황으로 치달았습니다. 강화를 주장하는 세력과 항전을 주장하는 세력 사이의 갈등에다 한나라의 이간질이 더해지면서 우거왕은 살해되고 주요 인사들은 망명을 선택했습니다. 끝까지 싸울 것을 주장한 항전파들은 차례로 살해당하고 말았죠. 결국 기원전 108년, 왕검성이 함락되었습니다. 우리 역사상 최초의 국가, 고조선이 이렇게 허무하게 무너져 버린 것입니다.

한나라는 고조선의 일부 지역에 낙랑군 등 4군을 설치했습니다. 그러나 한나라 역시 완벽한 승리를 거둔 것은 아니었습니다. 한나라 무제 때의 역사가 사마천은 《사기》에 한나라의 육군과 수군이 공히 욕을 당했다고 기록했습니다. 공격을 주도한 장수들이 무제에 의해 사형당하거나, 돈을 내고 겨우 목숨을 건졌다는 기록도 있습니다. 성공적인 전쟁이었다면 그럴 리 없었겠죠. 그만큼 한나라가 고조선과의 전쟁에서 어려움을 겪었다는 것입니다.

그러나 어찌 됐든 고조선이 내부 분열로 멸망의 길을 걷게 된 것은 역사적 사실입니다. 이제 우리 역사는 완전히 새로운 흐름을 보이게 되었습니다. 고조선이 자리 잡고 있던 지역 곳곳에 새로운 세력이 등장하여 각축하게 된 것입니다.

●●● 고조선의 영역과 중심지는 어디인가?

고조선의 서쪽 경계는 연나라와 국경을 맞대는 지역이다. 이는 만리장

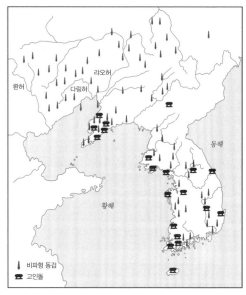

고인돌 분포도

성의 동쪽 끝과 동일한 지역으로서 지금의 란허 유역과 대략 일치한다. 중국 기록에 따르면 만리장성의 끝에 갈석산이 있다고 하는데 실제로 갈석산은 란허의 하류, 발해만 근처에 존재한다. 이를 통해 만리장성의 동쪽 경계와 지금의 란허 유역이 같은 곳임을 확인할 수 있다. 결론적으로 고조선의 서쪽 경계가 란허 유역이었음을 알 수 있다.

위만이 고조선에 망명할 때 건넜다고 하는 '패수'도 바로 란허를 의미한다. 중국의 《수경(水經)》이라는 책에 '패수가 낙랑 누방현에서 나와 동남쪽으로 흘러 동쪽 바다로 들어간다.'고 기록되어 있는데 이 조건을 만족시키는 강이 바로 란허이기 때문이다. 고조선의 강역은 중국과 다른 특색을 지닌 청동기, 고인돌 등의 유적 분포를 통해서도 확인할 수 있다.

한편 《수경》의 기록을 토대로 낙랑의 위치 역시 확인할 수 있는데, 란허와 다링허 사이에 있었던 것으로 여겨진다.

비파형 동검(국립중앙박물관) | 만주 랴오닝 지방에서 한반도에 걸쳐 발견되고 있다. 이 지역이 하나의 문화권이었음을 말해 준다.

또 다른 중국 기록에도 '낙랑군 수성현에 갈석산이 있으며 진이 쌓은 장성이 시작되는 곳'이라고 적혀 있다. 낙랑군은 고조선의 중심지에 설치된 한나라의 행정구역이다. 결국 멸망 당시 고조선의 중심지는 바로 그 지역 즉 지금의 요서(랴오허 강의 서쪽) 지역이었던 것이다.

2_ 고조선을 이은 열국의 시대

　우리 역사를 보다 보면 중국의 정세 변동이 우리 역사의 흐름에 커다란 영향을 끼치는 것을 알 수 있습니다. 고조선의 멸망은 그 최초의 사례였습니다. 하지만 고조선의 멸망이 우리 역사의 단절을 의미하는 것은 아니었습니다. 우리의 역사는 새로운 형태로 흐름을 이어갔습니다. 고조선의 강역에서 우리 역사의 새로운 주역들이 등장한 것입니다.

　이들이 등장할 당시 만주와 한반도는 철기 문화에 기반을 두고 있었습니다. 철기는 기원전 5세기 이후 만주와 한반도에 보급되기 시작했습니다. 청동기가 무기나 생활용품, 장식품 등에 사용된 반면, 청동기에 비해 단단한 철기는 농사에도 활용되었습니다. 철제 농기구의 사용은 경제력의 발전을 가져왔고, 철제 무기는 활발한 정복 활동을 통한 주변 부족 간의 통합을 촉진했습니다. 부여·고구려·백제·신라·가야·동예·옥저 등 다양한 나라들이 이 땅에 등장하게 된 것은 고조선의 멸망과 함께 생긴 권력의 공백기에 철기로 무장한 다양한 세력들이 각축한 결과였습니다.

고조선에 이어 등장한 나라는 부여입니다. 부여는 지금의 중국 지린 성의 쑹화 강 유역을 중심으로 기원전 2세기 전후에 등장했다고 알려져 있습니다. 이 시기는 고조선이 아직 멸망하지 않았을 때입니다. 부여가 고조선의 영향력 아래 존재한 많은 소국 중 하나였다고 볼 수 있는 증거죠. 부여는 사방 2천 리의 영역에 인구가 8만 호나 되었다고 합니다. 《삼국사기》나 중국의 《후한서》에 왕이 수만의 군대를 동원했다는 기록이 있는 것을 보면, 부여가 왕을 중심으로 운영된 강력한 국가였다는 사실도 알 수 있습니다.

고구려는 부여에서 갈라져 나왔습니다. 건국 시조인 고주몽(추모왕)이 부여에서 탈출하여 압록강 유역의 졸본(지금의 랴오닝 성 환런 시)을 도읍으로 해서 기원전 37년에 세운 나라죠. 부여의 건국신화와 고구려의 건국신화는 거의 동일합니다. 부여의 시조가 동명왕이고 고구려의 주몽 역시 동명성왕이라는 별칭으로 불린 것만 봐도 부여와 고구려의 관계를 알 수 있습니다. 부여와 달리 산악 지대를 근거지로 삼은 고구려는 부족한 식량을 메우기 위해 건국 초부터 활발한 정복 활동을 펼쳤습니다.

《삼국사기》에 따르면 백제는 고구려의 시조인 주몽의 아들 온조가 기원전 18년에 지금의 서울 지역을 중심으로 세운 나라라고 합니다. 먼 훗날인 538년에 백제의 성왕이 국호를 남부여로 정하고 수도의 이름도 부여라고 한 것을 보면 백제도 부여 계승 의식을 가지고 있었음을 알 수 있죠.

신라는 박혁거세가 기원전 57년에 세운 나라입니다. 부여·고구려·백제와는 달리 그 계통을 정확하게 알 수 있는 기록은 없습니다. 건국신화를 바탕으로 북쪽에서 내려온 이주민들과 경주 지역의 토착민이 결합해서 세운 나라라고 추정할 따름입니다. 하지만 어디에서 온 세력인지에 대해서는 의견이 분분하죠.

가야는 낙동강 유역의 여러 소국으로 구성된 연맹 왕국이었습니다. 그중 가야 초기 연맹의 중심이었던 김해 지역의 금관가야는 김수로왕의 건국 설화로 유명합니다. 하늘에서 내려온 황금색 알에서 태어난 김수로왕은, 바다를 건너온 허황옥과 결혼했다고 합니다. 이를 토대로 해석해 보면 왕과 왕비 모두 이주민 계열이었을 가능성이 높습니다. 금관가야는 기원후 1세기에 성립되었죠.

이외에도 동예와 옥저가 있었습니다. 또 마한·진한·변한의 여러 소국들은 백제·신라·가야 이전부터 이미 존재했습니다.

고조선의 뒤를 이은 여러 나라는 몇 가지 공통점이 있습니다. 부여·

가야 고군분 | 경북 고령 소재. 평지가 아닌 구릉 지대에 7백 개가 넘는 고분이 조성되어 있다.

고구려·백제의 건국 신화는 직접적인 연관 관계가 있죠. 또 부여·고구려·신라·가야의 건국 시조는 모두 알에서 태어납니다. 고대 사회일수록 신화나 전설이 가지는 의미는 매우 컸습니다. 자신의 뿌리와 역사에 대한 생각을 신화의 형태로 보존하고 계승해 왔기 때문입니다. 다시 말해 신화에 공통점이 있다는 것은 같은 문화권에 속한다는 의미가 됩니다.

또한 부여의 '영고', 고구려의 '동맹', 동예의 '무천', 삼한 지역의 '시월제' 등 일종의 추수감사제인 제천 행사가 각 나라마다 있었습니다. 비슷한 형식의 제천 행사 역시 같은 문화권이라는 의미입니다.

각 나라의 공통점은 이뿐만이 아니었습니다. 동예와 옥저는 대체로 고구려와 말이 같았다고 합니다. 이는 결국 두 나라도 부여에서 갈라져 나온 것을 의미합니다. 또 앞서 본대로 백제는 고구려에서 갈라져 나온 나라였죠.

박혁거세와 김수로왕으로 대표되는 신라와 가야로 이주해 온 세력의 기원이 분명하게 밝혀지지는 않았습니다만, 이들 이주 세력은 토착 세력과 결합하면서 언어와 문화가 점차 융합되었을 것입니다.

이처럼 고조선의 뒤를 이은 나라들은 고조선 말기의 정치적 혼란을 극복하고 이합집산하는 과정에서 탄생했습니다. 고조선의 멸망은 그 영향력 아래에서 문화적 공통성을 유지한 채 살던 사람들의 대규모 이주를 불러왔고, 이로 인해 고조선의 영역에서 이탈한 이주민과 각지의 토착민이 섞여 각각의 나라를 형성하게 된 것입니다. 《삼국지》의 〈위지 동이전〉에는 위만에게 왕위를 빼앗긴 고조선의 준왕이 측근들을 데리고 한(韓, 한반도 남부 지역을 말함) 땅에 들어가 스스로를 한왕(韓王)으로 칭했다는 기록이 있습니다. 그리고 중국 한(漢)나라와의 전쟁 전, 우거왕에 반발한 역계경이 2천여 호를 데리고 진국(辰國)으로 갔다는 기록도 있습니다. 여기서 말하는 진국은 고조선 후반기부터 고조선 멸망 후까지 한반도 남부에 존재했던 나라를 말하는 것입니다. 진국은 준왕이 다스렸던 한(韓)과 동일한 나라로 여겨지기도 합니다만 사실 여부는 아직 명확하지 않습니다. 어쨌든 이런 기록들을 통해 집단 이주가 빈번했던 이 당시 상황을 짐작할 수 있죠. 따라서 고조선 이후 등장한 이들 나라가 공통점을 강하게 가질 수밖에 없었던 것입니다.

결국 고조선의 뒤를 이은 시대는 고구려·백제·신라의 삼국시대가 아니라 여러 나라가 경쟁하고 각축했던 열국시대였다고 봐야 합니다. 세력이 그다지 크지 않았다고 알려진 옥저나 동예, 삼한 지역의 소국은 차치하더라도 말입니다. 부여가 고구려에 흡수된 때는 494년이었습니다. 그렇다면 부여는 무려 600년이 넘는 역사를 가지고 있는 것이죠. 가야 역시 6세기 중엽까지 존재했습니다. 온전한 의미에서 삼국만 각축하던 시기는 가야 멸망 후 100년 남짓한 기간에 불과합니다. 이런 사실을 무시하고 삼국시대라는 용어를 무심하게 사용한다면, 수많은 나라들이 존재했던 터전과 오랜 기간의 역사를 잃어버리게 될지도 모릅니다. 따라서 이 시기는 열국시대라고 표현하는 게 옳다고 생각됩니다. 고구려·백제·신라 외의 나라들 역시 우리 역사를 구성하는 중요한 줄기이기 때문입니다.

3_ 삼국으로 재편되는 우리 역사

4세기 중반 이후 열국은 삼국이 주도하는 경쟁 체제로 재편되었습니다. 이 시기 고구려와 백제는 왕을 중심으로 한 강력한 중앙집권 체제를 완성합니다. 중앙집권 체제는 귀족들의 권한이 센 분권적 국가 체제에 비해 각종 물자와 인력을 동원하는 데 유리합니다. 이것이 고구려와 백제가 국가 간 경쟁에서 우위에 설 수 있는 요인으로 작용했을 것입니다.

4세기 이전 삼국의 역사는 주변 소국을 정복, 통합하는 과정의 연속이었습니다. 그리고 그 과정에서 삼국은 내부 체제를 정비해 갔습니다. 특히 고구려는 중국과 국경을 맞대고 있었기 때문에 중국 왕조와의 충돌이 잦을 수밖에 없었습니다. 6대 태조왕은 2세기 초반 한(漢)나라를 공격하여 요동 지방을 회복하였습니다. 3세기, 11대 동천왕은 위나라의 침입을 물리치기도 하였습니다. 위나라는 《삼국지연의》를 통해 널리 알려진 위·촉·오 삼국 중 하나로, 고구려와 국경을 맞대고 있어 충돌이 잦았습니다.

4세기에 접어들 당시 중국은 220년에 한나라가 망한 뒤 시작된 위·촉·오 삼국시대를 거쳐 5호16국 시대에 들어서 있었습니다. 말하자면 중국이 대혼란기를 맞고 있었던 때였죠. 589년에 수나라가 다시 중국을 통일할 때까지 무려 370년 가까이나 중국에서는 한족과 이민족이 뒤섞여 패권을 다투면서 다양한 나라들이 들어섰다 사라지기를 반복했습니다. 이런 중국의 혼란은 고구려의 입장에서 볼 때 고조선의 영토를 회복할 더없는 기회였을 것입니다. 《삼국사기》에 따르면 4세기 초 미천왕은 대동강 유역을 확보합니다. 그리고 역시 미천왕 시절인 313년에는 낙랑군을 몰아내는 데 성공하죠. 이로써 한나라가 고조선을 멸망시킨 후 설치했던 한사군은 완전히 격퇴되었습니다.

그런데 한나라가 설치했다는 한사군에 대해서는 여러 논란이 있습니다. 특히 낙랑군의 위치에 대해서는 다양한 의견이 존재하죠. 4군 가운데 임둔과 진번은 설치된 지 얼마 되지 않은 기원전 82년에 소멸되었고, 현도군 역시 기원전 75년에 다른 지역으로 축출되었습니다. 이처럼 한사군 중 세 곳은 겨우 30여 년 정도밖에 유지되지 못했습니다. 한사군이란 용어 자체가 역사적으로 별다른 의미를 지니지 못하는 이유입니다. 다만 낙랑군은 313년에 미천왕이 축출할 때까지 존재했으니 한사군이란 결국 낙랑군에 관한 이야기라고 해도 무방할 것입니다.

일반적으로 낙랑군의 중심지는 대동강 유역이었다고 하지만, 요동 또는 요서 지방에 있었다는 주장이 제기되는 등 다양한 견해가 있습니다. 그런데 이와 관련해 주목할 만한 기록이 있습니다. 당시 대동강 근처에는 한사군의 낙랑군이 아닌 '낙랑국'이 있었다는 《삼국사기》의 기록입니다. 낙랑국은 낙랑군과 같은 '낙랑'이라는 명칭을 썼죠. 그러나 한(漢)나라의 행정구역인 '군'과 명백하게 구분되는 '국'을 사용했습니다. '국'은 나라를 의미하지 행정구역을 의미하지는 않습니다. 이 기록을 근거로 보면 낙랑국과 낙랑군은 서로 다른 대상을 가리키는 것이 확실해 보입니다. 따라서 낙랑국에 대해 자세히 살펴보면 낙랑군의 위치가 지금의 대동강 유역인지 아닌지 추측해 볼 수 있습니다.

《삼국사기》에 따르면 대동강 유역에 낙랑국이 있었고, 이를 서기 37년에 고구려 대무신왕이 멸했다고 합니다. 낙랑공주와 호동왕자의 유명한 이야기가 이때의 일입니다. 호동왕자는 대무신왕의 아들이고 낙랑공주는 낙랑국 '왕'인 최리의 딸입니다. 여기서도 낙랑국이 낙랑군과 전혀 다른 나라였음을 알 수 있습니다. 왜냐하면 '군'의 최고 통치자는 '태수(太守)'라고 하지 '왕'이라고 부르지 않기 때문입니다.

37년에 망한 '낙랑국'은 44년에 재건되었고 300년에 가서 신라에 투항했다고 합니다. 이런 《삼국사기》의 기록을 따르면 미천왕이 313년에 멸했다고 하는 낙랑군은 대동강이 아닌 다른 지역에 있었을 것으로 짐작할 수 있습니다. 유력한 후보지는 고조선의 중심지를 다루면서 살펴본 요서 지역입니다.

이외에도 낙랑군이 대동강 유역, 즉 지금의 평양 지역이 아닌 다른 곳에 있었다는 기록은 많습니다. 반면에 낙랑군이 대동강 유역에 있었다는 주장도 여전히 존재합니다. 지금 이 순간에도 낙랑군의 위치에 대한 논란이 존재하는 것이죠.

고구려 고분군(중국 지린 성 지안 시) | 두 번째 수도인 환도성 아래 수만 기에 달하는 고구려 고분들이 있다.

아무튼 4세기에 접어들면서 고구려와 중국을 비롯한 주변 관계는 어느 정도 정리가 되었습니다. 이제 고구려는 백제와 본격적으로 대면하게 되었습니다. 이때 백제는 3세기 고이왕의 활발한 정복 활동으로 한반도 중부에서 가장 강력한 세력으로 자리 잡고 있었습니다. 4세기 중·후반, 근초고왕 시절에는 지금의 서울 지역을 중심으로 경기도·충청도·전라도는 물론 황해도·경상도·강원도의 일부까지 그 영역을 넓혔습니다. 또한 백제는 왜국까지도 영향력을 행사했습니다. 그 예로 일본에서 발견된 칠지도가 있습니다. 칠지도의 표면에는 '백제의 왕이 제후국인 왜의 왕에게 하사한다.'는 내용이 적혀 있습니다. 여기서 말하는 백제의 왕이란 근초고왕을 지칭하는 것으로 알려져 있습니다. 백제가 왜국을 제후국으로 거느리고 있었다는 이야기죠.

근초고왕은 요서 지역까지 진출합니다. 중국의 많은 역사서가 백제의 요서 진출을 다루고 있는데, 고구려가 요동을 점령한 것에 대응하여 요서 지역을 공략하고 통치기관을 설치했다고 합니다. 《삼국사기》에 따르면 백제는 산둥반도에도 진출했습니다. 다시 말해 근초고왕 시절의 백제는 요서·산둥·일본을 잇는 서부 해안 지대를 장악하고 고구려를 견제하는 동시에, 뱃길을 통한 무역로 역시 틀어쥐고 있었던 것이죠. 이렇게 강력한 백제의 모습은 기존의 백제에 대한 인식을 뛰어넘는 것입니다. 이때가 백제의 최전성기였습니다. 고구려와 백제의 충돌은 이제 불가피해졌습니다. 371년 백제의 근초고왕은 평양성 공격을 시작했습니다. 이 전투에서 고구려의 고국원왕은 전사하고 맙니다. 백제는 대승을 거두었습니다. 백제의 영토가 사상 최대로 넓어진 것입니다.

　하지만 백제의 전성기는 그리 오래가지 못했습니다. 고구려가 급속히 국력을 회복했기 때문입니다. 고국원왕의 뒤를 이은 소수림왕이 도모한 체제 정비 사업이 성과를 거둔 결과입니다. 소수림왕은 중국의 5호16국 중 하나인 전진(前秦)으로부터 불교를 도입하여 장려했습니다. 다른 한편으로는 국립학교인 태학을 설립하여 귀족 자제들에게 문학과 무예 외에 유학도 가르쳤습니다. 태학에서 귀족 자제들에게 유학을 가르친 것은 유교 이념을 통해 왕을 중심으로 하는 국가 통합을 꾀했기 때문입니다. 그리고 율령 반포를 통해 중앙집권 체제를 구축하는 데 전력을 다했습니다. 대외적으로는 북중국 지역을 장악한 전진과의 관계 개선을 통해 서북 지역의 안정을 도모했습니다. 소수림왕은 이처럼 내부의 체제 정비와 적극적인 외교 정책으로 국력을 다졌습니다. 소수림왕의 아우로서 그 뒤를 이은 고국양왕은 7년이라는 짧은 기간 동안 왕위에 머물렀습니다. 그 후 고구려 역사에 등장한 왕이 바로 광개토대왕입니다. 광개토대왕에 의해 고구려는 전성기를 맞이하게 됩니다.

391년에 즉위한 광개토대왕은 백제에 빼앗긴 영토를 되찾은 것은 물론 한강 이북까지 영토를 넓혔습니다. 신라에 침입한 왜군을 몰아내고 신라를 고구려의 영향력 아래 두었죠. 북쪽으로는 후연과 거란을 물리치고 요동은 물론 만주의 지배권을 확고하게 다졌습니다. 고조선에 이어 다시 한번 만주와 한반도의 패권을 쥔 것입니다. 광개토대왕의 아들인 장수왕에 와서는 고구려의 국력이 더욱 강성해집니다. 평양성으로 천도한 장수왕은 한강 유역을 장악했습니다. 당시 중국의 북부를 장악하고 있던 북위 및 남부를 장악하고 있던 송(고려시대 중국의 송과는 다른 나라)과 외교 관계를 긴밀히 하여 전쟁을 방지하는 동시에, 한반도 내에서의 판도를 최대한으로 넓힌 것입니다. 이에 백제는 433년에 신라와 나제 동맹을 맺지만 결국 475년에 수도를 웅진으로 옮기게 됩니다. 건국 후 500년 가까이 지속되던 한성 백제 시대가 끝나 버린 것이죠. 백제는 한강 유역에 대한 통제권을 잃게 되었습니다.

장수왕의 뒤를 이은 문자왕 시기에 고구려의 영역은 최대 판도를 이루었습니다. 문자왕 때인 494년에는 부여가 고구려에 통합되었죠. 하지만 문자왕 이후 고구려에서는 왕위를 둘러싼 내분이 발생했습니다. 내분은 결국 국력의 손실을 가져왔습니다. 게다가 지속적으로 이루어진 백제와 신라의 협공에 고구려는 다시 한강 유역을 내주게 되었습니다.

고구려의 뒤를 이어 주도권을 쥔 나라는 신라였습니다. 5세기까지 신라는 고구려나 백제에 비해 국력이 형편없이 약했습니다. 건국 이후 진한 지역의 소국들을 통합해 나가면서 발전을 이루었지만, 여전히 한반도의 남동부에 있는 작은 나라에 불과했죠. 하지만 신라는 결국 살아남았습니다. 그 이유는 역설적이게도 신라가 위협이 되지 않는 작은 나

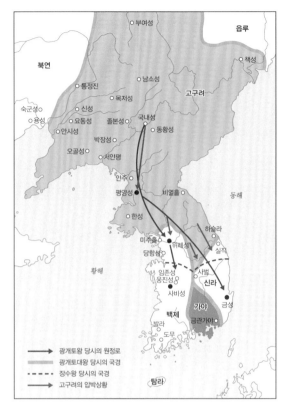

고구려의 전성기 | 5세기 이후 가야를 포함한 4국은 복잡한 상호 관계를 형성했다. 그러나 신라가 당을 끌어들임으로써 경쟁의 양상은 완전히 달라지게 되었다.

라였기 때문이었습니다. 백제의 근초고왕은 고구려를 공격할 때 신라와 형제 관계를 맺어 힘의 균형을 맞추는 데 활용했습니다. 광개토대왕 때 고구려는 신라를 도와 백제와 가야, 왜의 세력을 몰아냈습니다. 광개토대왕 비문에 나와 있는 것처럼 당시 신라의 내물왕은 고구려를 종주국처럼 받들면서까지 신라를 유지하는 데 급급했습니다. 그럼에도 불구하고 고구려가 신라를 멸망시키지 않았던 까닭은 백제를 견제하기 위해 신라가 필요했기 때문이었습니다.

그랬던 신라가 세 나라 사이에서 주도권을 쥐게 된 것은 6세기에 들어서였습니다. 백제는 고구려의 남진을 막기 위해 신라를 적극적으로 끌어들였죠. 반면 고구려는 내분에 휩싸여 있었습니다.

신라의 6세기는 지증왕부터 시작되었습니다. 지증왕은 500년에 왕위에 오른 것으로 알려져 있는데, 지증왕 3년에 우경을 시작했다는 기록이 있습니다. 고구려와 백제의 경우 우경에 대한 기록은 없지만 이미 그전부터 우경을 시작했을 것으로 생각됩니다. 우경은 소를 사용해 농사를 짓는 것입니다. 당연히 사람의 힘으로만 짓는 농사와는 비할 수 없이 생산량이 높습니다. 농업 발전의 큰 계기가 되는 것이죠. 따라서 6세기에 신라에 우경이 보급되기 시작했다는 이야기는 신라의 경제력이 이때부터 본격적으로 커지기 시작했다는 것을 의미합니다. 또 지증왕이 수리 사업을 벌였다는 기록도 있습니다. 수리 사업에는 대규모 인력이 동원됩니다. 왕권 강화의 증거라고 봐야겠죠. 또 지증왕은 우산국(울릉도)을 정복하고 신라라는 국호를 확정했습니다.

지증왕의 뒤를 이은 법흥왕 때는 율령이 반포되고 불교가 국가 종교로 공인되었습니다. 그리고 금관가야가 신라에 귀속되었습니다. 경남 김해 지역에 있던 금관가야의 항복으로 신라는 낙동강 하류의 너른 들과 교통의 요지를 차지할 수 있게 되었죠. 또한 법흥왕 때 신라는 최초로 독자적인 연호를 사용했습니다. 독자적인 연호를 사용한다는 것은 신라가 다른 나라에 견주어 결코 떨어지지 않는 국력을 가지게 되었다는 자신감의 표현이라고 보아도 무방합니다. 6세기의 신라는 더 이상 이전의 허약하고 작은 나라가 아니었습니다.

신라의 성장은 법흥왕의 뒤를 이은 진흥왕 때 절정에 달합니다. 진흥왕은 함경도까지 신라의 영역을 넓히는 한편, 경북 고령 지역에 있던 대가야를 정복함으로써 열국시대를 끝내고 진정한 삼국시대를 열었습니다. 또한 신라는 한강 유역을 차지했습니다. 한강 유역을 장악했다는 것은 신라에게 매우 큰 의미였습니다. 한강을 통해 서해로 나갈 수 있는 교통로를 확보함으로써 중국에 직접 오갈 수 있는 길을 열게 되었기 때문입니다. 그간 신라는 백제나 고구려의 도움 없이는 중국에 오가기 어려웠습니다. 그런 신라의 입장에서 서해 교통로의 확보는 중국과 직접 교역을 하고 문물을 수입할 수 있게 된 중요한 사건이었습니다. 이로 인해 신라는 백제와 고구려의 간섭 없이 중국과 독자적으로 외교 관계를 형성할 수 있게 되었습니다. 진흥왕이 백제와의 동맹을 깨는 것까지 감수하며 백제가 차지한 한강 하류 지역을 무력으로 탈취한 것은 그만큼 한강 하류 지역이 중요한 의미를 갖고 있었기 때문이었죠. 신라에 대한 복수에 나섰던 백제 성왕의 죽음과 함께, 한강 유역의 회복을 도모하려던 백제의 염원도 끝이 났습니다. 이제 삼국은 급성장한 신라의 주도하에 최후의 승자를 가리기 위한 경쟁에 나서게 되었습니다.

●●● 고구려 국력의 상징, 철갑 기병

철갑 기병은 철갑으로 무장한 기병을 일컫는 말이다. 이는 발달한 철기 문화를 바탕으로 높은 수준의 무장 능력을 갖추었음을 상징한다. 무사용 철갑은 20킬로그램, 말의 갑옷이 40킬로그램에 달한다. 동천왕 20년인 246년, 위나라의 침공 때 고구려가 동원한 철기병은 무려 5천에 이르렀다고 한다. 어마어마한 철 생산 능력을 가져야만 가능한 일이다. 또한 400년, 광개토대왕이 신라를 구원하기 위해 동원한 기병과 보병은 5만이었는데 이때의 기병 역시 이런 모습이었을 것이다. 고구려가 수와 당과의 전쟁에서 승리를 거둘 수 있었던 배경에는 이처럼 놀라운 철기 생산 능력에 기반한 강한 군사력이 뒷받침되었기 때문이었다. 고구려가 빠른 기간 내에 이런 능력을 갖추게 된 것은 고구려가 고조선을 승계했기 때문이다. 고조선 후기는 이미 철기 문화가 발달한 상태였다. 고조선이 멸망한 직후 바로 그 강역에서 고구려가 성장하면서 고조선의 철기 문화를 이어받았던 것이다.

철갑 기병(국립중앙박물관) | 중국 지린 성 지안에 있는 퉁거우 12호분의 벽화를 모사한 그림이다. 고구려 철갑 기병이 포로의 목을 베는 장면을 표현했다.

4_ 동북아의 강자 고구려,
수와 당의 도전을 물리치다

삼국이 본격적으로 패권을 다투기 시작한 6세기 말, 국제 정세가 크게 요동쳤습니다. 수백 년을 이어온 중국의 분열이 끝나고 589년에 수나라가 중국을 통일한 것입니다. 한나라의 고조선 침략을 통해 알 수 있듯이 중국의 통일 왕조는 주위에 자신과 겨룰 수 있는 나라가 존재하는 것을 바라지 않았습니다. 수나라 역시 마찬가지였습니다. 이번에 그 대상이 된 나라는 고구려였습니다. 비록 과거에 비해 약해지긴 했지만, 고구려는 여전히 동북아시아의 강국이었습니다. 만주와 한반도에 걸친 강력한 나라로 스스로를 황제국이라 여기던 고구려는 수나라가 강요하는 질서에 굽히고 들어갈 마음이 전혀 없었습니다.

수나라의 문제가 중국을 통일할 당시 고구려의 왕은 영양왕이었습니다. 영양왕은 수나라의 등장이 무엇을 의미하는지 정확하게 알고 있었습니다. 사신을 보내 수나라의 사정을 살피는 한편, 방어를 위한 무기 제작에 힘을 쏟았죠. 또 고구려에 온 수나라 사신이 숙소 바깥을 나서지 못하도록 삼엄한 경계를 폈습니다. 고구려의 성세를 살피지 못하게 한 것입니다. 고구려는 598년, 말갈 군대를 이끌고 요서 지방을 선제공격하기에 이릅니다. 요서 지방은 고구려 침략의 거점이 되는 지역이었기 때문에 미리 손을 쓴 것이었죠. 결국 수나라의 문제는 북경에 거점을 두고 30만 대군을 전쟁에 내보낼 수밖에 없었습니다.

전쟁은 고구려의 대승으로 끝이 났습니다. 수나라 군대는 수륙 양방향에서 이루 말할 수 없는 타격을 입고 물러났습니다. 기록을 보면 이때 수나라 군사의 8-90퍼센트가 전사했다고 합니다. 수나라의 패배가 어느 정도였는지 알 수 있습니다.

영양왕의 자신감은 충천했습니다. 이 자신감은 역사 편찬으로 이어졌습니다. 기존 역사책인《유기》100권을《신집》5권으로 정리하여 가능한 많은 백성들이 고구려의 역사를 쉽게 배우도록 했습니다. 고구려에는 젊은이들의 학습과 군사 훈련을 위한 '경당'이라는 교육기관이 나라 곳곳에 있었습니다. 기록에 따르면 '가난해서 천한 일에 종사하는 집에서까지' 경당에서 교육을 받게 했다고 합니다.《신집》역시 경당 같은 교육기관에서 가르쳤으리라 생각합니다.

《신집》의 발간은 신라의 진흥왕이 활발한 정복 활동의 자부심을《국사》편찬으로 표현한 것과 비슷한 맥락입니다. 백제의 근초고왕도《서기》를 지어 자국의 역사를 기록했었죠.

수나라에 대승한 영양왕은 여세를 몰아 한강 유역을 다시 회복하기 위한 전쟁에 나섭니다. 이때 맹활약한 장수가 널리 알려진 온달 장군입니다. 하지만 온달 장군은 아차산성에서 전사하고, 고구려는 목적을 달성하지 못했습니다. 그럼에도 영양왕은 굴하지 않고 재차 한강 회복을 위해 나섰죠. 그러나 수나라가 다시 그의 발목을 잡았습니다. 수나라와 2차 전쟁이 일어난 것입니다.

아버지 문제를 살해하고 왕위에 오른 양제는 고구려에 대한 노골적인 야욕을 감추지 않았습니다. 그는 군수물자의 원활한 수송을 위해 베이징 근처에서 항저우에 이르는 대운하를 개통하는 등 고구려와의 전쟁 준비에 몰두했습니다. 그리고 영양왕 22년에 113만 명이 넘는 어마어마한 군대를 동원해 고구려 침략에 나섰습니다. 베이징 근처에서 출발한 군대가 모두 출병하는 데만 40일이 걸렸다고 합니다. 그 규모를 가히 짐작하기 어려울 정도죠. 게다가 보급 부대까지 감안하면 300만이 넘었다고 하니 유례없는 인원이 동원된 대규모 원정이었습니다.

하지만 고구려의 대비 역시 철저했습니다. 방어용 무기는 물론이고 식량 확보에도 허점을 보이지 않았습니다. 또한 백제와 신라가 수나라를 지원할 수 없도록 선제공격을 가해 중립을 지키도록 했습니다. 그리고 거란과 말갈에 대한 통제력을 강화해 고구려를 지원하도록 했죠. 이런 철저한 대비로 인해 수나라의 대군은 위세만 가득할 뿐 제대로 된 전과를 올릴 수 없었습니다. 결국 30만의 별동대를 이끌고 평양성을 공격하던 수나라 군대는 을지문덕의 전략에 휘말려 전멸에 가까운 패배를 당했습니다. '살수대첩'의 희생물이 되고만 것입니다. 수군마저도 고구려에 패전을 면치 못하자 수나라는 전쟁을 중단하고 도망갈 수밖에 없는 처지가 되었죠.

수나라의 무리한 고구려 침략은 스스로를 멸망의 길로 몰아갔습니다. 이후 두 차례에 걸쳐 고구려를 다시 넘보던 양제가 618년 살해당한 것입니다. 건국 후 불과 30년 만이었습니다. 그 뒤를 이어 이연이 당나라를 세우고 고조로 즉위했습니다. 하지만 나라가 바뀌었다고 전쟁의 위험이 가시는 것은 아니었죠. 고조의 뒤를 이은 당 태종이 나라를 안정시키며 국력을 키우고 있었기 때문입니다. 태종의 치세를 기리어 '정관의 치'라고 말할 정도니, 태종이 통치하던 시기 당나라가 매우 안정되고 발전하는 나라였음을 알 수 있습니다. 고구려의 입장에서는 더 강력한 적수를 맞이하게 된 셈이었습니다. 성급하게 전쟁을 일으켰던 수나라의 양제와 달리 당 태종은 고구려와의 전쟁 준비를 차곡차곡 진행했습니다.

반면 고구려의 내부 사정은 수나라와 전쟁을 앞뒀을 때보다 좋지 않았습니다. 영양왕의 뒤를 이은 영류왕은 당에 대해 저자세를 취하며 전쟁을 피하려 했습니다. 심지어 고구려의 강역을 그린 지도를 당나라에 갖다 바치기까지 합니다. 결국 천리장성 축조 책임을 맡고 있던 연개소문이 642년 정변을 일으켜 영류왕을 제거하고 보장왕을 왕위에 올리는 일이 벌어졌습니다.

연개소문은 정변 이후 강압적인 방법을 동원해 정권을 유지해 나갔습니다. 신라에 대해서도 강경책을 구사하여 김춘추의 화평 제의를 묵살했습니다. 642년에 백제 의자왕의 공격으로 딸과 사위를 잃은 김춘추는 그 복수를 위해 고구려에 손을 내밀지만, 진흥왕 이후의 신라에 대해 적개심을 가지고 있던 연개소문이 이를 거부한 것입니다. 그리고 당에 대해서도 강경 일변도의 정책을 취했죠. 다행히 백제는 신라를 견제하기 위해 친고구려 정책을 펴고 있었습니다. 연개소문 역시 당을 둘러싼 북방이나 서역의 국가들과 외교 관계를 강화하기 위해 노력했습니다. 당나라를 견제하기 위해서였죠. 하지만 당의 침략을 무산시킬 수는 없었습니다.

내부를 안정시킨 당 태종이 군사를 일으킨 것은 645년이었습니다. 당의 기습 공격에 고구려는 초기 전투에서 여러 성을 빼앗깁니다. 개모성·요동성·백암성 등 요동 지역 몇 개의 성이 당의 수중에 떨어졌습니다. 허장성세로 가득했던 수나라의 군대와는 사뭇 다른 행보였습니다. 그러나 고구려의 반격은 매서웠습니다. 안시성 전투가 그 계기였습니다. 당 태종은 세 달 가까이 공격을 퍼부었지만 안시성 공략에 결국 실패하고 맙니다. 게다가 오히려 고구려의 대반격에 직면하게 되었습니다. 고구려는 당을 패배의 구렁텅이로 몰아갔습니다. 신채호에 따르면 당 태종이 안시성 공격을 계속하고 있을 당시 연개소문은 베이징 북부를 공격하여 당의 배후를 노렸다고 합니다. 지금도 북경 근처에 남아 있는 연개소문의 전설을 감안하면 이러한 담대한 전략이 충분히 가능한 일이었겠다는 생각이 듭니다.

고구려의 항전으로 인해 두려움에 사로잡힌 당 태종은 철군을 결정했습니다. 하지만 철군의 경로로 선택된 랴오허 하구는 질퍽한 갯벌 지대였습니다. 당 태종까지 직접 장작을 날라야 할 만큼 고난으로 가득 찬 행군이었죠. 퇴각하기 편한 길은 고구려가 이미 장악했기 때문이었을 것입니다.

이후 지속된 몇 차례의 공격에도 고구려를 무릎 꿇리는 데 실패한 당 태종은 고구려를 정복하는 것이 불가능하다는 사실을 깨닫게 되었습니다. 649년, 그는 고구려 정벌을 중지할 것을 유언으로 남기고 죽음을 맞이했습니다. 이로써 고구려는 만주와 한반도의 패권을 유지할 수 있게 되었습니다.

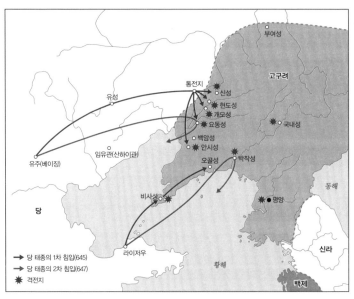

고구려와 당의 전쟁 | 당 태종의 고구려 침략은 완전한 실패로 끝났다. 지도를 보면, 고구려 국경 근처에서의 전투로 전쟁의 승패가 갈린 것을 알 수 있다. 고구려의 국경 방어는 놀라울 만큼 견고했다. 당 고종 때도 전쟁은 계속되었지만 고구려는 이를 모두 물리쳤다.

5_ 신라, 당과 손잡고
백제와 고구려를 무너뜨리다

당과의 전쟁을 승리로 이끈 뒤, 삼국 간 경쟁의 주도권은 고구려가 쥘 것처럼 보였습니다. 그러나 역사는 전혀 다른 방향으로 흘러갔습니다. 그 흐름의 한가운데 김춘추가 있었습니다.

앞서 말한 대로 김춘추는 642년에 군사 동맹을 위한 신라의 사절로 고구려에 들어갔습니다. 장수왕의 평양 천도 이후 고구려와 신라는 사신을 교환하지 않고 있었으니, 근 200년 만에 고구려를 찾은 신라의 사절이었던 셈입니다. 그만큼 백제에 복수하겠다는 김춘추의 의지는 컸습니다. 하지만 연개소문은 진흥왕 때 빼앗긴 한강 상류의 반환을 요구했고, 이를 들어줄 수 없었던 김춘추는 오히려 감금당하는 처지가 되고 맙니다. 겨우 탈출한 김춘추는 왜국으로 건너갔습니다. 왜국과 백제의 동맹을 단절시키기 위해서였습니다. 하지만 이번에도 실패했죠. 김춘추는 이에 굴하지 않고 또 다른 동맹 상대를 찾아 나섰습니다. 이번에 김춘추가 선택한 대상은 당이었습니다. 김춘추는 648년, 당으로 건너가 당 태종에게 동맹을 제의했습니다. 당 태종과 김춘추는 백제와 고구려를 멸하고 나면 평양 이남과 백제 땅을 신라가 갖기로 합의하고 동맹을 맺었습니다.

김춘추가 당과 동맹을 맺은 뒤 신라는 법흥왕 이후 사용하던 독자 연호 대신 당의 연호를 따르고 당의 관제를 채택하는 등 친당 정책을 펼쳤습니다. 당시 김춘추가 김유신으로 대표되는 가야계 진골과 손잡고 정권을 장악하고 있었기 때문에 가능한 일이었습니다. 654년 김춘추는 진덕여왕의 뒤를 이어 왕위에 올랐습니다. 한편 당 태종의 뒤를 이어 고구려에 대한 복수를 꿈꾸었으나 번번이 실패하고 있던 고종은 김춘추의 바람대로 백제를 우선 정복한 후 고구려를 협공하기로 마음먹었습니다. 이로써 동북아시아에 또 한 번 대규모 전쟁의 서막이 올랐습니다. 삼국 및 당나라가 전쟁의 소용돌이로 빨려 들어가게 된 것입니다.

660년 나당 연합군이 백제를 침공했습니다. 그러나 백제는 침략에 제대로 대비가 되어 있지 못했습니다. 준비는커녕 의자왕의 지나친 왕권 강화 시도로 인한 내분에 휩싸여 있었죠. 이 일로 최고위 관리인 대좌평 사택지적이 항의의 표시로 은퇴를 선언하고, 좌평인 성충과 흥수는 투옥되거나 귀양을 갔습니다. 심지어 또 다른 좌평인 임자는 김유신과 내통까지 했죠. 이처럼 백제의 국정은 매우 어수선했습니다. 백제는 서해를 건넌 13만의 당나라 군대가 고구려를 치러 가는 것이라 철석 같이 믿었습니다. 당연히 아무 대책도 세우지 않았죠. 이런 상황에서 나당 연합군을 맞이한 계백의 5천 결사대는 김유신이 이끄는 5만의 신라군에 맞서 황산벌에서 최후의 일전을 치르게 됩니다. 그러나 아무리 용맹스럽고 처절하게 싸운다고 해도 겨우 5천이었습니다. 승패는 불을 보듯 명백한 일이었죠. 나라의 운명을 건 전쟁을 그 정도의 군사력으로 대처해야 할 만큼 백제 내부는 이미 붕괴해 있었습니다.

계백이 무너지자 사비성은 곧 함락되었습니다. 의자왕은 웅진성으로 도망하지만 웅진성의 수비 대장은 의자왕을 배신합니다. 의자왕은 당의 장수 소정방과 김춘추에게 술잔을 올리는 치욕적인 항복 의식을 마친 뒤, 왕자들 및 백성 1만2천 명과 함께 당나라로 끌려갔습니다.

그러나 왕은 사라졌어도 백제의 백성은 나라를 포기하지 않았습니다. 백제 유민들의 부흥 운동은 663년까지 줄기차게 진행되었습니다. 하지만 구심점이 없이 일부 성에 의지해 전개된 탓에 결국 실패로 돌아가고 말았습니다. 당시 백제와 밀접한 관계를 맺고 있던 왜국도 백제의 부흥을 돕기 위해 대규모 병력을 1천 척의 선박에 실어 백강(지금의 금강으로 추정) 어귀로 보내기도 했습니다. 그러나 이들도 나당 연합군의 수군에 대패하고 말았습니다. 이제 백제의 멸망은 돌이킬 수 없는 일이 되었습니다.

백제의 멸망은 삼국 간의 균형을 단숨에 깨뜨렸습니다. 고구려가 위태로워진 것이죠. 그런데 이때 당나라가 백제 땅에 웅진도독부를 세우면서 백제 땅을 직접 지배하겠다는 야욕을 노골적으로 드러냈습니다. 전쟁 전의 합의를 깨는 행동이었죠. 신라는 당을 끌어들인 대가를 이런 식으로 치르는 듯했습니다. 신라와 당은 결국 백제 땅을 두고 대립할 수밖에 없는 상황이었죠. 그러나 아직 건재한 고구려로 인해 두 나라 사이의 대립이 극단으로 치닫지는 않았습니다.

백제 멸망 이후 고구려는 서북 방면에서의 당과 남쪽에서의 나당 연합군이 펼치는 공세에 몰리기 시작했습니다. 그러나 연개소문의 철저한 방어로 인해 신라와 당은 고구려를 본격적으로 침공할 엄두를 내지 못한 채 위태로운 공존을 유지했습니다. 그렇게 몇 년이 흐른 후인 666년, 격변의 계기가 마련되었습니다. 연개소문이 사망한 것입니다.

연개소문의 사망은 고구려의 내부 분열로 이어졌습니다. 연개소문은 독재 체제를 유지하기 위해 친족 중심으로 권력을 장악하고 귀족을 억압했죠. 그러나 연개소문이 죽자, 그들 사이에 권력투쟁이 벌어졌습니다. 연개소문의 뒤를 이어 대막리지에 오른 맏아들 남생의 동생들이 반기를 들면서 정변을 일으켜 남생을 몰아낸 것입니다. 그러자 남생은 당나라의 편으로 붙어 버렸습니다. 이들의 싸움은 고구려에 치명적이었습니다. 지배층의 분열로 전쟁을 시작하기도 전에 승패는 이미 결말이 난 것이나 마찬가지였습니다. 남생은 당으로부터 긴 이름의 직함을 하사받고 당나라 군대의 향도 노릇을 했습니다. 또한 자신이 장악하고 있던 성 몇 개를 당에 바쳤습니다. 한편 당나라의 고구려 침략이 개시되자 연개소문의 동생인 연정토는 수많은 성을 이끌고 신라에 항복해 버렸습니다.

정변을 일으켰던 남건과 남산이 남쪽에서 몰려오는 신라군과 서북에서 밀려오는 당나라 군대에 맞서 싸웠습니다. 하지만 한번 무너지기 시작한 고구려는 본래의 강건한 모습을 되찾지 못했습니다. 한 번도 함락된 적이 없어 난공불락의 요새로 알려진 신성이 스스로 문을 열고 항복한 것을 시작으로, 요동 지역이 당의 손아귀에 넘어갔습니다. 668년 배후 지역을 모두 잃고 고립된 평양성은 나당 연합군에 완전히 포위당하고 말았죠. 포위 한 달여 뒤 평양성은 결국 항복을 선언했습니다.

수와 당과 맞서 빛나는 승리를 거두었던 고구려는 이렇게 허무하게 무너져 버렸습니다. 고조선이 한나라에 망할 때와 마찬가지로 내부 분열이 결정적 패인으로 작용했습니다. 수·당과 대규모 전쟁이 계속되면서 고구려의 국력이 쇠약해진 것은 사실입니다. 하지만 그렇다 해도 멸망 당시의 고구려는 고구려다운 모습이 아니었습니다.

백제에 이어 고구려를 멸망시킨 당나라는 신라에 넘기기로 약속한 땅까지 모두 직접 지배하겠다는 욕망을 곧바로 드러냈습니다. 고구려 땅에 안동도호부를 세워 백제 지역의 웅진도독부와 함께 당나라의 정식 지방행정 체계로 재편하려 한 것입니다. 그 끝은 신라까지 장악하는 것이었겠죠. 이미 당은 663년에 신라를 계림대도독부로 삼았으니, 형식적으로는 삼국 모두 당의 행정 구역의 하나로 편입된 셈이었습니다.

이제 고구려 멸망 때까지 유보되었던 신라와 당의 충돌이 다가왔습니다. 당을 끌어들인 대가로 자칫하면 만주는 물론 한반도까지 당나라의 지배하에 들어가게 될 절체절명의 위기가 찾아온 것입니다.

51

02

남북국시대

1_ 신라, 나당전쟁에서 승리하고
발해, 고구려의 뒤를 잇다

나당전쟁은 670년부터 본격적으로 시작되었습니다. 한때 평양성을 탈환할 정도로 기세를 올리던 고구려 부흥 운동이 잠잠해진 게 이때였기 때문입니다. 신라가 당나라군을 공격하면서 시작된 나당전쟁은 7년간이나 계속되었습니다. 고구려가 수와 당을 물리칠 때처럼 국경을 중심으로 격전이 벌어진 전쟁이 아니라 이미 나라 안으로 깊숙이 들어와 주둔하던 당나라 군대와의 전투였기 때문에 전쟁이 길어질 수밖에 없었습니다.

나당전쟁은 신라만의 전쟁이 아니었습니다. 고구려와 백제의 유민 및 신라에 투항하거나 부흥 운동을 이끌었던 고구려 장수들까지 대당

전쟁에서 신라와 함께 싸웠습니다. 신라 역시 이들을 우대해 당나라의 편으로 돌아서지 않도록 했죠. 그 대표적인 예가 670년에 소고구려국(보덕국)을 지금의 익산 지역에 설치하고 고구려 왕족인 고안승을 보덕국 왕으로 봉한 것입니다. 나당전쟁의 첫 전투에 고연무라는 고구려 출신 장수가 함께하기도 했습니다.

나당전쟁 초기 신라의 입장에서 가장 시급한 것은 백제 지역에 대한 지배권을 확보하는 일이었습니다. 신라는 670년에서 671년에 걸쳐 대공세를 펼친 끝에 백제 지역 대부분을 장악했습니다. 당나라가 요동 지방의 고구려 부흥 운동을 제압하기 위해 주력부대를 본토로 물렸던 당시의 사정을 잘 활용한 결과였습니다. 다급해진 당나라는 고구려 정복에 앞장섰던 설인귀와 유인궤를 앞세워 다시 대군을 파견했습니다.

이로 인해 한때 열세에 몰렸던 신라는 675년에 매소성(지금의 양주)에서 당의 대군을 격파했습니다. 기록에 따르면 당시 매소성에 주둔한 당나라 군대의 규모가 20만이었고, 전투 후 신라가 획득한 말이 3만 필이 넘었다고 합니다. 이 기록으로 보면 매소성 전투가 향후 판세에 매우 큰 영향을 미쳤을 것임을 충분히 짐작할 수 있습니다. 이때부터 전세는 신라에 유리하게 흘러갔습니다. 그리고 676년 11월, 지금의 금강 하구로 알려진 기벌포에서 최후의 일전이 벌어졌습니다. 설인귀가 이끄는 당의 수군은 이 해전을 통해 서해의 제해권을 확보하고 신라의 배후에 직접 군대를 파견할 기회를 만들고자 했습니다. 하지만 신라는 필사적인 방어로 결국 당의 수군을 몰아냈습니다. 이로써 나당전쟁은 마침표를 찍게 되었습니다.

당나라는 이제 대동강 이남을 포기할 수밖에 없었습니다. 한반도 깊숙이 군대를 다시 파견하는 것은 불가능했습니다. 고구려 부흥 운동이 벌어지는 요동 지역을 통과할 수도 없을 뿐만 아니라 서해에 대한 제해권도 신라가 차지했기 때문이었죠. 게다가 당 서쪽의 티베트는 당을 압박하고 나섰습니다. 결국 안동도호부와 웅진도독부는 실질적인 기능을 하지 못한 채 요동 지역으로 옮겨졌습니다. 신라가 드디어 최후의 승자로 남게 된 것입니다.

신라 승리의 요인은 무엇보다 백제나 고구려와 달리 지배층 사이에 내부 분열이 없었다는 것입니다. 지배층이 솔선수범하여 전쟁에 나섰죠. 황산벌 전투에서는 장군 품일의 아들인 관창이 목숨을 바쳐 백제군의 사기를 꺾어 놓았습니다. 나당전쟁 때 김유신은 당나라와의 전투에서 후퇴한 아들 원술랑과 부자 간의 관계를 끊었습니다. 이후 원술랑은 매소성 전투에서 당나라 군대를 섬멸하는 데 큰 공을 세웠지만, 부모와 나라를 욕되게 한 것을 부끄러이 여겨 죽을 때까지 은거해 살았습니다. 이처럼 당시 신라의 지배층은 자신의 의무를 다하고 있었습니다. 이는 멸망 당시의 백제나 고구려와 가장 대비되는 모습이었습니다.

또한 신라는 532년 금관가야를 귀속시킨 뒤 가야 출신인 김유신 등을 중용해 신라의 주축으로 삼았습니다. 나당전쟁 시기에는 고구려와 백제의 유민을 신라의 편으로 끌어들이는 정책을 펼쳤습니다. 이 당시 신라가 매우 포용적인 사회였음을 보여 주는 사례입니다. 이런 요인으로 인해 신라는 최후의 승자가 될 수 있었습니다.

이런 시각에서 보면 신라는 여러 나라로 나뉘어 경쟁하던 고조선 이후의 시대를 다시 통합의 시대로 진입시킨 주역이라고 할 수도 있습니다. 이런 이유로, 신라가 나당전쟁에서 승리함으로써 끝내 삼국을 통일한 것이라고 흔히들 이야기하죠. 경쟁하던 두 나라가 이미 멸망하고 한반도가 신라를 중심으로 재편되었으므로 신라의 삼국통일이라는 말이 일리 있게 들리기도 합니다.

하지만 신라가 승리한 요인이 무엇이었든 삼국이 각축하던 영역 중 신라가 차지한 부분이 절반에도 미치지 못했다는 것은 분명한 사실입니다. 당과 동맹을 맺을 당시부터 김춘추는 대동강 이남에 대해서만 지배권을 행사하겠다고 했었죠. 나당전쟁 이후에도 이러한 입장은 바뀌지 않았습니다. 따라서 신라의 삼국통일은 불완전한 통일이라고 부를 수밖에 없습니다.

그렇다면 고구려가 장악했던 그 광활한 영토에서는 무슨 일이 벌어지고 있었을까요? 당은 요동 외의 만주를 확실히 지배하지 못하고 있었습니다. 고구려가 이미 망한 상태에서 당이 지배권을 굳히지 못했다는 것은 곧 만주 지역이 무주공산이었다는 것을 의미합니다. 대조영의 발해는 바로 이런 역사적 배경에서 탄생했습니다.

고구려 멸망 후 유민들은 각지에 흩어져 유력자들의 지도하에 자치적인 생활을 하고 있었습니다. 그러던 696년 거란족의 이진충이 당에 반기를 들고 영주(오늘날의 랴오닝 성 차오양 시)를 점거하고 거란국을 세웠습니다. 당은 20만 대군을 동원하여 돌궐 등과 연합해 거란족을 진압해 버립니다. 그런데 이러한 혼란을 틈타 대조영의 아버지인 걸걸중상과 말갈족의 지도자 걸사비우, 대조영 등이 봉기를 일으켰습니다. 그러고는 당나라의 지배로부터 벗어나고자 동쪽으로 이동하기 시작했습니다. 당시 영주는 당이 요동과 만주를 지배하기 위해 설치한 도독부가 있던 지역이었기 때문입니다. 당은 고구려 유민과 말갈족을 영주 부근으로 이

주시켜 감시하고 있었죠. 고구려 유민과 말갈의 이동은 당의 이런 전략을 무위로 돌리는 중대한 사태였습니다. 당은 대조영과 걸사비우에게 진국공과 허국공이라는 작위를 내리면서 회유하려고 했지만 소용이 없었습니다.

결국 당은 정벌을 시작했습니다. 그 과정에서 걸사비우는 전사하고 걸걸중상이 병사하면서, 대조영이 이주하는 유민의 중심에 서게 되었습니다. 대조영은 고구려 유민과 말갈족을 규합해 통솔하면서 계속 동쪽으로 나아갔습니다. 당은 지배권이 미치지 못하는 지역으로의 이동을 결사적으로 막으려고 계속 추격해 왔지만, 대조영의 무리는 지금의 지린성에 속하는 천문령에서 추격군을 대파했습니다. 마침 국제 정세도 대조영에게 유리하게 돌아갔습니다. 당나라 북쪽에서 돌궐이 거란을 복속시키며 세력을 키우고 있었기 때문에 당이 요동을 넘어 만주 깊숙이 들어오기가 어렵게 된 것입니다. 이제 더 이상 대조영을 막을 수는 없었습니다.

대조영은 천문령에서 더욱 동쪽으로 이동하여 동모산에 도달했습니다. 이곳은 지금의 지린 성 연변 조선족 자치주 돈화 시의 성산자산성으로 추정됩니다. 동모산에서 대조영은 새로운 나라를 선포했습니다. 698년의 일이었습니다. 나라의 이름은 진(震), 연호는 천통(天統)으로 정했습니다. 연호로도 알 수 있는 것처럼 대조영은 스스로를 하늘의 혈통으로 천명했습니다. 황제국을 자임한 것이었죠. 그리고 진국의 수립이 고구려를 계승한 것임을 분명히 했습니다.

당나라는 돌궐 및 거란과의 분쟁으로 진국을 어찌할 수 없는 상황이었습니다. 결국 당나라는 돌궐과 거란을 견제하기 위해 진국을 인정할 수밖에 없었습니다. 당나라는 대조영을 '발해군왕'으로 책봉하는 형식을 취하며 한발 물러섰습니다. 대조영 역시 당과의 분쟁을 지속할 이유가 없었기 때문에 이를 받아들였습니다. 하지만 돌궐 및 거란과 당 사이의 분쟁에는 개입하지 않았습니다. 대조영은 내부 안정을 위해 고구려 유민과 말갈의 통합에 몰두합니다.

고구려가 멸망한 지 30여 년 만에 발해가 건국되면서 우리 역사는 남북국시대로 들어섰습니다. 비록 고구려는 사라졌지만 발해를 통해 만주 지역에서의 우리 역사가 이어지게 된 것입니다.

2_ 천년왕국 신라와 해동성국 발해,
오랜 평화를 누리다

발해가 건국된 698년 이후 수십 년 간, 당과 발해 사이에는 긴장감이 감돌았습니다. 당은 유화책을 쓰다가도 주변 여러 민족과의 정세가 유리해지면 어김없이 발해를 고립시키는 책략을 썼습니다. 발해 역시 이에 강경하게 대응해 당에 대한 선제공격까지 마다하지 않을 정도였죠.

고왕 대조영의 뒤를 이은 무왕은 732년에 장문휴를 시켜 바다 건너 산둥반도의 등주를 공격해 대승을 거두었습니다. 이에 당은 신라를 끌어들여 발해의 남쪽을 공격하게 했습니다. 그러나 당과 신라의 협공은 발해의 강력한 반격에 무위로 그쳤죠. 당시 발해와 당의 충돌은 치열한 국제 외교전의 양상을 띠었습니다. 발해는 거란·돌궐·일본과 연합하였고, 당은 신라를 끌어들이는 한편 흑룡강 근처의 흑수말갈을 이용하여 발해의 배후를 위협하는 전략을 구사했습니다. 동북아 전역이 치열한 세력 다툼에 휩쓸려 있었죠.

발해의 등주 공격으로부터 촉발된 발해와 당의 충돌에서 양국은 어느 누구도 결정적인 승리를 거두지 못했습니다. 당시 국제 정세가 어느 한편으로 유리하게 기울지 않았기 때문이었습니다. 상황이 이렇게 되자 당은 발해를 인정하지 않을 수 없었습니다. 평화가 찾아온 것입니다.

한편 발해와 당 사이의 평화는 신라에게도 뜻밖의 선물을 안겨 주었습니다. 나당전쟁의 승리로 신라가 실질적으로 지배하던 대동강 이남의 땅이 신라의 영토임을, 735년에 당나라가 공식적으로 승인한 것입니다. 그러나 이를 거꾸로 해석해 보면 이때까지도 당나라는 대동강 이남의 땅을 신라에게 주겠다는 약속을 지키지 않고 있었다는 이야기가 됩니다. 상황이 불리하게 돌아가자 발해를 견제하기 위한 궁여지책으로 신라에게 생색을 낸 셈입니다.

어쨌든 당이 발해를 인정하고 대동강 이남에 대한 신라의 지배권을 인정한 것은 새로운 시대의 개막을 알리는 신호였습니다. 고구려 멸망 후 혼돈을 거듭하던 동북아의 정세가, 발해가 한 축을 차지하는 안정적인 구도로 바뀌게 된 것입니다. 당은 이제 만주와 한반도에 대한 직접 지배를 포기할 수밖에 없게 되었습니다.

동북아시아에 조성된 평화는 9세기 말까지 지속되었습니다. 대규모 전쟁이 없는 평화의 시기는 각 나라에 산업과 문화를 꽃피울 수 있는 기회를 제공했습니다. 나당전쟁 이후 이미 전란에서 벗어나 있던 신라는 내부 체제를 정비하는 것은 물론 대규모 관개 및 수리 시설을 확충해 농업생산력을 끌어올릴 수 있었죠. 당을 통한 국제 교역 역시 활발하게 이루어져, 멀리 아라비아와 페르시아 등지에서도 상인들이 오갔습니다. 많은 신라인 역시 당에 건너가 활동했죠. 신라인의 집단 거주지인 '신라방'이 조성되고 이들을 관리하기 위한 자치 행정기관인 '신라소'가 설치되기도 했습니다. 장보고가 완도에 청해진을 설치하고 서·남해상의 무역을 장악한 9세기 초·중반에는 신라방을 중심으로 한 신라인들의 활동이 최고조에 올라 있었습니다.

● ● ● **남북국시대, 신라의 원성왕릉을 지키는 무인상과 처용의 모습**

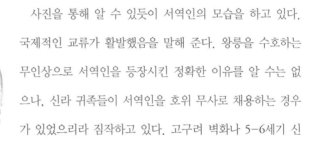

사진을 통해 알 수 있듯이 서역인의 모습을 하고 있다. 국제적인 교류가 활발했음을 말해 준다. 왕릉을 수호하는 무인상으로 서역인을 등장시킨 정확한 이유를 알 수는 없으나, 신라 귀족들이 서역인을 호위 무사로 채용하는 경우가 있었으리라 짐작하고 있다. 고구려 벽화나 5-6세기 신라 왕릉에서 출토된 유물에도 서역인으로 짐작되는 인물들이 등장하는 것으로 보아 서역과 교류한 역사가 깊다고 보아야 할 것이다. 처용 설화에 나오는 처용 역시 서역인일 것으로 추정된다.

무인상   **처용탈**(국립민속박물관)

승려들 역시 쉴 새 없이 바다를 건넜습니다. 그들은 불경을 구하고 선진 불교를 익히거나 성지순례를 하기 위해서 바다를 오갔습니다. 그 결과 불교는 더욱 발전했습니다. 그중 대표적인 인물은 인도를 여행한 후《왕오천축국전》을 지은 혜초입니다.

발달한 생산력과 활발한 국제 교역은 귀족과 불교 중심의 문화를 꽃피웠습니다. 석굴암 불상, 불국사의 다보탑과 석가탑, 에밀레종이라고도 불리는 성덕대왕신종 등 불교문화의 진수가 이 시기에 제작되었습니다. 멀리 페르시아와 아라비아 등지에서 건너온 유리잔 등은 귀족 문화를 더욱 화려하게 만들었죠. 당시 신라의 귀족들은 각지에 세워진 별장에서 계절별로 돌아가며 생활할 정도로 부유했습니다. 심지어 경주에는 금으로 입힌 집이 40여 채나 있었다고 합니다. 경주는 17만 호가 넘는 거대한 도시가 되었습니다. 경주 중심지에서 바닷가에 이르기까지 집이 이어질 정도였죠. 더욱이 그중 초가집은 찾을 수 없었고 밥을 지을 때 나무 대신 숯을 썼다고 하니, 그 풍요로움의 정도가 짐작하기 어려울 지경입니다.

물론 이 시기 경주의 풍경이나 귀족들의 생활에 대한 묘사는 일부 과장이 섞여 있을 것으로 생각됩니다. 하지만 오랫동안 지속된 평화와 생산력 증대, 늘어난 영토와 세금을 거둬들일 수 있는 백성 수의 증가는 남북국시대의 신라 귀족들에게 더할 나위 없이 풍요로운 생활을 가져다주었습니다. 천 년 가까이 지속되어 천년왕국이라고 불리는 신라에게 이 시기는 무엇 하나 부족할 것 없는 태평성대의 시기였습니다.

신라가 태평성대를 누리는 동안 발해 역시 전성기를 향해 나아갔습니다. 당과의 전쟁에서 승리하면서 발해에 대한 국제적인 인정을 이끌어 낸 무왕의 뒤를 이어, 문왕이 국가의 체제를 정비하여 국력을 키웠습니다. 문왕의 통치는 8세기 후반까지 60년 가까이 지속되었죠. 이후 짧은 혼란기를 겪은 발해는 818년 즉위한 10대 선왕의 시대에 완벽한 전성기를 맞이했습니다.

선왕은 흑수말갈을 통제하에 두고 요동반도와 대동강 지역으로 영토를 넓혔습니다. 발해의 영토가 사방 5천 리에 달했다는 기록으로 짐작컨대 당시 발해의 영토는 고구려 최대 판도보다 훨씬 넓었을 것입니다.

하지만 발해의 발전이 영토 확장에 따른 것만은 아니었습니다. 활발한 대외 교역도 한몫을 했죠. 당나라·거란·일본 등과 사신을 빈번하게 교환했는데, 사신의 교환은 정치적 목적보다는 경제적 이익을 위한 것이 대부분이었습니다. 발해의 중심지가 기후 조건이 불리하고 물산이 그다지 넉넉하지 못한 지역에 있었기 때문에 대외 교역의 중요성은 특히 컸습니다. 물론 당시 사회의 특성상 발해 지배층의 욕구를 충족하기 위한 물품이 주로 수입되었죠. 그렇지만 각종 약재나 공예품, 고급 모피 등 발해의 특산물을 거래에 활용함으로써 관련 산업 역시 활기를 띠게 되었습니다.

상대적으로 신라와는 활발한 교역이 이루어지지 않았습니다. 정치적인 요인이 작용했기 때문이었죠. 하지만 신라와의 교역이 완전히 중단된 상태는 아니었습니다. 발해의 수도에서 경주까지 이어지는 '신라도'라는 길을 통해 사신 교환 및 교역이 이루어지고 있었습니다. 다만 필요한 경제적 이득을 다른 나라들과의 교역에서 충분히 누리고 있었으므로, 신라와의 교역은 그 중요도가 떨어졌을 것으로 보입니다.

이 시기 발해의 발전은 외부에서 보기에도 놀라운 일이었던 것 같습니다. 선왕 이후 당나라 기록에 발해를 '해동성국'이라고 표현할 정도였으니까요. 한마디로 이 시기 발해는 최전성기를 누리고 있었습니다. 다만 발해에 대한 기록이 적어 구체적인 생활상을 잘 알 수 없다는 사실이 아쉬울 따름입니다.

●●● 남북국시대의 무역로

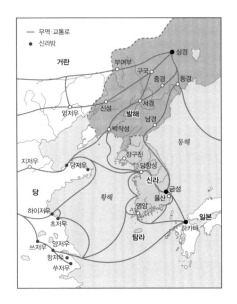

고대 사회의 대외 관계는 전쟁과 갈등으로만 이루어진 것은 아니었다. 고대 사회는 우리가 생각하는 것보다 훨씬 개방적인 사회였다. 남북국시대의 교역로를 보면 이 사실을 잘 알 수 있다. 고조선의 명도전 루트가 그랬듯이 교역 없는 대외 관계란 있을 수 없었다. 한나라가 고조선을 침공할 때 이유로 든 것도 고조선이 한반도 남부와 한나라의 직접 교역을 가로막는다는 것이었다. 이는 역설적으로 고대 사회에서 교역이 중요한 일이었음을 말해 준다. 남북국시대의 교역로를 보면 동북아 주변 모든 나라가 사통팔달의 교역로를 가지고 있었던 것을 알 수 있다. 그리고 그 교역망은 서역, 즉 페르시아와 아라비아까지 연결되었다.

3_ 되살아난 백제와 고구려,
다시 삼국시대로

금으로 두른 집, 사계절 별장, 호화로운 유리잔 등 신라 왕실과 귀족의 생활을 말해 주는 여러 가지 모습은 남북국시대 신라의 번영을 상징합니다. 백제와 고구려를 멸한 김춘추, 즉 태종무열왕 이후 100년가량 신라는 강력한 왕권을 바탕으로 안정 속에 번영을 누렸죠. 그러나 역설적이게도 장차 신라를 위협할 사회적 모순이 이 시기에 싹트고 있었습니다. 가장 커다란 모순은 진골 귀족의 권력 독점이었습니다.

진골은 신라 특유의 계급제도인 골품제 중 두 번째 등급 골품입니다. 최고등급은 성골이죠. 성골은 김 씨 왕족 중 왕위 계승 자격을 가진 신분을 의미합니다. 대대로 왕위는 성골에서 배출되었습니다. 진골은 김

씨 왕족이긴 하지만 왕위 계승의 자격이 없는 방계 혈통을 의미했습니다. 하지만 진덕여왕을 끝으로 성골이 사라지면서 태종무열왕이 진골 출신으로는 최초로 왕위에 올랐습니다. 따라서 진골 귀족은 남북국시대 신라의 최고 등급 귀족이었습니다.

남북국시대 이전의 신라는 삼국 항쟁 과정에서 가야나 고구려의 왕족을 진골로 편입시키는 등 일정 정도 개방성을 띠었습니다. 그러나 남북국시대 신라는 폐쇄적으로 변해 갔습니다. 진골 귀족은 모든 권력을 독점하고 바로 아래 등급인 6두품에게조차 고위 관직을 허락하지 않았습니다. 일례로 6두품 출신인 최치원은 당에서 이름을 널리 떨친 후 신라에 돌아왔지만 골품제의 장벽에 부딪혀 결국 은거해야만 했습니다. 하물며 고구려나 백제의 유민들에 대한 처우는 말할 필요도 없겠죠. 역량을 펼칠 기회가 거의 주어지지 않았습니다. 이처럼 골품제가 강고하게 유지되면서 신라 사회의 건강성과 활력은 점점 사라지게 되었습니다.

결국 36대 혜공왕 이후 왕권을 둘러싼 지배층의 권력 다툼이 시작되자 신라는 혼란기에 접어들었습니다. 혜공왕은 765년, 8살의 어린 나이로 왕위에 올랐습니다. 이때부터 왕위를 노린 진골 귀족들의 반란이 시작되었습니다. 결국 혜공왕은 반란 와중에 피살되고 말았죠. 왕권의 추락과 그에 따른 권력투쟁의 서막이 열린 것입니다.

822년에 발생한 웅천주 도독 김헌창의 난에는 신라의 9주 중 옛 백제 지역을 중심으로 5주가 반란에 참가했습니다. 중앙 진골 귀족들의 왕위 쟁탈전에 지방 세력까지 가세한 것입니다. 김헌창은 '장안'이라는 새로운 나라 이름을 내세우며 신라에 정면으로 반기를 들었습니다. 새로운 나라를 세우겠다는 의지를 내비쳤다는 점에서 김헌창의 난은 기존의 왕위 쟁탈전과는 성격이 달랐다고 볼 수 있죠. 결과적으로 김헌창의 난은 실패로 돌아갔지만 이후에도 지방 세력이 가세한 왕위 쟁탈전은 그치지 않았습니다. 청해진으로 강력한 세력을 형성했던 장보고 역

완도의 청해진 유적 | 육지와 아주 가까운 작은 섬이다. 이 섬의 반대편으로 남해안의 바다와 섬이 펼쳐져 있다. 한눈에 교통의 요지임을 알 수 있다.

시 무력을 기반으로, 진골 귀족 간의 왕위 쟁탈전에 개입했다가 목숨을 잃었습니다.

왕실과 귀족의 사치와 천재지변, 연달아 발생한 정변은 백성들의 생활을 나락으로 몰고 갔습니다. 귀족들이 고위 관직을 장악하고 나라의 녹을 독점해 재산을 불려 나가자, 토지를 잃은 농민들은 떠돌이가 되었습니다. 하지만 귀족들은 높은 이자로 곡식을 빌려주어 재산을 늘리는 데만 급급했습니다. 그리고 빌린 곡식을 갚지 못한 농민은 노비로 만들어 버렸습니다. 기록에 따르면 많게는 노비를 3천 명이나 소유한 귀족도 있었다고 합니다. 이러한 부를 바탕으로 귀족들은 사병을 늘려 왕권

을 위협했습니다.

한편 이 시기 지방에서는 새로운 유력자층이 형성되고 있었습니다. 이들은 신라 중앙정부에 대해 독립적인 세력을 형성해 점점 각 지방에서 지배력을 행사하게 되었습니다. 이들을 호족이라고 합니다.

호족의 기원은 몇 가지로 나눠 볼 수 있습니다. 첫 번째는 중앙에서의 왕위 쟁탈전에 패한 세력이 지방으로 내려가 그 지역의 강자로 자리 잡은 경우입니다. 장보고처럼 지역의 군권을 장악한 세력이 호족으로 변화한 예도 있습니다. 마지막으로는 지방에서 성장한 촌주 출신이 세력을 확대해 호족이 되는 경우도 있었죠.

이들은 신라 말기, 수탈에 반발해 봉기한 농민 반란군을 진압하거나 자신의 세력으로 편입시켜 군사력을 더욱 키웠습니다. 당시 가장 대표적인 농민 반란은 진성여왕 때인 889년에 발생한 원종과 애노의 난입니다. 이때 중앙에서 파견한 군대는 이 난을 진압하는 데 실패했습니다. 난이 어떻게 종결되었는지 명확한 기록이 남아 있지는 않지만, 아마도 지방 세력에 의해 진압되었거나 편입되었을 것으로 보입니다.

호족의 등장으로 말미암아 신라 중앙정부의 지배력은 경주 인근 지역에만 겨우 미칠 정도로 축소되었습니다. 이제 본격적인 호족 간 세력 다툼의 시대로 접어들게 된 것입니다. 이러한 호족들의 경쟁은 후삼국 시대로 이어지게 됩니다.

후삼국시대는 견훤이 진성여왕 6년인 892년에 무진주(지금의 광주)에서 군사를 일으킨 후, 효공왕 때인 900년 완산주에 도읍을 정하고 나라 이름을 후백제라 칭하면서 시작되었습니다.

농민 출신인 견훤은 당시의 상주(지금의 문경시)에서 태어났습니다. 그는 혼란한 시대에 출세하려면 군인이 되어야 한다고 생각했습니다. 군인이 되어 경주에 잠시 머물던 견훤은 서남해의 변경으로 옮겨 갔습니다. 그리고 그곳에서 군공을 세우며 세력을 키웠습니다. 앞서 말한 대로 지역 군권을 통제하면서 호족으로 성장하는 과정을 밟은 것이죠. 기록을 보면 견훤이 처음 군사를 일으킬 때 각지에서 호응을 했다고 합니다. 이를 통해 이때까지도 옛 백제 지역에서 신라에 대한 반감이 대단했다는 사실을 알 수 있습니다. 견훤이 나라 이름을 후백제라 한 것 역시 이런 점을 감안한 것이었습니다. 신라가 백제를 멸망시킨 후 230년이나 지났음에도 이처럼 후백제라는 이름이 위력을 발휘한 것은 신라가 이 지역을 통합하는 데 실패했다는 것을 의미하죠.

한편 옛 고구려 지역에서도 비슷한 일이 벌어지고 있었습니다. 승려였던 궁예가 나라를 세운 것입니다. 궁예는 견훤과는 달리 귀족 또는 왕가의 후손이라는 이야기가 전해집니다. 왕위 쟁탈전 과정에서 패한 집안 출신이라는 것이죠. 그 과정에서 겨우 목숨을 건진 어린 궁예는 출가하여 승려가 되었다고 합니다. 그리고 장성하여 죽주(지금의 안성)의 기훤, 북원(지금의 원주)의 양길 같은 호족의 휘하에 들어가 공을 세우며 세력을 키웠습니다. 이런 과정을 거쳐 자립한 궁예의 휘하에는 개성의 왕건 부자 등 각지의 호족들이 몰려들었습니다. 이에 위협을 느낀 양길은 궁예를 쳤지만, 이미 강력해진 궁예를 이길 수는 없었습니다. 양길의 공격을 물리친 궁예는 신라 북부 지방의 권력자가 되었습니다.

이 여세를 몰아 궁예는 901년, 개성에서 고려를 세웠습니다. 고려란 고구려의 다른 이름으로 널리 쓰이던 말이었습니다. 따라서 궁예는 고구려 계승이라는 명분을 전면에 내세웠다고 봐야겠죠. 다만 궁예의 고려를 왕건의 고려와 구분하기 위해 요즘은 궁예의 고려를 후고구려라고 부릅니다.

이후 궁예는 철원으로 도읍을 옮기고 국호도 마진과 태봉으로 바꾸는 등 호족들을 견제하고 왕권을 강화하기 위한 정책들을 펴 나갔습니다. 또 자신의 주위를 둘러싼 호족을 제압하기 위해 자신을 미륵불로 자처하는 등 불교를 이용해 왕을 신의 반열에 올려놓는 제정일치를 추구하기도 했습니다.

그러나 궁예의 지나친 왕권 강화책은 결국 신하들의 반발을 불러왔습니다. 궁예 휘하에서 능력을 발휘해 이미 2인자의 자리에 올랐던 왕건은 자신을 추대한 홍유·배현경·복지겸·신숭겸 등과 함께 궁예를 몰아내고 왕위에 올랐습니다. 이때가 918년이었습니다. 왕건의 고려가 건국된 것입니다.

왕건은 궁예가 왜 쫓겨나 비참하게 생을 마감했는지 누구보다 잘 알고 있었습니다. 따라서 왕건은 궁예와 판이한 정책을 채택했습니다. 왕건은 호족의 세력을 무시하고 왕위를 유지하는 것이 쉽지 않다는 점을 이해하고 있었습니다. 왕건 자신도 개성을 주 무대로 성장한 호족이었고 혼인을 통해 서해 해상 세력 등과 연결되어 있었기 때문이죠.

왕건은 즉위하자마자 각지의 호족들에게 후한 선물과 함께 자신을 낮추는 글을 써서 보냈습니다. 왕이 된 입장에서는 결코 내키지 않는 일이었겠지만 온 나라가 호족들의 손에 조각나 있는 상황에서 어쩔 수 없는 선택이었죠. 이는 신라에 대해서도 마찬가지였습니다. 견훤이나 궁예와 달리 왕건은 신라를 온정적으로 대했습니다. 다시 말해 무력으로 짓밟는 대신에 인심을 얻는 방법을 선택한 것입니다.

왕건의 호족 포섭 정책은 혼인 정책에서 잘 드러납니다. 왕건은 전국 각지 유력 호족들의 딸과 결혼함으로써 호족들을 자신의 편으로 끌어들였죠. 이 정책은 왕실과의 유대를 강화해 자신들의 지위를 유지하려는 호족들의 지지를 끌어냈습니다. 왕건이 무려 6명의 왕비와 23명의 부인을 두게 된 것은 바로 이 호족 포섭 정책의 결과였습니다.

고려의 후삼국 통일 과정 | 후삼국시대는 신라의 백제와 고구려 통합이 실패로 끝났음을 의미한다. 후백제와 후고구려(고려)라는 국호가 그 증거로서, 외세를 끌어들여 대동강 이북에서 만주까지 광활한 영토를 포기한 결과이다. 발해 이후 만주는 고조선·고구려·발해 때 주변 부족이었거나 복속 민족이었던 거란·여진 등에 의해 장악되었다. 결국 남북국시대 이후 한국사의 범위는 급격하게 축소될 수밖에 없었다. 이제 내세울 수 있는 건 고려라는 이름을 통해 고구려를 계승한다는 명분뿐이었다.

왕건이 고려를 건국한 후부터 후삼국 간의 경쟁은 불을 뿜었습니다. 아니 고려와 후백제의 치열한 경쟁이었다고 해야겠죠. 이미 신라는 유명무실한 상황에 처해 있었기 때문입니다. 초기에는 견훤이 우세했습니다. 견훤은 강력한 군사력을 바탕으로 호족을 억누르고 왕권을 강화하는 한편 신라를 혹독하게 대했습니다. 927년에 견훤은 신라를 공격하여 경주까지 장악하고, 당시 신라의 왕인 경애왕을 죽였습니다. 심지어는 왕비 등을 욕보이기까지 했습니다. 이 소식을 들은 왕건이 신라를 구원하기 위해 직접 군대를 이끌고 달려갔지만, 오히려 후백제군에게 대패하고 신숭겸이 전사하기까지 했습니다. 이때까지만 해도 견훤이 경쟁에서 승리를 거두는 것 같았지요. 그러나 견훤은 경주에서 곧 물러날 수밖에 없었습니다. 막강한 군사력으로 경주까지 밀고 들어오긴 했지만, 아직 신라를 완전히 장악할 정치적 기반은 마련하지 못한 상태였기 때문입니다. 신라 각 지역의 성을 모두 점령하지 않은 상태에서 경주로 쳐들어간 데다, 신라 장군들이 만행을 저지른 견훤에게 적개심을 가지고 있었습니다. 이런 상황에서 고려가 다시 신라를 구원하러 달려온다면 승패를 알 수 없었던 것이었죠.

견훤의 무자비한 행동은 왕건의 장점을 더욱 빛내 주었습니다. 신라 지역의 호족과 장군들이 앞다퉈 고려에 귀속하는 계기가 된 것입니다. 이로써 군사적으로도 강건해진 왕건의 고려는 930년 지금의 안동 지역에서 벌어진 전투에서 견훤의 군대에 대승을 거두었습니다.

931년 왕건이 경주를 찾았을 때, 신라의 분위기는 견훤의 경우와는 딴판이었습니다. 당시의 왕인 경순왕은 경애왕을 죽인 견훤이 억지로 왕위에 올린 임금이었죠. 하지만 경순왕은 왕건을 극진히 대접했고 왕건 역시 경순왕에게 예우를 다했습니다. 이제 신라는 왕건에 완전히 의지하는 나라가 되었습니다. 후삼국의 주도권이 고려 쪽으로 급속히 넘어간 것이죠.

그러던 935년, 후삼국 통일의 전기를 마련할 수 있는 결정적인 사건이 발생했습니다. 견훤이 고려에 망명한 것입니다. 참으로 놀라운 일이었죠. 어떻게 이런 일이 벌어지게 된 걸까요?

견훤은 넷째 아들 금강으로 하여금 자신의 뒤를 잇게 하려고 했습니

전북 김제 금산사 | 견훤이 그의 아들에 의해 유폐되었던 곳이다.

다. 하지만 이에 불만을 품은 맏아들 신검과 두 동생이 이복동생인 금강을 죽이고 견훤을 김제의 금산사에 유폐시켰습니다. 이에 좌절한 견훤이 금산사를 탈출하여 고려에 항복을 청했던 것입니다.

왕건은 견훤에게 가장 높은 직위를 주며 우대했습니다. 몇 달 뒤, 신라의 경순왕도 고려에 항복하고 나라를 바쳤습니다. 왕건은 자신의 두 딸을 경순왕에게 내주고 자신은 경순왕의 조카를 왕비로 맞아들였습니다. 이렇게 해서 천년왕국 신라는 왕건의 고려에 완전히 복속되었습니다. 그리고 이듬해인 936년, 왕건은 신검을 지금의 선산에서 대파하고 항복을 받아 냈습니다.

이로써 왕건은 후삼국을 완전히 통일하였습니다. 물론 남북국시대를 구성하던 한 축인 발해와 완전한 통합이 이루어진 것은 아닙니다. 하지만 926년 거란에 의해 멸망한 발해 유민을 고려가 적극적으로 받아들임으로써, 진정한 의미에서의 민족 통합이 이루어졌다고 볼 수 있습니다. 게다가 그 과정은 신라의 경우와는 달리 누구의 간섭도 없는 자주적인 통합이었습니다.

한편 발해가 멸망하게 된 원인은 사실 명확하지 않습니다. 내분으로 인한 국력의 약화에 그 원인이 있을 것이라고 판단하고 있긴 하지만 그와 관련한 기록이 워낙 부족한 형편입니다. 그래서 발해가 멸망하기 전 발생한 백두산의 대규모 화산 폭발이 발해의 쇠망 원인이라는 이야기도 있죠. 어쨌건 거란의 역사를 담은 《요사》에 침공 3일 만에 수도를 함락시켰다는 기록이 담겨 있을 정도로 발해는 허무하게 무너졌습니다. 해동성국으로 불렸을 만큼 강력했던 대제국 발해가 무너지면서, 만주와 연해주에 걸친 영토는 우리의 역사에서 사라져 버리게 되었습니다.

●●● 왜 발해는 후삼국 어느 나라의 도움도 받지 못했나?

중국의 혼란기를 맞아 거란이 급속도로 성장하며 발해는 멸망의 길을 걸었다. 발해에서는 신라를 포함한 여러 나라에 지원을 요청하지만 신

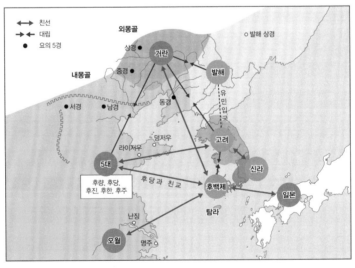

10세기 초 동아시아 정세

라는 물론 고구려를 계승했다고 하는 왕건조차도 도움을 줄 생각을 하지 못했다. 후삼국시대의 혼란을 겪는 와중이라 어느 누구도 발해와의 적극적 통합을 꾀할 수 없었던 것이다. 왕건이 거란을 적대시해 발생한 만부교 사건은 발해 멸망 후 16년이나 지난 뒤의 일이었다.

03

고려

1_ 왕건의 고려,
황제국의 부활을 꿈꾸다

수십 년 간에 걸쳐 존속했던 후삼국은 결국 왕건에 의해 통합되었습니다. 왕건은 국호를 고려라 칭하면서 고구려를 계승하겠다는 의지를 분명하게 내비쳤습니다. 고려라는 말은 고구려를 줄여 말하는 것으로 이미 5세기부터 정식 국호로도 사용되어 왔던 명칭입니다. 또한 왕건은 918년 즉위 직후부터 독자 연호와 '짐'이라는 용어를 사용했습니다. 황제가 스스로를 부를 때 쓰는 용어인 '짐'을 사용했다는 것은 왕건이 스스로를 황제로 여겼다는 뜻입니다.

고구려 계승을 내세운 것은 고구려의 옛 강토를 회복하겠다는 의지의 표현이기도 했습니다. 왕건은 폐허로 변해 있던 평양에 사촌동생 왕식렴을 보내 재건케 하고 백성들을 이주시켜 북방 영토 회복의 거점으로 삼았습니다. 그리고 평양을 서경이라 이름 짓고 수도에 준하는 지역으로 격상시켰습니다. 멸망한 발해의 유민을 대거 받아들이고 우대한 것도 고구려 계승 의식의 영향이었습니다. 따라서 발해를 멸망시킨 거란에 대해 적대적 정책을 편 것은 왕건의 입장에서는 당연한 일이었습니다. 942년에 거란에서 보내온 낙타를 만부교 아래에 붙들어 매 굶겨 죽이고, 사신 일행 30명을 귀양 보낸 만부교 사건이 벌어지게 된 배경에는 이런 이유가 있었던 것입니다.

왕건은 〈훈요십조〉를 통해 후계자들에게 일 년에 백 일 이상 반드시 서경에 머무르도록 당부했습니다. 이 역시 고토 회복의 열망을 후대에서라도 이루어 주길 바라는 간절한 마음의 표현이었습니다. 후삼국 통일과 새 왕조 수립이라는 혼란한 상황에서도 고려의 영토가 청천강 유역까지 확장된 것은 왕건의 이런 의지 때문입니다.

하지만 당시 고려가 처해 있던 상황은 왕건이 이상을 펼치기에 녹록치 않았습니다. 후백제와의 전쟁을 오랫동안 치렀던 데다가 발해를 멸망시킨 거란이 고려의 서북부 지역을 장악하고 세력을 키워가고 있었기 때문입니다. 또 동북부 지역에는 여진족이 눌러앉아 있었죠. 이런 이유로 고려는 907년 당의 멸망 이후 번갈아 세워진 후양·후당·후진 등과의 외교 관계에서 그들의 연호를 사용하는 등의 현실적인 정책을 택할 수밖에 없었습니다.

내부적으로도 어려운 환경은 존재했습니다. 북방 개척이나 황제를 표방하는 것은 강력한 왕권이 전제되지 않으면 사실상 불가능한 일입니다. 앞서 이야기했듯이 왕건은 호족들의 지지를 등에 업고 왕위에 올랐습니다. 호족 연합 정권인 셈이었죠. 이 호족들이 적극적으로 지원하지 않는다면 왕건의 꿈은 이루어질 수 없었습니다. 그러나 '사심관제'나 '기인제'에서 알 수 있듯 호족들을 통제하고 지지를 이끌어 내는 것은 쉬운 일이 아니었습니다. '사심관제'는 공신들에게 출신 지역의 사심관이라는 직책을 부여해 그 지방을 간접 통제하는 제도를, '기인제'는 지방 향리의 자제를 중앙으로 불러들여 일종의 인질로 삼은 제도를 말하죠. 이러한 제도를 통해 고려 초기 불안정했던 왕권의 단면을 확인할 수 있습니다. 게다가 왕건은 후삼국 통일을 이룬 지 7년 만인 943년에 죽음을 맞이합니다. 시간 역시 너무 부족했던 것입니다.

왕건 사후 즉위한 혜종은 왕위에 오른 지 2년 4개월 만에 죽고, 그의 뒤를 이어 946년, 왕건의 아들이자 혜종의 이복동생인 정종이 왕위에 올랐습니다. 왕식렴을 중심으로 한 서경 세력의 지원으로 왕위에 오른 정종은 고구려 고토 회복을 내걸고 서경 천도 계획을 세웁니다. 왕건의 유지를 잇는다는 명분을 내세워 개경을 근거지로 해 경쟁을 벌이던 호족들의 힘을 누르고 왕권을 강화하려던 것입니다. 그리고 이와 동시에 침략의 기회만 엿보던 거란에 대비하기 위해 30만의 광군을 조직했습니다. 광군은 정규군이 아닌 예비군이었고 지방 호족들이 지역별로 지휘권을 행사하는 체계였습니다. 그러나 '광군사'를 통해 광군을 중앙의 통제하에 둠으로써 외적 침입에 대한 방어 체제와 왕권 강화를 동시에 도모했습니다.

그러나 정종의 서경 천도는 실패로 돌아갑니다. 개경을 기반으로 하는 호족들의 반발도 거셌지만, 정종이 서경 천도를 지나치게 서두르면

서 부역에 동원된 백성들의 원성도 만만치 않았기 때문이었죠. 결국
949년 왕식렴에 이어 정종이 사망하면서 서경 천도 계획은 무산되었습
니다.

2_ 광종, 고려의 질서를 다시 세우다

정종의 뒤를 이어 왕위에 오른 광종은 정종의 친동생이었습니다. 광종은 왕식렴과 함께 정종의 즉위를 강력히 지원했던 인물입니다. 정종의 아들이 있었음에도 광종이 왕위에 오를 수 있었던 것은 정종의 아들이 어린 데다 정종이 아우를 통해 왕권 강화의 꿈을 이루고자 했기 때문이었습니다. 정종은 죽기 직전 광종에게 왕위를 물려주었습니다.

광종은 정종의 서경 천도 계획이 호족들의 반발로 어려움을 겪는 것을 똑똑히 보면서 왕건과 정종의 유지를 이어 나가기 위해서는 강력한 왕권이 전제되어야 한다는 것을 뼈저리게 깨달았습니다. 하지만 광종은 서둘지 않았습니다. 호족들의 세력이 강한 상황에서는 왕권을 강화하기 위한 어떤 조치도 쉽게 성과를 거둘 수 없다는 것을 알았던 것이죠. 즉위 원년에 '광덕'이라는 독자 연호를 사용한 것 외에 광종은 한동안 특별한 움직임을 보이지 않았습니다.

왕위에 오른 지 7년 만인 956년, 광종이 드디어 칼을 빼들었습니다. 광종의 첫 번째 호족 억압 정책은 바로 '노비안검법'이었습니다. 노비안검법이란 노비들의 신분을 조사하여 원래 양민으로서 노비가 된 자들을 다시 양민 신분으로 되돌리는 법이었습니다.

당시 호족들은 후삼국 시기의 혼란 속에서 포로가 된 자들이나 전쟁으로 먹고살 길이 없어진 백성을 노비로 만들어 버렸는데, 그 수가 엄청났습니다. 호족들에게 노비는 경제적 기반이자 때로는 군사로 동원할 수 있는 무력의 기반이었습니다. 반면에 왕의 입장에서 노비는 세금을 걷지도 못하는 데다 오히려 왕권을 위협하는 수단인 셈이죠. 따라서 노비를 양민으로 되돌리는 노비안검법은 호족들의 힘을 누르고 왕권을 강화하기 위한 정책이었습니다.

신분에 대한 조사는 주로 노비들의 자진 신고를 통해 진행되었습니다. 호족들은 이에 반발했습니다. 유력 호족 가문 출신인 광종의 왕비까지 중단을 요구할 정도였죠. 하지만 광종은 호족 세력의 경제적·군사적 기반인 노비제에 손대지 않고는 아무것도 할 수 없음을 알고 있었습니다. 이 조치를 통해 광종은 왕권을 강화했을 뿐만 아니라 백성들의 지지를 얻는 큰 성과를 거두었습니다.

호족들이 권력을 장악하고 있던 당시, 노비안검법은 매우 획기적인 조치였고 웬만해서는 성공하기 어려운 일이었습니다. 광종이 이런 개혁적 조치를 전격적으로 실시할 수 있었던 까닭은 무엇이었을까요? 그것은 후주에서 귀화한 쌍기라는 사람이 있었기 때문입니다.

쌍기는 956년에 중국 후주의 사신으로 왔다가 병에 걸려 돌아가지 못하고 고려에 남게 되었습니다. 광종은 후주에 요청하여 쌍기가 고려에 귀화할 수 있게끔 했습니다. 고려에 오기 전 쌍기는 후주의 개혁 정책에 적극 관여한 적이 있었습니다. 이 사실을 알게 된 광종이 그 경험을 고려에서 다시 펼치기를 바라고 귀화를 추진한 것이죠. 이렇게 해서 광종의 의지에 쌍기의 이론과 실무 능력이 결합되었습니다. 호족과 전혀 관계없는 쌍기의 등장이야말로 숨죽여 지내던 광종이 개혁의 칼날을 세우게 된 계기가 되었습니다.

958년, 광종은 노비안검법에 이어 과거제를 실시했습니다. 과거제는 중국에서 400년 전에 이미 시행된 제도로, 중국의 천자가 귀족을 억누르고 중앙집권적인 관료 체제를 수립하기 위해 시행한 제도였죠. 신라에서도 원성왕 4년인 788년에 '독서삼품과'라는 형태로 성골·진골이 아닌 당 유학생 출신 6두품을 중용했던 적이 있었습니다. 귀족을 누르고 왕 중심의 관료제를 도입하기 위한 조치였습니다. 다만 '독서삼품과'는 부분적으로 시행한 데다 귀족들의 반발과 신라 말의 혼란으로 인해 큰 성과를 보지는 못했죠.

하지만 광종 대의 과거제는 자리를 잡게 됩니다. 광범위하게 형성된 유학자들이 이미 각지에 존재하고 있었고, 과거제를 통해 무력에 의존하는 호족을 누르려는 광종의 의지가 컸기 때문이었습니다. 양인과 천인에게까지 문호를 완전히 개방한 것은 아니었지만, 과거제는 인재 배출의 통로를 한 단계 넓혀 놓은 게 분명합니다. 과거제의 시행으로 가문의 배경 없이도 실력으로 성공할 수 있는 길이 열리게 되었습니다. 이로 인해 고려 사회에 새로운 활력이 샘솟았습니다. 과거를 통해 배출된 인재들은 대부분 지방의 중소 호족 출신으로, 왕권을 뒷받침하는 주요 세력이 되었습니다.

물론 출신 성분에 따른 관리 임용 방식이었던 '음서제'가 고려시대 내내 시행되었던 것도 사실입니다. 문무 5품 이상의 자손과 공신 자손 및 왕실의 먼 후대 자손에게 관직을 부여한 음서 제도는 목종 때인 997년 첫 시행된 이후 사라지지 않았습니다. 음서제는 능력보다 출신을 우선한다는 점에서 과거제와는 전혀 다른 성격의 제도였죠. 그렇지만 음서제로 관직에 진출한 이들의 40퍼센트 이상이 과거에 다시 응시해 급제한 것을 통해, 음서 출신이라도 과거에 급제하지 않으면 대접받지 못하는 풍토가 형성되었음을 알 수 있습니다.

노비안검법과 과거제 실시를 통해 왕권 강화를 도모한 광종은 960년에 공복을 제정합니다. 이 또한 왕권 강화의 상징적 조치라고 볼 수 있습니다. 공복이 제정되기 전, 고려의 관복은 입는 사람에 따라 제각각이었습니다. 신라의 관복을 기본으로 삼았지만 지위의 높낮이와 관계없이 부유한 정도에 따라 제멋대로 옷을 만들어 입었죠. 광종이 직위에 따라 관복의 색을 고정시킴으로써 비로소 왕을 중심으로 하는 신하들의 위계가 분명해졌습니다.

광종의 왕권 강화책은 이에 반발하는 호족들에 대한 대대적인 숙청 작업으로 이어졌습니다. 훗날 광종의 뒤를 이어 경종이 즉위할 때 최승로가 '옛 신하로서 살아남은 이가 40여 명뿐이었다.'라고 말할 만큼 호족들에게는 큰 타격이었습니다.

결과적으로 광종은 호족 중심의 고려를 왕권 중심 사회로 바꾸기 위해 전력을 기울였고 그 노력은 상당한 성과를 거두었습니다. 이것이 광종이 고려의 새로운 질서를 세웠다고 말할 수 있는 이유입니다.

광종의 뒤를 이은 경종이 6년 간의 짧은 기간 왕위에 머무르다 죽은 후 성종이 왕위에 올랐습니다. 성종은 고려의 국가 체계를 완성한 왕입니다. 중앙정부의 관제로 3성 6부제를 도입하고 지방에는 12목을 설치했습니다. 정부 체제와 지방행정 체제를 갖춘다는 것은 고려가 초기의 혼란을 극복하고 안정된 상태로 접어들게 되었다는 것을 의미하죠. 특히 지방에 12목을 설치하고 지방관을 파견했다는 것은 지방에 대한 중앙의 지배력이 한층 높아졌다는 것을 의미합니다.

이처럼 성종이 광종에 이어 왕권을 강화하는 데 힘을 기울였음은 분명한 사실입니다. 하지만 성종의 개혁은 광종과는 상당히 다른 방향으로 전개되었습니다. 그 시작은 역설적이게도 광종이 호족을 제압하기 위해 실시한 과거제였습니다. 과거를 통해 배출되어 성장한 유학자들이 거꾸로 광종의 개혁 방향에 대해 비판을 가하기 시작한 것입니다.

성종 시기 개혁의 키를 잡고 있던 집단은 〈시무 28조〉로 성종에게 가장 큰 영향을 준 최승로 중심의 유학자들이었습니다. 최승로는 광종의 개혁이 쌍기 등 중국 출신인 측근에 의해 일방적이고 폭력적으로 진행되었다는 인식을 갖고 있어, 광종의 개혁에 대해 매우 비판적이었습니다. 그는 '쌍기와 같은 쓸데없는 사람' 때문에 '군신 사이의 대화가 막히고 적대 관계'가 되었다고 했습니다. 그래서인지 노비안검법으로 풀려난 노비 중 전 주인에게 무례한 사람을 다시 노비로 되돌리는 '노비환천법'을 시행하기도 했습니다. 광종에 의해 숙청된 호족들을 복권할 것을 요구하기도 했죠. 그리고 국왕이 신하들을 예로써 대해야 한다고 주장했습니다. 광종 때라면 입 밖에 꺼내지 못할 말이었죠.

한편 성종은 고려를 유교 국가로 만들기 위해 애썼습니다. 광종은 팔관회 등 태조 왕건이 중시한 불교의 전통을 버리지 않고 불교의 고승을 왕사나 국사로 임명했습니다. 반면 성종과 최승로는 불교 행사에 과다한 비용과 노력을 들이는 것을 비판하며 이를 금지했습니다. 대신 중국 주나라의 전통에서 유례한 사직단과 공자에게 제사 지내는 문묘를 세웠습니다. 유교 체제 수립의 대표적인 사례죠. 사직단은 국토와 곡식의 번창을 기원하는 제사를 드리는 장소입니다. 땅의 신과 곡식의 신에게 제사를 지내는 것은 농경 사회였던 고려에서 굉장히 중요한 일이었습니다. 또 문묘 역시 유학의 시조인 공자의 위패를 모시는 곳이니, 문묘와 사직단을 설립한 데는 일면 합당한 이유가 있는 셈입니다. 따라서 선진 제도를 수용한다는 측면에서 보면 중국식 유교 체제 도입을 긍정적으로 평가할 수도 있었습니다.

하지만 중국의 제도를 도입하면서 폐해도 나타났습니다. 우선 주나라뿐 아니라 고구려에도 사직단과 유사한 기능을 하는 '국사'라는 곳이 있었습니다. 그럼에도 불구하고 고구려를 계승했다는 고려가 고구려의 전통이 아닌 주나라의 전통을 따른 것이죠. 이는 왕건의 유지와 어긋난 결정이었습니다. 그것만이 아닙니다. 중국식 유교 체제하에 종속되면서 스스로를 제후국으로 낮추는 문제가 발생하게 된 것입니다. 예를 들어 관료나 일반 백성에게 전달하기 위한 군주의 선포문이나 명령을 작성한 문서를 황제의 경우에는 '조서'라고 하고 제후의 경우에는 '교서'라 했습니다. 고려는 성종 이전까지 황제의 용어인 조서라는 단어를 사용했죠. 그러나 성종 때부터 교서라고 쓰기 시작했습니다. 태조 이후부터 지속되어 온 황제국의 꿈이 성종에 와서 공식적으로 폐기된 것입니다.

이런 문제에도 불구하고 광종의 왕권 강화책과 성종의 유교 체제 도입으로 고려는 안정되어 갔습니다. 광종과 성종을 거치면서 왕권과 신권이 어느 정도 조화를 이루는 등 고려가 장기적으로 생존할 수 있는 바탕을 마련할 수 있게 된 것입니다. 그리고 현실 정치로서의 유교와 종교로서의 불교가 공존하며 고려는 조화로운 사회로 나아갔습니다. 그러나 이 과정에서 황제국의 꿈을 잃어버린 고려는 과연 어떤 나라로 변해갔을까요?

3_ 서희와 강감찬, 윤관의 나라 고려가 어떻게 문약의 나라로 바뀌었는가?

 고려가 국가 체계를 안정시키기 위해 각종 개혁을 단행해 나가던 900년대 중반, 국제 정세는 매우 혼란스러웠습니다. 그 중심에 거란이 있었습니다. 5세기 이래 랴오허 강 상류를 중심으로 여러 부족으로 나뉘어 살며 그중 일부가 고구려에 속하기도 했던 거란은 발해 건국 전 이진충이 거란국을 세우기도 했으나, 당나라의 강경한 대응으로 나라를 유지하는 데 실패했었죠. 그 후 2백 년 이상이 지난 당나라 말, 혼란기를 틈타 거란족은 다시 힘을 키웠습니다. 그리고 916년에 야율아보기가 부족을 통합하여 다시 거란국을 세웠습니다. 거란국은 926년에 발해를 무너뜨린 후 당시 중국의 북부 지방인 연운 16주를 점령하였습니다. 그리고 나라 이름을 '요'라고 바꾸며 중국을 넘보는 강력한 세력으로 자리 잡았습니다. 이런 상황에서 960년, 당 멸망 후 53년 만에 송이 중국을 통일하자 요와 송은 일촉즉발의 대치 상태에 돌입하게 되었죠.

이미 살펴본 대로 고려도 거란과 사이가 좋지 않았습니다. 태조 때의 만부교 사건, 〈훈요십조〉에서 태조가 거란을 금수의 나라로 규정하고 경계를 게을리 하지 않도록 한 것, 정종이 광군을 조직한 것은 모두 이런 까닭에서 발생한 일들이었습니다.

결국 성종 12년인 993년에 고려와 거란의 첫 충돌이 벌어집니다. 송과의 일전을 앞두고 배후의 고려를 제압하기 위해 소손녕을 앞세운 거란군이 압록강을 넘은 것입니다. 하지만 당시 고려는 문약한 나라가 아니었습니다. 반격에 나섰죠. 당황한 거란은 본격적으로 진군하는 대신 항복하라고 으름장을 놓기 시작했습니다. 거란의 협박에 고려 내부에서는 서경 이북의 땅을 내주자는 주장이 등장하기도 했습니다. 이때 서희가 무조건적인 굴복에 반대하고 나섰습니다. 결국 서희가 소손녕과 담판을 벌이기로 했죠. 서희는 광종 때 과거에 급제하여 관직에 나선 이로 아버지 역시 광종 때 고위 관료를 지낸 인물이었습니다.

'신라 땅에서 일어난 고려가 고구려 땅을 차지하고 있는 것', '가까운 거란 대신 바다 건너 송을 섬기는 것'을 따지는 소손녕에 서희는 당당한 논리로 맞섰습니다. 고려가 고구려를 계승한 나라이고 거란의 수도 역시 고구려의 땅이었으니 이에 대해서는 거란이 할 말이 없다고 논박했습니다. 그리고 압록강 연안에 여진족이 있어 거란과 쉽게 오갈 수 없다는 이유를 들어 거란과의 교류가 어려움을 설명했습니다. 답변이 궁해진 거란은 한발 물러설 수밖에 없었습니다. 애초부터 거란은 고려와의 화친이 우선이었으므로, 송과 관계를 끊고 거란을 섬긴다는 고려의 약속에 압록강 연안의 강동 6주를 고려에 양도하기로 하고 물러났습니다. 서희의 담판으로 고려는 압록강 연안까지 영토를 넓히는 큰 성과를 거두게 된 것입니다. 물론 거란도 고려와의 협상에서 많은 것을 얻었습니다. 송나라와의 전쟁에서 고려가 거란의 배후를 공격하지 못하게 만들었던 것이죠. 거란은 고려와 화약을 맺은 후 송을 압박하여 1004년에는 '전연의 맹약'을 맺는 데 성공했습니다. 송이 매년 거란에게 은 10만 냥, 명주 20만 필을 제공하기로 한 것입니다.

서희의 담판은 빛나는 외교전의 승리였습니다. 거란의 속내를 정확하게 파악했기 때문에 큰 성과를 거둘 수 있었죠. 만일 서희와 고려가 일방적으로 송나라를 편들었다면 강동 6주는 영원히 우리 영토가 되기 어려웠을지도 모릅니다.

서희의 활약 이후 한동안 유지되던 평화가 깨진 것은 1010년이었습니다. 1차 침입 이후에도 송과 밀접한 관계를 계속 이어 나가는 고려가 불안해진 것입니다. 또 고려에 내준 강동 6주가 전략적으로 매우 중요한 지역이었기 때문에 이를 돌려받고 싶어지기도 했죠. 하지만 담판을 통해 정식으로 양도한 영토를 내놓으라고 군사를 일으킬 수는 없는 노릇이었습니다. 그런데 이때 고려에서 강조의 정변이 일어났습니다. 거란은 이를 2차 침입의 빌미로 삼았습니다.

강조의 정변은 고려가 유교 체제를 수립하는 와중에 벌어진 사건이었습니다. 성종 사후 목종이 즉위하자 성종의 여동생이자 목종의 어머니인 천추태후가 실권을 잡았습니다. 천추태후는 성종의 유교 중시 정책에 불만을 품고, 불교 중시와 북방 개척 등 태조의 유훈을 따르는 정책을 폈습니다. 그러나 천추태후는 애인이었던 김치양과의 관계에서 난 아들을 목종의 뒤를 이은 왕으로 삼으려고 했고, 외척을 대거 등용하는 등 무리한 일들을 벌였습니다. 결국 서북면도순검사로 있던 강조가 정변을 일으켰습니다. 유교 정치체제를 지지한 세력이 이를 응원한 것은 물론이었지요. 강조는 김치양 일파와 목종을 살해하고 천추태후를 유폐시킨 후, 정권을 잡고 현종을 왕으로 추대합니다.

고려에서 정변이 일어나자 거란은 강조의 죄를 묻는다면서 40만 명의 병력을 동원해 고려로 쳐들어왔습니다. 강조는 포로가 되어 죽고, 개경이 잠시 함락되기도 했죠. 이후 고려는 전력을 다해 거란을 공격하는 한편 현종이 거란에 입조하기로 약속하는 등 화전 양면의 전술을 폈습니다. 고려군의 공격에 퇴로가 끊길 것을 우려하던 거란은 결국 철수할 수밖에 없었죠. 그리고 철수하던 거란군은 고려의 공격을 받아 엄청난 피해를 입게 되었습니다.

거란의 3차 침입은 2차 침입으로부터 8년이 지난 1018년에 시작되었습니다. 거란이 요구한 현종의 입조가 고려 조정의 거부로 실현되지 않자 소배압이 10만의 군사를 이끌고 쳐들어온 것입니다. 하지만 고려는 병력을 준비하고 성을 보수하는 등 이미 만반의 대비를 하고 있었습니다. 고려는 강감찬을 상원수로, 강민첨을 부원수로 삼아 20만 명이 넘는 군사를 동원해 거란군을 공격했습니다. 개경을 목표로 남하하던 거란군은 고려의 거듭된 공격에 더 이상 견디지 못하고 철군할 수밖에 없었습니다.

1019년, 강감찬은 귀주에서 철군하던 거란군과 맞서 싸웠습니다. 세 차례에 걸쳐 침략한 거란과의 마지막 전투이자 대규모 병력이 맞붙은 이 전투에서 강감찬은 거란군을 궤멸시켜 버립니다. 이때 살아 돌아간 거란군이 겨우 수천에 불과했다고 《고려사》〈열전〉의 강감찬 편은 전하고 있습니다. 거란으로서는 이토록 처절하게 패한 적이 없었죠. 이 전투를 우리는 귀주 대첩이라고 부릅니다.

세 차례에 걸친 침입에도 거란은 결국 고려를 굴복시키지 못했습니다. 강동 6주 역시 고려의 영토로 확정되었습니다. 고려 스스로의 힘으로 거란을 무찌르고 나라를 유지할 수 있게 된 것이죠. 이 과정에서 서희와 강감찬이 영웅으로 등장했습니다. 또한 고려의 국력과 자주적 기상이 전쟁에 대비하고 승리할 수 있는 기반이었음을 확인할 수 있었습니다.

귀주 대첩 이후 거란과 고려는 큰 무력 충돌 없이 평화적인 관계를 이어 갑니다. 하지만 동북방으로의 진출 역시 현실적으로 차단된 상태였습니다. 동북방에 존재하는 여진과의 경계에는 천리장성을 쌓아 변란에 대비했습니다. 하지만 장성 축조는 방어의 기능에 치중한 것이지 여진족이 산재한 고구려의 옛 영토를 개척하겠다는 의지가 반영된 것은 아니었습니다. 결국 거란 침입을 물리친 이후 고려의 정책은 현상을 유지하는 방향으로 한동안 진행되었습니다. 이후 백 년 가까운 평화가 찾아왔습니다.

예성강 유역의 벽란도를 중심으로 송은 물론 일본과 류큐 왕국(지금의 오키나와) 및 아라비아 상인까지 오가는 무역이 활발히 행해졌습니다. 요나라와 여진족과도 다양한 방식으로 교역이 이루어졌습니다. 고려를 오간 아라비아 상인들의 입을 통해 'COREA'란 이름이 서양에 전해진 것도 이때의 일입니다.

한편 이 시기의 평화는 고려가 문벌 귀족 중심의 사회로 기울어지는 요인이 되었습니다. 과거제와 음서제를 통해 권력을 독점하게 된 문벌 귀족들은 사전(개인 소유 토지 또는 세금 징수권을 갖는 토지)의 확대를 통해 경제력을 더욱 키웠습니다. 넓은 사전은 문벌 귀족들이 특권 집단을 형성하는 중요한 수단이었죠. 이러한 사전 확보는 '공음전'을 통해 이루어졌습니다.

원래 고려는 '전시과'라는 토지 제도를 바탕으로 문무 관료에게 토지를 지급했습니다. 하지만 전시과에 의해 지급되는 토지는 세습되는 것이 아니었습니다. 관리로 재직하는 동안에만 수조권(토지에서 세금을 거둘 권한)을 가질 수 있었죠. 고려 말로 가면서 전시과 제도가 문란해져서 권력자들이 전시과로 지급받은 토지를 자신의 소유로 만들어 버리는 경우가 늘어나긴 했지만, 그래도 원래의 취지가 어느 정도 유지되고 있었습니다.

반면에 공음전은 고위 관료에게 지급되는 토지로서 세습이 가능한 토지였습니다. 고위 관료는 문벌 귀족 가문에서 주로 배출되었으니 결국 공음전은 문벌 귀족에게 나누어 준 토지라고 볼 수 있죠. 결국 공음전이 문벌 귀족들에게는 사전을 넓히는 좋은 수단이 되었던 것입니다.

게다가 문벌 귀족이 왕실의 인척이 되면서 권력은 더욱 강해지게 되었습니다. 고려 초기 왕실은 호족들이 권력을 장악하는 것을 우려하여 왕실 내 족내혼을 주로 맺었습니다. 하지만 이 시기에 와서는 많은 문벌 귀족들이 왕실과 혼인 관계를 맺었습니다. 경제력과 권력이 결합하기 시작한 것이죠.

모든 분야에서 힘을 가지게 된 문벌 귀족들은 호화로운 생활을 누렸

습니다. 그들은 무역을 통
해 오가는 진귀한 물품들
을 마음껏 사들였습니다.
그리고 11세기 중반부터
본격적으로 생산된 청자로
의자나 베개, 문방구까지
만들어 썼습니다. 그뿐만
이 아닙니다. 청자로 된 기
와나 벽돌까지 만들어 그
것으로 집을 지을 정도였
습니다.

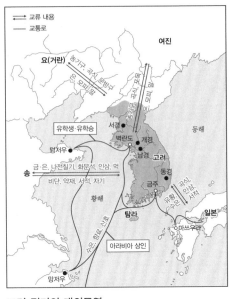

고려 전기의 대외무역

　문벌 귀족이 호화로운 생활에 빠져 건국 초기의 진취성과 자주성을
망각해 가고 있던 12세기 초, 고려의 북방에서 새로운 기운이 꿈틀거리
고 있었습니다. 여진족이 통합되기 시작한 것입니다.

　여진족은 춘추전국시대부터 당나라 때까지 숙신·읍루·물길·말갈 등
다양한 이름으로 불리며 만주 동부에 살고 있었습니다. 고구려가 강성
했던 시기에는 부족 일부가 고구려에 복속되어 살기도 했었죠. 고구려
가 멸망한 후 말갈이란 이름으로 발해에 속했던 여진은 거란이 세운 요
나라에 다시 눌려 지내고 있었습니다.

　이때까지 부족 단위로 산재하던 여진족 중 일부는 고려 백성으로 편
입되기를 원하는 등 고려에 협조적인 태도를 보여 왔습니다. 고려 역시
이들에게 식량과 철제 농기구를 지급하는 등 유화책을 폈죠. 국경 방어
를 위해 귀화한 여진인을 활용하기도 했습니다. 그런데 1100년을 전후

해 요의 지배력이 약해진 틈을 타 여진족이 아골타를 중심으로 통합되면서 상황이 급변하기 시작했습니다.

고려는 이에 대비하기 위해 윤관의 건의로 별무반을 편성했습니다. 별무반은 정규군 외에 별도로 편성된 군대였습니다. 기병인 신기군과 보병인 신보군, 승려로 구성된 항마군과 함께 화살 부대·쇠뇌 부대·화공 부대·기습 부대 등의 특수부대로 구성되었죠. 관직을 가지지 못한 문반과 무반은 물론 중인·상인·노비까지 총망라된 거국적 부대였습니다.

윤관이 이끄는 별무반 17만 명은 예종 2년인 1107년에 드디어 장성을 넘어 여진족 정벌에 나섰습니다. 그리고 대승을 거두었습니다. 윤관은 점령지 곳곳에 9성을 쌓고 남방의 민호 6만9천여 호를 옮겨 살게 했습니다. 기록에 따르면 이때 윤관이 설치한 9성은 함경도를 넘어 두만강 북쪽 7백 여 리까지 뻗어 있었다고 합니다. 그만큼 윤관의 9성 개척은 고려 역사에서 매우 중요한 고토 회복 전쟁이었습니다.

그러나 9성은 오래 유지되지 못했습니다. 여진족의 저항이 거셌던 것도 하나의 요인이었습니다. 하지만 더 큰 이유는 문벌 귀족의 반대 때문이었습니다. 문벌 귀족은 앞서 말한 대로 오래 지속된 평화의 혜택을 마음껏 누리고 있던 세력이었습니다. 현 상태를 깰 마음이 조금도 없었죠. 이들은 9성을 돌려주자고 주장했습니다. 예종과 윤관 등 태조의 유훈을 따르려는 세력은 이들의 공세를 막기 위해 갖은 애를 다 썼지만, 이미 권력을 틀어쥐고 있던 문벌 귀족을 막기에는 역부족이었습니다.

결국 예종 4년인 1109년 소집된 회의에서, 주요 대신 및 관리 30명

중 28명이 9성 포기에 찬성하자 예종도 더 이상 막을 수가 없었습니다. 9성은 다시 여진족에게 돌아갔습니다. 별무반은 해체되고 윤관은 관직을 삭탈당했습니다. 9성 개척 실패의 책임을 뒤집어쓰고 처벌을 당할 지경까지 몰렸죠. 예종의 보호로 겨우 위기에서 벗어난 윤관은 그 후 정계에 나서지 못하고 은거해야 했습니다. 예종과 윤관의 9성 개척이 무위로 돌아간 후 문벌 귀족이 더욱 기세등등해지면서, 고려는 급속도로 문벌 가문이 지배하는 문약의 나라로 전락해 갔습니다.

●●● 고려의 후예, 금나라 태조 아골타

통구스와 몽골의 혼혈인 거란족의 요나라를 물리치고, 만주 일대와 북중국을 장악했던 여진족의 금나라를 세운 태조 아골타의 조상은 고려인이었다. 이는 금나라의 정사인 《금사》에 나오는 기록이다. 그의 이름은 '함보'라고 한다. 나중에 중국을 장악한 여진족의 청나라도 금의 시조가 고려인이었다고 기록했다. 여진이 고려를 부모의 나라라고 한 이유이기도 하다. 고려와 조선도 이런 사실을 알고 있었다. 여진은 우리와 같은 통구스계로 고조선·고구려·발해를 거치면서 같은 나라의 일원으로 살았다. 그래서 《삼국사기》에 끊임없이 언급되기도 했다. 예부터 숙신·읍루·말갈 등 다양한 이름으로 불리다 발해 멸망 후 여진이라는 명칭으로 불렸다. 지금은 만주족으로 불린다.

4_ 묘청의 난, 반역인가 혁명인가

이 시기 문벌 귀족 중 대표적인 가문은 11대 문종에서 17대 인종에 이르는 80여 년 동안 5명의 왕에게 9명의 왕비를 들인 경원 이 씨 가문 이었습니다. 바로 이자겸 집안이죠. 이자겸은 16대 예종의 장인이기도 합니다. 하지만 예종은 문벌 가문을 억제하기 위해 상당한 노력을 기울 였기 때문에 예종이 살아 있는 동안은 이자겸도 권력을 함부로 행사하 지 못했습니다.

그러나 예종이 재위 17년 만에 죽고 인종이 14살의 어린 나이로 왕 위에 오르면서 고려는 이자겸의 세상이 되었습니다. 둘째 딸을 예종의 비로 들여보냈던 이자겸은 셋째 딸과 넷째 딸을 예종의 아들인 인종의 비로 들여보냅니다. 게다가 엄청난 식읍까지 부여받고 국왕을 능가하는 권력을 거머쥐었습니다. 이자겸의 탐욕이 얼마나 심했는지 집에 썩어가는 고기가 수만 근이나 되었다고 전할 정도입니다.

한편 이자겸이 세력을 거머쥔 이후 고려는 더 이상 외적의 침입에 강력히 대응하던 이전의 고려가 아니게 되었습니다. 반면 금나라는 문벌 귀족 덕분에 돌려받은 9성을 기반으로 번창하고 있었습니다. 이를 바탕으로 아골타가 이끄는 세력이 세를 키워 1115년에 금나라로 이름을 바꾸고 여진족을 통합했죠. 강성해진 금은 이자겸이 권력을 장악하고 있던 인종 3년, 1125년에 거란을 쓰러뜨리고 송의 수도를 함락시켰습니다. 그리고 이듬해 고려에 군신 관계를 요구했습니다. 이자겸 일파는 금에 대한 사대를 주장하여 관철시킵니다. 그동안 여진은 고려를 부모의 나라로 여겼지만 이제 고려가 신하의 나라로 전락해 버린 것입니다. 태조 왕건의 유훈은 완전히 땅에 묻히게 되었습니다.

보다 못한 인종이 이자겸을 제거할 계획을 세우기도 했죠. 그러나 이자겸은 선수를 쳐 인종을 살해하고 스스로 왕위에 오르고자 난을 일으켰습니다. 우여곡절 끝에 이자겸의 난은 실패로 끝났습니다. 그러나 이자겸의 난 이후 고려는 그전과는 전혀 다른 나라가 되었습니다.

명목상이나마 유지되던 왕의 권위가 이자겸으로 인해 완전히 무너져 내린 것입니다. 이자겸이 왕을 시해하려 했다는 사실만 놓고 보더라도 왕의 권위가 땅에 떨어졌음이 극명히 드러난 셈이었습니다. 게다가 이자겸의 난 와중에 인종은 이자겸에게 왕위를 넘긴다는 조서를 내린 적이 있었죠. 세상이 문벌 귀족에 의해 장악되었음을 선포한 셈입니다.

이자겸 이후 경주 김 씨·정안 임 씨·경원 이 씨 등 다른 세력이 권력을 잡았습니다. 그러나 권력의 주체가 달라졌다 해서 고려가 달라지지는 않았습니다. 이자겸의 권력 독점이 몇몇 가문의 권력 분점으로 바뀌었을 따름이었죠.

결국 이들에 대한 반발이 서경 세력으로부터 터져 나왔습니다. 1126년 왕사가 된 서경 출신 묘청은 개경은 이미 기운이 쇠했으니 땅의 기운이 왕성한 서경으로 수도를 옮겨야 한다고 주장했습니다. 그리고 문벌 귀족을 포함한 관리들이 유학에 빠져 사대적이고 유약한 모습을 보인다고 비판했습니다. 묘청은 고려가 사대주의에서 빠져나와 금나라를 정벌하고 칭제건원할 것을 주장했습니다. 칭제건원 주장이란 고려 국왕을 황제로 칭하고 독자 연호를 사용해야 한다는 것입니다. 이는 당시 문벌 가문에 눌려 있던 인종의 관심을 끌었습니다. 이자겸의 난 당시 궁궐이 불탄 것도 개경의 기운이 쇠한 탓이라는 주장 역시 인종에게는 솔깃한 이야기였습니다. 개경의 관료들 중 일부도 이에 동조하기 시작했습니다.

결국 묘청의 주장대로 인종이 서경에 대화궁을 짓고 자주 서경으로 거동하자, 서경 천도는 현실화되는 것 같았습니다. 하지만 인종이 서경에 행차했을 때 대화궁 주변 30여 곳에 벼락이 치고 폭풍우가 몰려와 인명이 상하자 김부식 등 개경 세력은 서경 천도를 극력 반대하기 시작했습니다. '기운이 왕성하다는 서경에 불길한 일이 계속되는 것을 보면 묘청의 말은 거짓이다.', '금나라가 강하니 가벼이 볼 수 없다.'는 말에 인종은 서경 천도를 포기했습니다.

천도가 무산되자 묘청은 1135년 서경에서 반란을 일으켰습니다. 서경의 농민과 승려들도 난에 참가했습니다. 이 묘청의 난은 왕권에 대한 도전이 아닌 개경 세력을 몰아내기 위한 것이었습니다. 국호를 '대위'로

하고 '천개'라는 독자적인 연호를 내걸고도 왕위를 공석으로 둔 데는 그런 까닭이 있었습니다. 하지만 '서경에 궁궐을 짓기만 하면 금나라가 스스로 항복할 것'이라는 묘청의 이야기가 허황됨을 알게 된 인종에게 그들의 주장은 더 이상 먹히지 않았습니다. 난을 준비하는 과정도 허술했죠. 정지상과 백수한 등 묘청을 지지하는 세력은 난이 일어났는데도 개경에 머무르다 김부식에게 즉시 처형당했습니다. 이런 사실로 볼 때 묘청의 난은 묘청과 그 지지 세력 간에 충분히 협의되지 못한 상태로 일어났다고 볼 수 있습니다. 따라서 이들이 정부군을 상대로 승리를 거두기는 어려웠습니다. 결국 묘청의 난은 김부식 등에 의해 1년 만에 진압되었습니다.

단재 신채호는 묘청의 난을 '조선 역사 1천 년 이래 제1대 사건'이라고 평했습니다. 신채호는 묘청의 난이 실패함으로써 고대로부터 이어져 내려오던 우리 민족의 진취적이고 자주적인 사상이 단절되었다고 했습니다. 그리고 묘청의 난 이후 김부식으로 대표되는 사대적 유교 사상이 득세해 고구려의 기상을 잃어버렸다고도 했습니다. 실제로 묘청의 난 이후 고려에서는 유교적인 정치체제가 공고해지는 한편 고구려 계승 의식도 점차 사라지게 되었습니다. 이는 고려가 문벌 가문의 이익만을 추구하는 문약의 사회로 완전히 변모했음을 의미합니다.

5_ 문신들만 사는 나라,
무신의 난을 불러오다

고려 왕조를 수립한 주요 세력은 무장 출신들이었습니다. 하지만 과거와 유학이 강조되면서 무신은 문신에 비해 점점 차별 대우를 받게 되었습니다. 강감찬과 윤관도 사실은 문과에 급제한 문신 출신이었습니다. 이렇듯 최고 지휘부는 무신이 아니라 문신의 차지였죠. 병부의 최고 관리인 판사나 상서도 문신 몫, 북방 국경 지역 방어를 위해 설치한 양계의 병마사도 문신 몫이었습니다. 관등 역시 무신은 정3품까지만 승진이 가능했습니다. 그 이상 승진하면 문반직을 받을 수 있었으나 현실적으로는 불가능했죠. 전시과에 의한 토지 지급이나 녹봉도 같은 급의 문신에 비해 적게 배정되었습니다.

그럼에도 불구하고 묘청의 난 이전까지는 나라를 방어하고 난을 진압하는 데 무신들의 역할이 필요했기에 어느 정도의 지위 상승은 가능했습니다. 하지만 묘청의 난 이후 문벌 귀족 가문은 고려의 정치적, 사회적 지위를 완벽하게 독점했습니다. 무신은 문신 귀족들의 경호원 정도로 간주되었습니다. 게다가 문벌 귀족들은 금에 사대함으로써 자신들의 권력을 유지하고 있었습니다. 나라를 지키려는 의지도, 필요도 없는 그들에게 무신이란 있으나 마나 한 존재였습니다.

인종에 이어 의종이 왕위에 오르고 묘청의 난이 발생한 지 35년이 지나도록, 이러한 폐해는 시정되기는커녕 더해만 갔습니다. 결국 의종 24년인 1170년 정중부·이의방·이고 등이 주동한 무신의 난이 발생하고야 맙니다. 직접적인 계기는 보현원이라는 절에 행차한 의종이 수행한 무신들에게 격투기의 일종인 오병수박희를 시킨 것에서 시작되었습니다. 무반 3품인 이소응이 이기지 못하고 달아나는 것을 보고 문반 5품에 불과한 한뢰가 쫓아가 뺨을 때려 버린 것입니다. 이에 분을 참지 못한 정중부 등은 그 자리에 있던 문신들을 대거 살육했습니다. 그리고 개경에 가서도 '문관을 쓴 자는 씨를 남기지 말고 모조리 죽여라!'라고 외치며 50여 명의 문신을 살해합니다. 이들 중에는 정중부의 수염을 촛불로 태워 원한을 샀던 김돈중도 포함되어 있었습니다. 김돈중은 김부식의 아들로서 위세를 부리던 인물이었죠. 이제 고려의 권력은 무신들이 장악했습니다. 그들은 의종을 귀양 보내고 그 동생을 왕으로 내세웠습니다.

물론 무신의 난에 반발한 문신들의 반격도 있었습니다. 자신들이 오랫동안 지배해 온 세상을 무신들이 순조롭게 장악하도록 내버려 두지는 않았던 것이죠. 1173년에는 동북면 병마사로 있던 김보당이 의종 복위와 이의방·정중부 제거를 위해 난을 일으킵니다. 하지만 3개월 만에 김보당의 난은 진압되었고 경주로 유배 갔던 의종마저 이의민에게 살해당하고 말죠. 그나마 살아남아 있던 문신들마저 김보당의 난에 연루되어 목숨을 잃게 됐습니다. 1174년에는 서경유수이자 병부상서였던 조위총이 난을 일으킵니다. 조위총의 난은 대규모 봉기로 이어졌으나 1176년에 진압되었습니다. 이외에도 문신 가문 출신의 승려들이 무신 정권을 무너뜨리기 위해 나선 적도 있었습니다만 이 역시 실패로 끝났습니다.

무신 정권은 이로써 확고하게 자리를 잡았습니다. 그러나 그들 사이에도 권력을 독점하기 위한 투쟁은 계속 벌어졌습니다. 조위총의 난 막바지에는 정중부가 이의방을 제거하고 전권을 장악하는 듯했습니다. 하지만 경대승이 1179년에 정중부를 제거하고 권력을 잡았죠. 1183년에 경대승이 병사하자 이번에는 의종을 죽인 이의민에게 권력이 돌아갔습니다. 이의민은 상대적으로 오랜 기간인 13년간 권좌를 누렸지만 1196년 최충헌에게 죽임을 당합니다. 무신의 난이 최초로 발생된 때로부터 26년간에 걸친 권력투쟁 끝에 고려는 최 씨 가문의 장기 집권 시대로 들어서게 되었습니다.

●●●● 오병수박희와 무인

수박은 택견의 한자식 명칭으로 맨손 격투기를 말한다. 고구려와 신라 이후 고려에 이르기까지 오랜 기간 무예적 가치를 인정받았다. 수박희는 스포츠화된 택견을 의미하며 오병수박희는 수박희의 일종이다. 고려시대에 수박희를 잘 하는 무인들은 대접을 받았고 승진에도 유리했다. 이러한 경향은 조선 초기까지 유지되었으나 사림이 집권한 이후 쇠퇴하였

다. 태권도는 수박의 형식적인 요소를 더욱 강화한 종목이다.

무용총 수박희

무신 정권 백 년 동안 고려는 이전과는 완전히 다른 세상으로 변해 갔습니다. 기존의 문무반 체제는 완전히 무너졌습니다. 정중부가 수상인 문하시중에 오르는 등 무반이 문반직을 차지하는 일이 잦아진 것은 물론이고, 문반이 무반직이던 장군에 임명되는 일도 생겨납니다. 예전 같았으면 문신이 무반직을 가질 생각은 꿈에도 하지 않았겠지만 무신 정권 시절에는 자연스러운 일이 된 것이죠. 이런 측면은 무신의 난이 가져온 긍정적인 효과라 볼 수도 있겠습니다.

그러나 무신 정권 초기 문신의 역할은 제한적이었습니다. 주로 행정 실무를 맡아보는 정도였죠. 그나마 문신들이 대거 제거되었기 때문에 일을 맡길 문신을 찾기도 어려웠습니다. 그렇다고 무신들이 모든 행정 실무를 맡는 것도 불가능했습니다. 그런 이유로 무신 정권이 안정되면서부터는 문신 발굴을 위해 과거제가 자주 시행되었습니다. 이때 과거를 통해 등장한 문신들은 지방 토착 세력에 기반을 둔 사람들이 많았습니다. 이들은 최 씨 집권기를 거치면서 이전 정권에 비해 우대를 받으면서 중앙 정계에서 활동하게 되었습니다. 물론 최고 권력에 다다를 수는 없었지만 무신 정권 초기에 비해 활동 공간이 많이 넓어진 셈이죠. 이 과정을 통해 문신들의 세대교체가 일어났습니다.

중앙의 권력 기구 역시 완전히 재편되었습니다. 무신의 난 이전에는 중서문하성과 중추원이 중심이 되어 정책의 수립 및 집행과 왕명의 출납이 이루어졌습니다. 국방에 관련한 중요한 결정은 중서문하성과 중추원의 주요 대신들이 모두 모인 도병마사의 몫이었습니다. 그러나 무신의 난 이후 최고 결정 기구가 중방으로 바뀌었습니다. 중방은 원래 중앙 군사 기구인 2군6위에 속한 상장군이나 대장군 등 고위 장군들의 회의 기구였죠.

그 후 최충헌이 권력을 장악하자 최고 권력기관이 다시 바뀌었습니다. 최충헌은 교정도감이라는 기구를 만들어 도병마사와 중방을 무력화시키고 스스로 교정도감의 최고 책임자인 교정별감 자리에 올라 권력을 휘둘렀습니다.

최충헌 이후 권력의 성격은 많이 달라졌습니다. 중방은 무신의 난 이전부터 존재하던 무신들의 연합 회의체였습니다. 따라서 최충헌 이전의 무신 정권은 무신들의 연합 정권이었다고 볼 수 있습니다. 반면 교정도감은 최충헌이 완전히 새로 만든 기구였습니다. 최충헌 일인 독재 정권이 탄생했다는 의미가 되는 것이죠.

교정도감 외에 정방과 서방 등 무신 정권을 유지하기 위한 기구도 있었습니다. 정방은 최충헌의 뒤를 이은 최우가 관리들의 인사 및 행정을 장악하기 위해 설치한 기관이었습니다. 서방은 최우가 문객들을 포섭하고 그들의 자문을 얻기 위해 설치한 기구였죠. 문객이란 세력가의 집에 드나들며 출세의 기회를 엿보는 사람을 이르는 말입니다. 당연히 이런 기구들은 공식 행정 기구가 아니었습니다. 정방과 서방은 최 씨 일가가 사사로이 설치한 일종의 사설 기관인 셈입니다. 사설 기관을 통해 작동되는 권력, 이는 무신 정권이 비정상적인 정치체제였음을 말해 줍니다.

비정상적인 권력 체제를 유지하기 위해서는 수단 역시 비정상적일 수밖에 없었습니다. 서로 정권을 뺏고 뺏기는 과정에 사병 집단이 동원되었죠. 국가의 정규군이 아닌 사병이 동원된 이유는 사병이야말로 개인에 충성하는 집단이기 때문입니다. 경대승이 도방이라는 사병 집단을 만들어 자신의 신변을 보호하는 데 활용하면서 사병 집단이 공식화되었죠. 이후 사병 집단의 기능 및 역할은 최 씨 정권에서 강화되었고, 도방은 무신 정권이 무너질 때까지 존재했습니다. 도방은 경비·경호·사찰·치안 유지·반란 토벌·외적 방어 등 각종 역할을 맡았습니다. 이후 최우는 야별초(후에 삼별초로 확대)를 만들어 도방에 부여되었던 치안 유지 및 군사 기능을 분리하죠.

이처럼 무신 정변 이후 고려의 국가 기능 중 가장 중요한 부분들이 권력자 개인의 손에 모두 장악되었습니다. 이런 사실로 볼 때 무신의 난은 문약한 고려를 정상으로 돌려놓기 위한 개혁이 아니라, 문신을 대신해서 권력을 장악하기 위한 쿠데타였음을 알 수 있습니다.

6_ 무너지는 신분 의식,
농민과 노비의 난

문신 독점 사회에 대한 반작용으로 무신 정변이 일어났다면 무신 정변에 대한 반작용으로 발생한 것은 농민과 노비들의 난이었습니다.

문벌 귀족 가문이 권력을 독점하면서 농민들은 수탈에 시달리기 시작했고, 땅을 잃고 떠도는 농민들도 늘어났었죠. 이들은 이미 여러 가지 형태로 민란을 일으키고 있었습니다. 신라 말기에 그랬던 것처럼 고려에서도 민란으로 인한 혼란이 발생하기 시작한 것입니다. 하지만 고려 왕실은 이런 현상을 시정하지 못했습니다. 오히려 향락에 빠져 있다가 무신들에게 정권을 내주었죠. 문신 독점 사회가 하루아침에 무신들의 세상으로 바뀌게 된 것은 백성들이 정권에 이미 등을 돌렸기 때문이기도 했습니다.

하지만 백성들이 기대하던 고려의 개혁은 무신 정권하에서도 이루어지지 않았습니다. 무신들은 개혁을 시행하기는커녕 문신들이 가지고 있던 토지만이 아니라 일반 백성들이 가지고 있던 토지까지도 강제로 빼앗기 시작했습니다.

결국 백성들은 무신 정권에 대한 기대를 접었습니다. 그리고 본격적인 저항에 나서기 시작했습니다. 무신 정권기의 민란은 농민만이 아니라 천민들에 의해서도 활발하게 벌어졌습니다. 이는 역설적이게도 무신의 난에 자극받아 벌어진 일이었습니다. 농민과 천민들은 신분이 낮은 무신이 문신 정권을 뒤엎는 것은 물론, 한때 최고 권력을 잡았던 이의민처럼 천민 출신이 권력의 핵심부로 진출하는 것을 두 눈으로 목격했습니다. 신분은 고정된 것이라는 생각은 무너질 수밖에 없었습니다.

농민과 천민의 난은 수십 년 간 전국 곳곳에서 벌어졌습니다. 민란 초기의 대표적인 항쟁은 공주 명학소(지금의 대전 유성구 지역)의 망이·망소이의 난입니다. '소'는 금·은·동·자기 등을 생산하는 특수 구역으로 소의 주민은 천민에 속했습니다. 왕실과 귀족들 그리고 요와 금에 공물로 보내는 물건들을 만들어 바치느라 엄청난 부담을 지고 있던 곳이죠. 그중 하나인 명학소에서 1176년 대규모 민란이 일어난 것입니다.

공주와 충주를 함락시키는 등 충청도 전역을 휩쓴 명학소의 난은 일년 반이나 지속되었습니다. 소에서 천민을 중심으로 발생한 난이 농민들까지 대거 가세한 대규모 민란으로 발전한 것이죠. 명학소의 난은 정부의 회유와 진압이라는 양면 작전을 견디지 못하고 결국은 무너지고 말았습니다. 그러나 명학소의 난은 백성들의 불만이 심각한 상태임을 명징하게 드러냈습니다. 그런데도 무신 정권은 가혹한 수탈 체제를 개혁할 마음도 의지도 없었습니다. 지방관의 잘못으로 모든 문제를 돌리려고 했죠. 심지어 그마저도 제대로 처벌하지 않은 채로 흐지부지 끝내 버렸습니다.

결국 민란은 전국으로 확대되었습니다. 서산과 전주에서부터 진주와 경주에 이르기까지 전국 각지에서 민란이 끊임없이 발생했습니다. 1193년 운문(지금의 청도)의 김사미와 초전(지금의 울산으로 추정)의 효심이 대규모 농민 봉기를 일으켰습니다. 김사미와 효심은 일종의 연합 세력으로 경상도와 강원도에 이르는 넓은 지역에까지 영향을 미쳤습니다. 하지만 그들의 난 역시 성공을 거두지는 못했습니다. 잘 훈련된 대규모 정부군을 상대하기에는 너무 힘에 부쳤기 때문이었습니다.

지속되는 민란은 나라가 이대로 운영되어서는 안 된다는 신호이자 부패한 사회의 개혁이 절박함을 말하는 것이었습니다. 그러나 무신 정권이 이에 제대로 응답하지 못하면서 백성들의 삶은 점점 더 피폐해져 갔습니다.

최충헌이 집권하고 난 후에도 민란은 계속되었습니다. 1198년에는 최충헌의 사노비인 만적이 봉기를 꾀한 사건이 발각되어 충격을 주기도 했죠. 만적은 개경에서 공·사노비를 불러 모아 봉기를

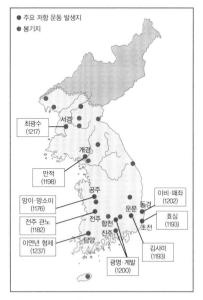

무신 집권기 하층민의 저항 운동

모의하면서 "무신의 난 이후에 고관이 천한 노예에서 많이 나왔으니 장상(將相)이 어찌 종자가 따로 있겠는가. 때가 오면 누구나 할 수 있는 것이다!"라고 주장했습니다. 신분의 세습과 제약, 차별에 대한 강력한 부정이었습니다.

만적의 난은 실패로 돌아갔지만 농민과 천민의 신분 해방과 차별 철폐에 대한 욕구를 완전히 억누를 수는 없었습니다. 그 후로도 민란은 지속되었습니다. 최 씨 정권 시절에 발생한 몽골의 침입과 이에 대항하는 항쟁의 와중에도 끊이지 않을 정도로 말이죠.

민란은 결과적으로 실패했습니다. 하지만 이들의 투쟁은 무신 정권의 정당성에 큰 타격을 입혔습니다. 동시에 고려의 지배 체제 전반에 대한 불신이 팽배해지게 된 결정적인 계기가 되었습니다.

●●●● 왕후장상의 씨가 따로 있는가? 노비 해방운동의 선구자 만적

만적은 최 씨 무신 정권을 연 최충헌의 사노비였다. 그는 개성 인근 산에서 나무를 하기 위해 모여든 노비들에게 외쳤다. "왕후장상의 씨가 따로 있는가? 닥치면 누구나 다 할 수 있다. 노비들이라고 모진 매질 밑에서 일만 하라는 법이 있는가? 최충헌과 주인들을 죽이고 노비 문서를 불태우자. 이 땅의 천민을 없애면 우리도 왕후장상이 될 수 있다." 그러나 이들의 계획은 밀고자에 의해 누설되면서 만적을 포함한 백여 명이 산 채로 물에 던져졌다. 만적의 봉기는 실패했다. 그러나 최충헌의 가슴은 분명 서늘했을 것이다.

7_ 몽골의 거듭되는 침입,
백성들이 나라를 지키다

최충헌의 아들 최우가 교정별감의 자리를 차지하고 있던 1218년, 거란족이 금과 몽골의 공격에 쫓겨 고려 국경을 넘은 후 서경 근처의 강동성을 차지하는 사건이 발생했습니다. 그 까닭은 이러합니다. 1200년대 초 여진족의 금나라가 쇠퇴하자, 거란족은 다시금 세력 확장을 꿈꾸었습니다. 하지만 금나라의 공격에다 북방 초원 지대를 평정하면서 새롭게 떠오른 몽골의 공격까지 받게 되면서 거란족이 고려 땅으로 밀려들어 온 것이죠.

고려의 김취려 등은 거란족을 공략하여 그들을 강동성으로 몰아넣는 데 성공했습니다. 그러나 몽골의 개입으로 사태가 급변했습니다. 거란족을 토벌하겠다며 몽골군이 강동성으로 몰려온 것입니다. 몽골은 고려에게 거란족 토벌을 지원할 것을 요구했습니다. 고려 땅에 들어온 거란족을 몰아내는데 몽골이 주체가 되고 고려는 이를 보조하는 입장이 된 것입니다. 이는 명백한 속국 취급이었습니다. 그러나 고려는 이를 거부할 수 없었습니다. 3년 전인 1215년 몽골 고원을 통일한 칭기즈칸이 금나라의 수도를 함락시킨 것을 똑똑히 보았으니, 고려에서도 몽골이 얼마나 강력한지 이미 알고 있었던 거죠. 고려마저도 속국으로 만들겠다는 숨은 뜻을 모르는 바는 아니었지만 강동성의 거란족을 그대로 둘 수도 없었던 고려는 몽골의 요구를 들어주었습니다.

이듬해 강동성의 거란족이 항복한 후 고려는 몽골의 요구대로 형제의 맹약을 맺고 공물을 바치기로 했습니다. 하지만 몽골의 요구는 고려가 감당하기 불가능할 정도로 막대한 규모였습니다. 한 해에 여섯 차례나 공물을 요구하기도 했죠. 별도로 몽골 장수와 사신들도 챙겨야 했습니다. 더 나아가서는 고려에서 생산되지 않는 물품이나 고려의 처녀까지 요구했습니다.

고려의 불만이 극에 달해 가던 1225년, 몽골 사신 저고여가 엄청난 공물을 챙겨 귀환하던 도중 압록강 근처에서 피살 당하는 사건이 발생합니다. 몽골은 이 사건을 빌미로 고려를 정벌하기로 마음먹었습니다. 하지만 당시로서는 금나라를 정복하는 일이 급했던 관계로 잠시 유예하였죠. 그 후 금나라를 거의 정복해 가던 1231년, 몽골군이 본격적으로 침략해 왔습니다. 이로부터 1259년 강화조약이 체결될 때까지, 여섯 차례에 걸친 몽골의 침략과 대몽항쟁이 30년 가까이 전개됩니다.

몽골군은 충주까지 휩쓸고 내려오면서 가는 곳마다 살육을 자행했습니다. 그들이 지나간 곳은 사람이고, 집이고, 곡식이고 남아난 것이 없었다는 기록이 전할 만큼 잔혹했습니다. 고려의 중앙군은 황해도 황주에서 벌어진 첫 전투에서 대패하고 말았습니다. 이제 고려는 바람 앞의 촛불 신세가 되었습니다. 이때 고려를 위기에서 건져 낸 것은 지방군과 초적이었습니다.

서북면병마사 박서의 지휘 아래 벌어진 평안도 귀주성의 대규모 전투에서 고려군은 몽골군의 거센 공격에 쇳물을 붓고, 돌을 날리고, 물과 진흙을 붓는 등 갖가지 방법을 동원해 방어했습니다. 한 달 동안 계속된 공격이 무위로 돌아가자 고려군의 끈질긴 방어에 질린 몽골군은 결국 귀주성을 포기하고 말았습니다. 귀주성 전투 덕분에 고려군의 사기는 높아졌습니다. 이를 기회로 중앙군은 전열을 다시 가다듬었습니다.

그리고 여기에 초적이 대거 가담했죠. 초적이란 무신정권에 반대하고 일어섰던 집단인 농민군을 이릅니다. 농민군들이 국가의 위기를 맞아 대몽항쟁에 나선 것입니다. 황주에서 다시 벌어진 전투에서 중앙군과 초적 연합군은 몽골의 공격을 물리치고 승리를 거두었습니다. 귀주성과 황주에서의 전투와 곳곳에서 벌어진 초적의 대몽항쟁 등에 힘입어 고려는 몽골과 화약을 맺을 수 있게 되었습니다.

몽골의 1차 침입 이후 최우는 강화로의 천도를 결정했습니다. 몽골군은 수전에 약하므로 강화를 항전의 근거지로 삼겠다는 이유였습니다. 수많은 관리들이 반대했지만 최우는 반대한 사람을 처형까지 하며 강압적으로 천도를 결정하였습니다.

하지만 초적까지 대몽항쟁에 나서는 판국에 중앙정부만 안전지대로

강화 고려궁지 | 몽골의 2차 침입에 대비해 강화도로 천도하면서 지었던 궁궐의 터이다.

도피하는 것은 상식적으로 이해하기 어려운 결정이었습니다. 실제로 고려의 중앙정부는 이후 진행된 몽골과의 투쟁을 수수방관했습니다. 그럼에도 불구하고 각지에 관리를 파견하여 세금을 거두는 일은 결코 잊지 않았죠. 강화도에서도 그들의 호화로운 생활은 이어졌습니다. 그리고 팔만대장경 간행에 온 힘을 쏟아부었습니다. 결과적으로 보면 강화 천도의 목적은 최 씨 정권 및 왕과 귀족들의 안전한 피난처 찾기일 뿐이었습니다. 또한 이는 백성과 지방군 및 향리에게 몽골과의 전쟁을 모두 떠넘기는 결정이었습니다.

몽골의 2차 침입은 1232년, 강화로 천도한 지 몇 개월 만에 벌어졌습니다. 몽골군은 북방을 휩쓸고 대구까지 내려와 약탈을 자행했습니다. 그러나 경기도 광주에서 패배하고 최고사령관인 살리타가 처인성(지금의 용인)에서 승려인 김윤후와 부곡민들에게 사살당하자 몽골군은 철수했습니다. 당시 처인성 인근 사원의 승려이던 김윤후는 몽골군이 쳐들어오자 처인성으로 들어와 항쟁을 지도하며 부곡민들을 이끌었습니다. 그의 화살에 살리타는 죽음을 맞았습니다.

1234년에 금을 멸망시킨 몽골은 이듬해 다시 대군을 이끌고 고려를 침략합니다. 무려 5년간에 걸친 이 3차 침입으로 고려는 엄청난 피해를 입었습니다. 그럼에도 고려의 완전 항복을 받지 못한 몽골은 4차·5차·6차에 이르기까지 침략을 거듭했습니다. 이에 맞선 고려의 항쟁도 계속되었습니다. 김윤후는 5차 침입 때 충주성에서 성민들을 지휘하며 70일이나 몽골의 공격을 막아 내기도 했습니다. 그 외에도 각 지방의 백성들이 몽골군을 상대로 항쟁을 이어 나갔습니다.

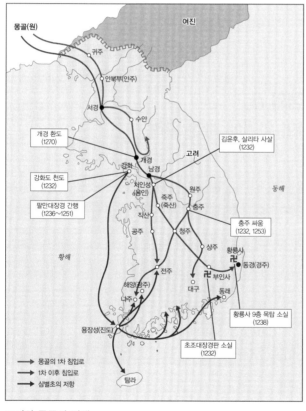

고려와 몽골의 전쟁

8_ 30년 항쟁의 끝, 풍전등화의 위기에 빠진 고려

몽골군의 거듭되는 침략과 항쟁이 30년 가까이 지속되면서 전 국토가 피폐해졌습니다. 1254년 한 해에 몽골군에 사로잡힌 사람만 20만 명이 넘었고 헤아릴 수 없이 많은 사람이 죽어 갔습니다. 경주의 황룡사가 불타고 그 바람에 선덕여왕 때 만들어져 6백 년 가까이 버틴 9층 목탑 역시 숯 더미로 변하는 등 온갖 문화재가 불타 없어졌습니다. 그럼에도 불구하고 항쟁은 멈추지 않았죠. 그러나 중앙정부는 강화도에 틀어박혀 정권을 유지하는 일에만 몰두했습니다. 백성들이 국난을 극복하기 위해 목숨을 내걸고 싸웠지만 이 모든 역량을 모아 지도해야 할 집단이 자신의 안위만 살피고 있었던 것입니다. 결국 항쟁의 동력은 소진

되어 갔습니다.

1258년 최우와 최항의 뒤를 이어 집권한 최의가 가신이던 김준과 유경에 의해 살해당했습니다. 마침내 60년에 걸쳐 지속되었던 최 씨 정권이 막을 내린 것입니다. 최 씨 정권에 짓눌려 살던 왕, 고종은 원(몽골이 중국을 정복하고 수도를 베이징으로 옮긴 후 지은 국호)에 붙어 왕위를 지키는 쪽을 선택했습니다. 김준과 유경 역시 몽골과의 전쟁을 더 이상 지속할 수 없다는 사실을 잘 알고 있었습니다. 결국 1259년 몽골과의 강화가 이루어졌습니다. 전쟁이 드디어 끝난 것입니다.

하지만 무신 정권은 개경으로 돌아가려 하지 않았습니다. 개경으로 가는 순간 몽골과의 강화를 적극 주장한 왕과 문신들의 세상이 다시 올 것이라는 두려움 때문이었습니다. 김준과 유경에 이어 권력을 차지한 임연과 임유무도 여전히 개경으로 돌아갈 생각이 없었죠. 그러나 그들에게는 최 씨 정권과 같은 힘이 없었습니다. 1270년 임유무는 살해당하고 당시 왕인 원종은 마침내 개경으로 환궁했습니다.

임유무를 끝으로 무인 정권은 백 년 만에 역사 속으로 사라졌습니다. 개경 환도 뒤에도 삼별초는 배중손의 지도하에 진도에서, 그리고 다시 김통정의 주도로 제주에서 대몽항쟁을 이어갔습니다. 무신 정권을 뒷받침하던 삼별초가 해산 위기에 처하게 되자 대몽항쟁의 선봉에 나선 것이었습니다. 그러나 이들의 저항도 흐름을 뒤집을 수는 없었습니다. 삼별초의 항쟁이 진압된 후 원종 14년인 1273년, 제주에는 탐라총관부가 설치되었습니다. 이미 북쪽에는 1258년 고려를 배신한 조휘와 탁청이 철령 이북을 몽골에 내주면서 설치된 쌍성총관부가 있었죠. 이제 본격적인 원의 간섭기가 시작되었습니다.

진도 용장산성 ㅣ 삼별초가 진도에서 쌓은 산성으로 궁궐터까지 남아 있다. 삼별초의 항쟁이 오랜 준비를 거쳤음을 보여 준다.

　고려가 몽골의 직접 지배를 받지 않고 그나마 고려 국왕이 통치하는 나라로 남을 수 있었던 건 수십 년에 걸친 빛나는 항쟁 때문이었습니다. 몽골로서도 양보를 하지 않을 수 없었던 것이죠. 하지만 몽골의 직접 통치를 면했을 뿐 이후 고려의 운명은 원에 의해 좌지우지되었다고 해도 과언이 아닙니다. 원나라는 고려의 국왕을 원 황제의 부마로 삼아 원 황실에 얽매이게 만들고, 왕의 호칭을 정할 때 충성할 충(忠)자를 붙이도록 했습니다. 게다가 원은 그들의 필요에 따라 고려 국왕을 교체하는 일까지 서슴지 않았습니다. 또 이런저런 이유로 고려왕을 원으로 불러들이기 일쑤였죠. 원래 왕은 전쟁에서 패하거나 정말 특별한 경우가 아니면 나라 밖을 나가서는 안 됩니다. 왕이 곧 국가인 당시의 기준에서 보면 당연한 사고방식이죠. 하지만 이 당시 고려왕은 원에 자주 오가야 했을 뿐 아니라 원의 요구가 있을 때면 오랫동안 머물러야 하기도 했습니다. 충렬왕의 경우 34년 동안 왕위에 있으면서 열한 차례나 원에 다녀왔습니다.

원은 개경 이북 지역을 빼앗은 후, 서경에 동녕부를 두어 쌍성총관부 및 탐라총관부와 함께 직접 지배했고 그 외의 지역은 정동행성이라는 기구를 통해 내정간섭을 했습니다. 수시로 사신이 오가며 원의 요구를 전달하기도 했습니다.

경제적 수탈은 이루 말할 수 없이 심했습니다. 금·은은 물론 자기·호피·해동청(매)·인삼·잣에 이르기까지 각종 특산물이 수탈당했습니다. 또 국왕이나 사신이 오가는 비용, 왕이 원에 머물면서 쓰는 비용까지 백성들이 짊어져야만 했습니다. 결국 원나라 간섭기가 시작되면서 백성들은 원래 부담하던 세금과 수탈에 원나라 및 원에 붙어 권력을 잡은 세력의 요구까지 더한 이중 삼중의 수탈에 직면하게 되었습니다.

04

조선,
시대의 흐름을
바꾸고 역사에
등장하다

1_ 고려, 권문세족의 손아귀에 놀아나다

신라 말기에도 그랬던 것처럼 고대 혹은 중세에 나라가 몰락해 가는 과정에서 가장 무서운 것은 토지제도의 붕괴였습니다. 토지제도는 자영농이 부담하는 세금과 공물 그리고 노동력으로 유지되던 국가 운영 체계의 핵심입니다. 자영농은 자신의 땅에 농사를 지어 나라에 세금과 공물을 바칩니다. 국가의 각종 요역, 즉 공사나 각종 생산 및 물자 수송 등에 필요한 노동력 역시 자영농들이 부담합니다. 자영농의 존재는 국가를 운영하기 위한 필수 조건이었던 셈이죠.

예를 들어 보겠습니다. 앞서 이야기한 대로 고려는 전시과 제도를 통해 관리들에게 토지를 지급했습니다. 하지만 관리들은 그 토지의 수조권(조세를 거둘 권리)만 가지고 있을 뿐이죠. 경작자는 나라에 조세를 내는 대신 관리에게 내는 것입니다. 단, 관리가 현직에서 물러나면 해당 토지의 수조권을 반납해야 했습니다. 즉, 세금을 어디에 내느냐의 차이가 있을 뿐 자영농은 토지의 소유권과 경작권을 갖고 있었습니다. 물론 자기 땅에서 농사를 지으면서 전시과 제도의 적용을 받지 않고 나라에 직접 세금을 내는 사람들도 있었죠. 어쨌든 이 두 가지 경우의 경작자는 모두 자영농이라고 합니다. 세금을 수조권자에게 내든 나라에 직접 내든, 세금은 보통 생산물의 10분의 1이었습니다. 세금을 낸 나머지 생산물은 자신의 소유로 할 수 있었습니다. 한편 공물과 요역은 모두 나라에 직접 바쳤습니다. 어떤 경우에도 관리가 그 권리를 가지는 경우는 없었습니다. 즉, 전시과 제도에 따라 수조권자가 된 관리라도 10분의 1에 해당하는 조세에 대해서만 권한을 가질 수 있었던 것입니다. 그런데 만일 토지제도가 붕괴하여 자영농의 숫자가 감소한다면 어떤 일이 벌어지게 될까요?

《고려사》의 기록을 보면 고려 말에 권력자가 소유한 토지는 산과 강으로 경계를 삼을 정도였다고 합니다. 농장의 규모가 상상을 초월할 정도였다는 것이죠. 이 기록을 통해 우리는 대규모의 토지가 일부 권세가들의 손아귀에 독점되었다는 사실을 알 수 있습니다. 또 《고려사》는 '토지를 독점하고 권력을 잡은 간악한 자들이 나라의 정책을 제멋대로 다루면서 백성들을 착취하고 국가 재정을 함부로 운용한 결과, 마침내 국고가 완전히 바닥나 버렸다.'라고 전합니다. 특히 원나라의 간섭 이후 가혹한 징수가 이어지는 바람에 고려의 왕업은 결국 쇠퇴하게 되었다고 한탄했습니다.

무신 정변 이전의 고려에서는 큰 창고에 곡식이 넘쳐 나서 썩어 나갈 정도로 풍족한 사회였다고 합니다. 물론 고려 말기의 토지 문제를 강조하기 위해 과장한 측면이 있긴 하겠지만 기본적으로 고려는 물산이 넉넉한 나라였다는 것입니다. 그렇다면 토지 독점으로 도대체 어떤 현상이 벌어졌기에 고려의 왕업이 결국 쇠퇴할 수밖에 없었을까요?

권세가의 토지 독점은 곧 자영농이 자신의 토지를 권세가에게 빼앗겼다는 말과 같습니다. 땅을 잃은 양민은 거대 가문의 노비 신세가 되었죠. 농사 지어 세금을 납부하고 국가에 노동력을 제공할 양민이 거대 가문의 사유물이 된 것입니다. 고려 토지제도의 핵심이던 전시과는 관리들에게 줄 토지의 존재를 전제로 하는데, 권세가들이 토지를 모조리 움켜쥐고 사전으로 만들어 버렸으니 어떻게 되겠습니까? 관리 임용 등 국가 운영에 필요한 재원을 조달하는 일이 불가능해질 수밖에 없었습니다. 말 그대로 고려 왕실은 빈껍데기만 남게 된 것입니다.

그렇다면 《고려사》에서 말하는 '권력을 가진 자들'이란 과연 누구일까요? 고려 왕조의 붕괴를 가져온 토지 독점의 주인공이자 우리가 흔히 말하는 고려 말 '권문세족'이 바로 그들입니다. 권문세족이란 고려 초기부터 위세를 떨쳐 온 문벌 귀족 가문과 무신 집권기, 원나라 간섭기에 새로이 등장한 가문을 합쳐 부르는 말입니다. 특히 원나라 간섭기에는 원의 세력을 등에 업은 군인, 원에 매를 잡아 바치던 응방, 원나라 사신의 통역을 맡은 관리, 원나라에 끌려가 환관 노릇을 하던 인물이나 그 친척들까지 세를 얻어 권문세족이 되었습니다.

권문세족의 힘이 강해지면 강해질수록 왕권은 허약해졌습니다. 권문세족은 원나라 간섭기 이후의 최고 권력기관인 도평의사사를 장악하고 관직을 나누어 차지했습니다. 그것도 모자라 유력한 열여섯 가문을 '재상지종'으로 선정하여 왕실과의 혼인 관계까지 독점합니다. 대를 이어 재상을 배출했으니 그럴 자격이 있다는 것입니다. 그 결과 권력이 소수에 독점되어 그들을 제어할 길은 더욱 요원해지고 말았습니다.

《고려사》에 이런 기록이 있습니다. 당시 권력을 휘어잡고 있던 이인임에 대한 이야기입니다. '나라에는 열흘간의 비축(재고 물자)도 없었으나 …(중략)… 전원과 노비를 온 나라에 걸쳐 소유했으며 그의 힘으로 고위 관직에 오른 자들이 다투어 그를 본받아 남의 전민(토지와 백성)을 빼앗고 국사를 돌보지 않았다.' 이인임을 비롯한 권문세족 일파는 농민들을 물 푸레나무로 때리고 토지를 빼앗았다고 합니다. 당시 사람들이 이를 '물 푸레나무 공문'이라고 할 정도였습니다.

권문세족들의 토지 침탈은 날로 도를 더해 갔습니다. 결국 하나의 땅에 5-6명이 넘는 권문세족이 달라붙어 1년에 조를 여덟 아홉 차례나 거두는 지경까지 갔다고 합니다. '조'란 땅을 빌려 경작을 하는 대가로 관리나 나라에 바치는 일정량의 수확물을 뜻합니다. 남는 것은 입에 풀칠하기도 어려울 만큼이었습니다. 이처럼 백성들의 고통은 이루 말할 수 없게 되었습니다.

고려 말은 국제 정세도 요동치고 있던 시기였습니다. 원나라에 쫓긴 한족 반란군인 홍건적이 고려 북방으로 쳐들어오고 왜구는 온 나라를 대상으로 노략질을 해댔습니다.

특히 왜구들은 고려 고종 10년인 1227년 이래 1392년 고려가 멸망할 때까지 근 170년 동안, 때로는 수백 척의 배를 동원한 큰 규모로 고려를 침탈했으며 그 횟수는 529회에 달했습니다. 어떤 해는 《고려사》 기록의 대부분이 왜구의 침입으로 채워질 만큼 극심했습니다. 왜구는 연안 지방은 물론이고 개경 근처까지 쳐들어올 때도 많았습니다. 공민왕 때 신돈이 왜구의 침입을 이유로 내륙인 충주로 수도를 옮기자고 주장할 정도였죠. 왜구는 관리와 백성을 죽이는 것은 물론 민가와 관가를 불태우고 곡식을 노략질했습니다. 심지어 조운선을 탈취하는 지경에까지 이를 정도로 피해는 극에 달했습니다. 백성들의 입에서 '천 리에 시체가 나뒹굴어도 막을 자가 없다.'는 한탄이 터져 나왔습니다.

　홍건적이라고 별반 다르지는 않았습니다. 공민왕 10년 1361년의 일입니다. 일시적으로 개경을 함락시킨 홍건적이 남녀 백성들을 죽여 구워 먹거나 임신부의 유방을 구워 먹는 등 온갖 잔학한 짓을 자행했다는 기록이 있습니다. 당시 고려가 정상적인 국가의 기능을 유지하고 있

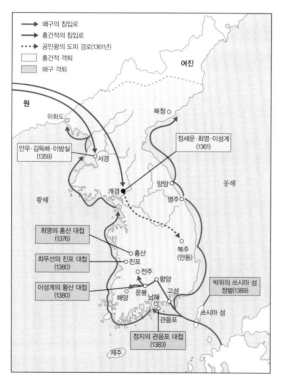

홍건적과 왜구의 침입 | 고려 말은 중국과 일본의 정치적 혼란기와 맞물리는 시기이자 고려 역시 원나라가 쇠퇴하며 격변이 예고되는 시기였다. 홍건적과 왜구의 침탈이 극심했던 이유도 이런 시대적 배경 때문이다. 이성계는 홍건적과 왜구를 격퇴하는 과정에서 맹활약함으로써 백성들의 강력한 지지를 받을 수 있었다.

었는지 의심할 수밖에 없게 하는 기록입니다. 이처럼 고려 말 백성들의 생활은 권문세족의 횡포와 원의 간섭, 외적의 침입까지 더해져 이중 삼중의 고통 속에 놓여 있었습니다.

2_ 공민왕과 신돈의 마지막 개혁 시도

수백 년간 유지된 나라가 망하고 새로운 나라가 들어서느냐, 명맥을 유지하느냐는 오랜 기간 쌓인 모순의 폭발을 자체적으로 바로잡느냐 그러지 못하느냐에 달려 있습니다. 고려 역시 마찬가지였죠. 그러나 권문세족은 개혁의 주체가 아니라는 것이 명백했습니다. 그들은 그저 제 욕심을 채우는 데 골몰했죠. 이런 상황에 놓인 백성들의 실낱 같은 희망은 고려 왕실로 향했습니다. 고려 왕실이야말로 고려 왕조의 주인이자 나라의 주인이었으니까요. 백성들은 왕이 자신들의 고통을 덜어 주기를 간절히 바랐습니다.

이 당시 왕들 중 일부는 개혁을 시도하기도 했습니다. 그중 한 명이 충선왕이었습니다. 충선왕은 세자 시절 충렬왕을 대신해 대리청정을 한

적이 있었습니다. 이 기간 동안 충선왕은 백성들에게 땅을 되돌려 주는 등의 개혁을 수행했습니다. 백성들의 호응은 폭발적이었다고 합니다. 기록에 따르면 충선왕이 궁 밖을 나서면 백성들이 앞다투어 그의 길을 막으며 억울함을 호소하는 통에 말이 앞으로 나아가지 못할 정도였다고 합니다. 그러나 당시는 권문세족이 원나라를 업고 권력을 휘두르고 있던 때입니다. 그들은 원나라를 움직여 충선왕을 원나라로 쫓아 버립니다. 그 후 충선왕은 우여곡절 끝에 왕위에 올라 세자 시절 꿈꾸었던 개혁을 계속 시도하지만 권문세족의 저항과 원의 간섭에 의해 폐위와 복위를 반복합니다. 그러나 우여곡절 끝에 복위한 충선왕은 고려로 돌아오지 않고 원에서 문서를 통해 정치에 관여합니다. 이처럼 기득권 세력의 저항과 왕들의 무기력한 대응 탓에 위로부터의 개혁은 무위에 그치곤 했습니다.

그러던 1351년에 고려의 마지막 개혁 군주라고 불리는 공민왕이 고려 31대 왕으로 즉위하게 됩니다. 이전의 왕들과 달리 공민왕은 원의 간섭을 끊고 완전한 독립을 회복하기 위하여 과감한 혁신을 단행합니다. 몽골식 풍습·연호·관제를 폐지하고 고려의 전통적인 옛 제도를 복구시켰으

공민왕 영정(국립고궁박물관) | 공민왕과 그의 부인 노국공주를 그린 그림이다.

며, 정동행성과 쌍성총관부를 철폐합니다. 또 기황후를 등에 업고 갖은 세도를 부리던 기철 등의 친원파를 몰아냈습니다. 기황후는 고려 공녀 출신으로 원나라 황제의 총애를 받아 황후의 자리에까지 오른 여인이었죠. 그리고 북진 정책의 일환으로 요동을 공격하기도 했습니다. 이것이 1차 요동 정벌입니다. 그리고 무신 집권기 이후 인사 문제를 전담하던 정방을 폐지하여 권문세족의 세력을 억눌렀습니다.

앞서 본 대로 충선왕의 개혁 시도는 원의 간섭과 원에 빌붙은 권문세족들의 저항에 의해 무산되었죠. 그런데 충선왕 때와 달리 공민왕은 어떻게 원과의 관계를 과감하게 끊을 수 있게 된 걸까요? 답은 국제 정세의 변화에 있습니다. 당시 원은 내란에 빠져 급속히 쇠퇴하고 있었고 원의 영토 가운데 일부였던 중국에서는 주원장이 대두하고 있었습니다. 주원장은 원에 반기를 들었던 농민 반란군 홍건적에 가담하여 두각을 나타냈던 인물로, 1368년에 명나라를 세웁니다. 공민왕은 바로 이 국제 정세의 변화를 적절하게 이용하였던 것입니다.

공민왕은 국제 정세를 활용하여 원의 간섭을 무력화하고 권문세족의 뿌리를 자른 뒤 본격적인 내부 개혁을 시도하게 됩니다. 이때 공민왕이 개혁의 선봉장으로 내세운 이가 신돈입니다. 공민왕은 1366년, 노비 출신 어머니를 둔 승려 신돈을 전민변정도감의 판사로 전격 등용합니다. 전민변정도감은 권세가에게 빼앗긴 토지나 노비로 전락한 농민을 예전 상태로 돌려놓기 위해 1269년에 설치한 임시 개혁 기관이었습니다.

공민왕이 신돈을 등용한 이유는 《고려사》에 잘 나와 있습니다. 공민왕은 오랫동안 왕위에 있으면서도 자신의 뜻에 맞는 재상을 구하지 못했다고 합니다. 그러던 중 신돈을 알게 되었다죠. 공민왕은 신돈이 욕심이 적은 데다 미천한 출신이라 가까운 무리들이 없었기 때문에 큰일을 맡기면 사사로운 정에 얽매이지 않고 일을 추진할 것이라고 믿었다고 합니다. 이 《고려사》의 기록을 통해 공민왕이 어머니가 노비였던 신돈을 발탁한 이유를 잘 알 수 있습니다. 권문세족과의 이해관계가 전혀 없다는 점이 그 이유였습니다.

공민왕으로부터 실권을 부여받은 신돈은 '빼앗은 토지와 노비를 서울은 15일, 지방은 40일 이내에 돌려주지 않으면 엄정히 처벌하겠다.'고 선포했습니다. 자영농의 토지를 빼앗아 대농장을 형성한 권문세족은 날벼락을 맞은 셈이었죠. 명령이 발표된 후 권세가와 부호들은 빼앗은 토지와 농민을 원 상태로 돌려놓아야 했습니다. 반면 자신의 땅을 되찾고 노비 신세에서 벗어나게 된 백성들은 '성인이 나왔다!'라며 기뻐했다고 합니다.

이후 신돈은 개혁 대상인 구세력과 적대적인 관계가 될 수밖에 없었습니다. 그에 대한 공격은 사방팔방에서 진행되었습니다. '뇌물을 마구 받아 챙기고 집에 있을 때는 술과 고기를 먹으며 풍악과 여색을 즐기다가도 왕을 만나기만 하면, 고상한 이야기를 나누고 채소와 과일을 먹거나 차만 마셨다.' 이런 이야기들은 승려 출신인 신돈을 주색잡기에 빠진 사람으로 비난한 것이죠. '왕이 하루는 걸어서 신돈의 집으로 행차했는데 신돈이 마치 동료처럼 왕과 나란히 앉아 임금과 신하 간의 예의를 차리지 않았다. 신돈이 출입할 때마다 백여 명의 수행원이 말을 타고 호위하니 그 의장이 임금의 행차와 다르지 않았다.' 이런 말들은 신돈이 마치 왕처럼 행세한다고 공격한 것입니다. 이처럼 권문세족은 왕에게 신돈에 대한 갖가지 비방을 퍼부었습니다.

게다가 '신돈이 자기 집에서 연등회를 거창하게 열자 도성 사람들이 온통 따라했으며, 가난한 집에서는 구걸까지 해서 행사 비용을 마련했다.'는 기록도 있습니다. 이러한 기록은 승려 출신인 신돈과 이념을 달리하는 신흥사대부의 공격으로 볼 수 있습니다. 물론 《고려사》의 기록은 조선을 건국한 세력이 신돈을 공격하기 위해 부풀려 말한 것일 수도 있습니다. 하지만 신돈이 성리학의 대두라는 새로운 흐름을 무시하고 불교 행사에 큰 비용을 쓰는 등 공격의 빌미를 제공한 측면도 있죠. 어쨌든 구세력과 신흥 세력 모두에게 공격의 대상이 된 신돈은 더욱 궁지에 몰렸습니다.

사방에서 퍼붓는 공격에 지친 공민왕은 결국 신돈을 버렸습니다. 그리고 몇 년 뒤, 공민왕은 시해당하고 맙니다. 이로써 개혁도 끝나 버렸습니다. 이는 고려의 모순을 바로잡고자 하는 위로부터의 마지막 개혁 시도가 결국 실패로 끝났다는 것을 의미했습니다.

그러나 공민왕의 개혁이 원나라의 간섭을 배제하고 부원배를 축출하여 권문세족의 뿌리를 흔들어 놓은 건 분명합니다. 또한 이 과정에서 새로운 인물들이 맹활약하면서 권문세족을 대체할 새로운 실력자로 대두할 수 있었습니다. 그들은 바로 최영이나 이성계 같이 홍건적과 왜구를 무찌르는 데 큰 공헌을 한 무력을 갖춘 집단이었습니다.

3_ 새로운 세력의 대표 주자, 정도전과 이성계 의기투합하다

자영농이 붕괴하여 권문세족들의 노비로 전락하거나 이리저리 떠돌아다니게 되자, 중소 지주들 역시 권문세족의 위협으로부터 자유로울수 없게 되었습니다. 끝없는 탐욕을 드러내던 권문세족이 농민들의 땅을 뺏고 나자 이번에는 중소 지주를 노린 것입니다. 당시 중소 지주를대표하는 세력은 다름 아닌 신흥사대부였습니다. 신흥사대부는 무신 집권기에 문장과 행정에 능한 관료를 뽑기 위해 시행된 과거제를 통해 정계에 진출하기 시작했습니다. 그들은 대체로 중소 지주 출신이었죠. 따라서 토지 문제를 둘러싼 권문세족과 신흥사대부의 충돌은 피할 수 없었습니다.

또한 신흥사대부는 성리학을 받아들인 사람들입니다. 그들의 이념은 불교를 숭상하던 고려의 기존 가치관과 대립하는 입장에 있었습니다. 다만 신흥사대부 간에도 토지 문제를 급진적으로 해결할 것인지, 온건하게 접근할 것인지를 둘러싸고 차이가 있는 건 분명했습니다.

그들 중 혁명파는 권문세족에 대한 반발을 넘어 왕조를 교체해서라도 토지 문제를 해결해야겠다고 생각하게 되었습니다. 위로부터의 개혁에 실패하면서 고려의 왕조 체계가 회복이 불가능할 정도로 붕괴되었다고 판단했기 때문입니다. 개혁을 시도한 공민왕이 시해되고 권문세족의 권력이 거꾸로 강해져 버린 아이러니한 상황이 역성혁명의 기운을 감돌게 한 것입니다.

이런 분위기 속에서 오랜 유배 생활을 마친 혁명파의 중심, 정도전이 신흥 무장 세력의 중심이자 동북면 도지휘사였던 이성계를 만나기 위해 함길도 길주로 향했습니다. 한쪽은 고려 사회 개혁의 명분을 제공할 새로운 이념을 대표하는 세력이었고, 다른 한쪽은 외적을 물리치는 과정에서 백성들의 두터운 신임을 얻게 된 무장 세력이었습니다. 바로 이 두 세력이 만난 것입니다.

당시 이성계는 외적을 물리치는 과정에서 보여 준 무공으로 인해 백

이성계

삼봉집(문화재청) | 삼봉 정도전의 시문과 글을 엮은 책이다. 정도전의 정치·경제·철학 사상이 잘 나타나 있다.

성들 사이에서 신화적인 존재가 되어 있었습니다. 허약하고 위태로운 고려에 실망한 백성들의 희망이 될 최적의 조건이었죠. 정도전 역시 오랜 기간 유배되어 고초를 겪으면서도 권문세족들과 타협하지 않는 자세를 보여 왔습니다.

두 인물이 만난 때는 1383년 가을이었습니다. 정도전은 이성계 휘하 정예 군대의 규모와 이를 일사불란하게 지휘, 통솔하는 이성계의 모습에 놀라움을 금치 못했습니다. 이성계 또한 정도전의 학문과 국가 경영에 대한 원대한 견해에 감탄해 마지않았습니다. 정도전은 이성계에게 "이 정도의 군대라면 무슨 일인들 성공시키지 못하겠습니까?"라고 말을 꺼냈습니다. 무슨 말인지 되묻는 이성계에게 정도전은 '남방의 왜구를 쳐 없애는 일'이라고 둘러댔지만, 말을 건넨 정도전이나 되물어 본 이성계나 그 속뜻을 어찌 몰랐겠습니까.

한편 앞서 언급했듯 공민왕의 개혁이 실패로 돌아간 이후 구세력의 횡포는 오히려 심해지고 있었습니다. 왜적의 침입으로 세금과 공물을 실어 나르는 조운선의 통행이 끊기는 바람에 고려 정부는 관리들에게 줄 녹봉마저 부족해진 상태였지만, 이인임 등은 이에 아랑곳하지 않고 사욕을 채웠습니다. 왜적 방어에 나서야 할 지방관들 역시 똑같이 굴었습니다. 일례로 남원부사 노성달은 매일 창기를 데리고 술을 마시다 왜적이 남원에 침입하자 맞서 싸우기는커녕 창고를 불태우고는 쌀 130석과 종이 2백 권을 훔쳐 달아나 버렸다고 합니다. 정상적으로 운영되는 국가라면 노성달은 처벌을 면치 못했을 것입니다. 그러나 이인임이 법을 무시하면서까지 노성달을 감싸면서, 그는 작은 처벌조차도 받지 않았습니다.

이처럼 고려 왕조의 모순이 극단으로 치달으며 출구를 찾지 못하고 있던 그때, 정도전과 이성계의 회담은 역사의 물줄기를 바꾸어 놓게 됩니다. 이성계는 본인 역시 대토지의 주인이었음에도 불구하고, 모든 백성들에게 골고루 토지를 나누어 주자는 정도전의 혁명적 토지개혁 방안을 수용하였습니다. 이날의 만남 이후 두 사람은 후일 1차 왕자의 난으로 정도전이 이방원에게 죽임을 당할 때까지 흔들리지 않고 한 몸이 되어 움직였습니다. 결과적으로 정도전은 이성계라는 호랑이의 몸통에 날개를 달아 주었다고 볼 수 있습니다.

4_ 위화도회군, 갈라진 역사의 물줄기

시대 변동의 계기는 내부에서도 오고 외부에서도 옵니다. 중국 및 만주 지역 정치 상황의 변동이 우리 역사에 격변의 계기로 작용해 왔다는 것을 이미 여러 차례 확인했었죠. 고려 말 역시 그랬습니다. 원·명 교체기를 맞이한 중국의 정세는 이미 흔들리고 있던 고려 말기의 정치적 상황을 다시 한번 혼란의 소용돌이로 몰아갔습니다.

정도전이 이성계를 찾아간 지 5년 뒤인 1388년, 명나라가 공민왕 때 원으로부터 수복한 고려의 영토에 철령위를 설치하겠다는 통보를 해 옵니다. 이때는 이미 명이 원나라의 수도였던 베이징을 정복하고 원나라를 몽골 본토로 쫓아낸 상태였습니다. 고려 조정이 발칵 뒤집힌 건 당연한 일이었죠. 하지만 이에 대한 대응은 서로 엇갈렸습니다. 당시 고려에서는 권문세족을 처단한 최영과 이성계가 각각 문하시중과 수문하시중에 올라 정치를 주도하고 있던 때였습니다.

철령위 설치에 반발한 최영은 우왕을 설득하여 요동 정벌을 추진했습니다. 반면 이성계는 다음의 이유를 들며 반대했습니다. 첫째로 작은 나라가 큰 나라를 거역하는 것이기 때문이며, 둘째는 농사에 바쁜 여름에 군대를 동원하는 것은 무리라는 것이죠. 또 온 나라 군대를 동원하여 원정하러 가면 왜구가 그 틈을 노릴 것이며, 마지막으로 여름철이라서 비가 자주 내리므로 활이 눅고 군사들은 쉽게 질병을 앓는다는 것이었죠. 이것이 이성계의 4불가론입니다.

그러나 우왕과 최영은 이성계의 반대를 무릅쓰고 정벌을 최종 결정했습니다. 최고 지휘관인 팔도도통사로는 최영이, 서열 2위인 좌군도통사로 조민수, 그 다음인 우군도통사에 이성계가 임명되었습니다. 휘하에는 총 5만의 군사와 2만 필 이상의 말이 동원되었습니다. 우왕은 서경에 머무르면서 정벌의 의지를 보이고 압록강에는 부교가 설치되었습니다. 5월 24일, 정벌군은 드디어 서경을 출발하였습니다. 명에서 철령위 설치를 통보받은 날로부터 불과 두 달여 사이에 출정했으니, 오늘날의 기준에서 봐도 이례적으로 빠르게 준비했다고 볼 수 있습니다. 그만큼 최영이 요동 정벌을 몰아붙였다고 봐야겠죠.

그러나 이때 향후의 사태에 결정적인 영향을 미칠 사건이 발생합니다. 우왕이 최영의 발을 묶어 버린 것입니다. 겁이 났기 때문입니다. 최영은 다음과 같이 출사표를 던졌습니다. "이제 먼 길을 떠나는 대군이 행군에만 한 달을 끌게 된다면 군사 작전에 성공할 수 없을 것입니다. 제가 나서서 행군을 독려하겠습니다." 그러나 우왕은 "경이 가 버리면

내가 누구와 함께 국내를 다스리겠는가?"라며 최영의 출정을 만류했습니다.

이 일을 통해 당시 우왕이 처했던 상황을 짐작할 수 있습니다. 왕을 둘러싼 대다수 집단이 왕을 무시하고, 왕은 그들을 겁내 아무것도 하지 못하는 상황이었던 것이죠. 우왕의 장인인 최영은 도리 없이 왕의 곁에 머물게 되었습니다.

최영의 우려대로 준비 과정과 다르게 진군 속도는 더뎠습니다. 출발한 지 18일이 지난 뒤에야 고려군은 압록강의 위화도에 들어섰죠. 이성계는 위화도에 머무르면서도 몇 번이나 회군을 청하였으나 최영에게 거부당했습니다. 하지만 이성계는 조민수와 함께 끝내 회군을 결정합니다.

회군은 전광석화처럼 이루어졌습니다. 왕명을 거역하고 군사를 돌렸는데 속도를 늦출 수는 없었죠. 이성계와 조민수는 진군에 걸린 18일의 절반인 9일 만에 개경으로 진격했습니다. 정벌군에 모든 병력을 내주고 발이 묶여 있던 최영은 저항군을 모으기 위해 동분서주하지만 이미 때는 늦었습니다. 홍건적과 왜구를 무찌르며 고려를 풍전등화의 위기에서 구해냈던 최고 권력자 최영이 무리한 정벌을 추진한 끝에 위화도회군이라는 결정타 한 방으로 무너진 것입니다. 체포 후 일시적으로 유배된 최영은 두 달 후 처형당하여 시신이 거리에 내버려지는 신세가 되고 말았습니다.

고려 왕조를 지탱해 왔던 핵심 축이 이렇게 무너졌습니다. 위화도회군과 최영의 죽음으로 역사의 큰 물줄기가 바뀐 것입니다.

그렇다면 이성계는 정말 명에 대한 사대 때문에 위화도 회군을 결정한 것일까요?

공민왕 때 시도했던 1차 요동 정벌의 주력은 이성계의 군대였습니다. 이때 일시적으로나마 요동 지역을 점령했죠. 따라서 이성계가 4불가론에서 말한 대로 단순히 사대주의 때문에 회군을 결정했다고 보기는 어렵습니다. 그보다 더 중요한 이유는 다른 데 있었습니다. 당시의 전쟁은 농번기를 피해 추수가 끝날 무렵 치르는 게 상식이었습니다. 게다가 이성계는 1차 요동 정벌 당시 식량 조달에 어려움을 겪어 어쩔 수 없이 물러나야 했던 경험이 있었죠. 요동 정벌에는 철저한 준비가 필수적임을 뼈저리게 느꼈던 것입니다. 이성계 역시 요동 정벌을 원천적으로 반대하는 것은 아니었다는 또 다른 증거가 있습니다. 4불가론을 내세우면서도, 시기를 늦추어 제대로 준비를 하고 좋은 때를 잡아 정벌에 나서자고 건의하기도 했던 것입니다. 실제로 조선 건국 후 이성계는 정도전과 함께 3차 요동 정벌을 준비하기도 했습니다.

한편 명의 철령위 설치 요구는 중국 본토에서 밀려난 원(북원)과 고려가 손잡는 것을 두려워한 주원장의 외교적 수사였다는 게 일반적인 해석입니다. 실제로 위화도 회군 후 철령위 설치 요구가 사라진 것을 보면 알 수 있습니다.

그러나 최영은 성급한 요동 정벌에 대한 이성계의 우려를 무시하고 2차 요동 정벌을 결정했습니다. 그렇다면

최영 초상(문화재청)

최영은 왜 이처럼 무리한 결정을 내리고 스스로를 허망한 죽음으로 몰고 간 걸까요?

최영은 권문세족의 후예입니다만 정작 자신은 재물을 탐하지 않는 청렴한 인물이었다고 합니다. 하지만 그는 고려가 유지되려면 강력한 개혁이 필요하다는 사실을 이해하지 못했습니다. 권문세족이라는 출신 때문에 고려 사회의 문제를 포착하고 개혁의 시급함을 절감하지 못했을지도 모릅니다. 또한 최영은 우왕을 보호하고 고려 왕실을 보존하기 위해 무력을 갖춘 데다 신흥사대부의 지지까지 얻은 이성계의 세력이 커지는 것을 경계했습니다. 아마도 이런 요인들이 그를 더욱 급하게 만든 것은 아니었을까요? 이성계를 포함한 신흥 무장 세력을 전쟁으로 내몰아 고려의 개혁이라는 현안에서 멀어지게 만들려고 했다는 것이죠. 《고려사》에 따르면 최영은 요동 정벌을 추진하면서 장수들의 처자식을 인질로 잡아 두려 했다고 합니다. 그들이 딴생각을 하지 못하게 하려는 의도였겠죠. 하지만 사태가 너무 급박하게 진전되어 실행에 옮기지 못했다고 합니다.

최영의 의도가 무엇이었든 간에 그가 추진한 요동 정벌은 위화도회군으로 실패로 돌아갔고 결국 그도 제거되었습니다. 조선 왕조를 개창한 세력조차도 '성품이 충직하고 청렴했으며, 전장에서 적과 대치해서도 신색(몸가짐)이 온화해 화살과 돌이 사방에서 날아와도 조금도 두려워하는 기색이 없었다.'고 평가하던 최영이 제거된 이후, 신흥사대부와 이성계의 결속과 영향력은 더욱 커졌습니다. 이제 마지막으로 권문세족이 가진 권력의 최후 기반인 토지제도를 손보는 일만 남았습니다.

　시기적으로 불리한 때 출병하긴 했지만 명의 부당한 요구에 응징을 가하기 위한 요동 정벌이었던 것은 분명하다. 하지만 이성계는 회군을 택했다. 고려는 이 사건으로 결정적으로 몰락의 길을 걸었다. 황제국을 자임한 고려가 소중화사상을 내세운 조선으로 교체된 것이다. 이런 측면에서 위화도회군을 명분 없는 반역으로 보는 시각도 있다. 아무튼 위화도회군은 우리 역사에 엄청난 반전을 가져온 대사건이었다.

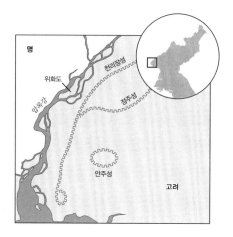

5_ 토지개혁, 혁명파 사대부의 결정타

공민왕 이후 즉위한 고려의 왕은 허수아비 신세를 벗어나지 못했습니다. 게다가 고려 조정은 신·구세력의 충돌로 들끓고 있었죠. 이 와중에 고려 왕조를 그나마 지탱하던 최영이 위화도회군으로 제거되자 이제 신·구세력의 대결은 점점 절정으로 치달았습니다. 위화도회군으로 정권을 장악한 혁명파는 구세력, 즉 권문세족의 숨통을 끊기 위한 마지막 걸음을 내딛었습니다. 그것이 바로 토지개혁이죠.

권문세족의 기반인 대농장에는 사람과 물자가 모여 있었습니다. 이는 언제든지 군사력으로 전환될 수 있는 원천이었습니다. 따라서 대농장으로 대표되는 권문세족의 토지 독점을 없애지 않고 새 세상을 꿈꿀 수는 없었습니다. 그 체제를 무너뜨려야 신·구세력 간 세력 교체가 가능해지는 것이죠. 토지개혁은 곧 권문세족의 해체를 목적으로 한 것이었습니다.

드디어 혁명파가 움직였습니다. 위화도회군 한 달여 후, 조준이 토지개혁 상소를 올린 것입니다. 조준은 상소에서 '어진 정치란 반드시 토지를 정확히 구분 짓고 나누는 것에서부터 시작된다.'고 말합니다. 그러고는 '토지제도를 올바르게 함으로써 국가의 살림살이를 풍족하게 하고, 민생을 넉넉하게 하는 것이야말로 지금 우리가 당면한 가장 긴급한 일'이라고 주장했습니다. 그는 이 주장의 근거를 중국의 경우에서 찾아 다음과 같이 말했습니다. '주나라가 천하를 8백 년 넘게 소유하였고, 한나라는 토지세를 경감해 줌으로써 천하를 4백 년 넘게 소유하였으며, 당나라는 백성의 토지를 균등히 하여 천하를 거의 3백 년간 소유하였습니다. 이에 반해 정전제를 훼손한 진나라는 천하를 얻은 지 두 세대 만에 멸망하였습니다.' 이는 중국의 역사를 근거로 토지개혁이 시급함을 주장한 것이죠. 정전제란 중국 고대의 토지제도로서 井(정)자 형태로 토지를 나누어 여덟 호의 농가에서 각각 경작하되 가운데의 토지는 여덟 호의 농가가 공동 경작하여 그 생산물을 나라에 세금으로 바치는 제도를 말하는 것입니다. 말하자면 조준은 정전제를 빗대어 백성들에게 토지를 골고루 나누어 줄 것을 주장한 것입니다. 또한 조준은 무너진 토지제도를 되살리기 위해 토지조사 사업인 양전 사업을 펼칠 것을 주장합니다. 덧붙여 국가에서 3년간의 양전 기간 동안 수조권자 대신 세금을 직접 걷자고 주장했습니다.

조준이 주장한 토지조사 사업은 토지의 소유를 명확히 하여 누구에게 조세를 걷어야 할지 확실히 정하기 위한 사업입니다. 토지대장에 등

록되지 않은 토지를 찾아낼 수 있기 때문이죠. 토지의 주인이 어떻게 바뀌어 왔는지 드러내는 효과도 있어 부당하게 토지를 뺏긴 사람들은 두 손 들고 환영했습니다. 게다가 양전 사업이 진행되는 동안 국가에서 조세를 거두게 되면 권문세족이 징세 과정에 끼어들 여지가 없어집니다. 당연히 한 땅에서 여덟 아홉 번 조세를 거두어 세 배를 불리던 권문세족은 격렬하게 반대했습니다. 여기까지는 개혁을 시도할 때마다 매번 겪던 것과 비슷한 수순이었습니다. 예전 같으면 이들의 반대는 개혁을 저지할 충분한 힘을 발휘했겠죠. 하지만 이제는 상황이 달라졌습니다. 위화도회군 이후 정국 주도권은 개혁 세력으로 넘어가 있었습니다. 게다가 국가의 재정 충당을 위해 원칙을 되세우겠다는 혁명파 사대부들의 명분을 이길 수는 없었습니다.

한편 이 시기 다수파이던 온건개혁파는 토지개혁 과정에서 그들의 민낯을 완벽하게 드러냅니다. 이색과 정몽주로 대표되는 온건개혁파는 정도전이나 조준 같은 혁명파와 달리 역성혁명에 반대하고 고려 왕실 유지를 전제로 개혁을 추구했죠. 그런데 토지개혁의 필요성에 공감하며 토지개혁이 시급하다 역설하던 온건개혁파는 토지개혁이 막상 현실로 닥치자 '오랜 법제를 경솔하게 고칠 것이 아니'라며 실질적인 반대 의사를 표명했습니다. 이를 통해 온건개혁파의 진짜 목적은 고려의 개혁이 아니라 권문세족의 이익을 빼앗아 자신들이 차지하고자 함이었음을 알 수 있습니다.

이에 혁명파는 조민수를 탄핵하여 유배시키는 데 성공합니다. 조민수는 2차 요동 정벌에 2인자인 좌군도통사로서 참전했다가 이성계와 함께 회군한 인물로, 위화도회군 이후 권력의 중심에서 토지개혁에 반대해 왔습니다. 조민수의 몰락으로 이제 권문세족에 이어 온건파의 무력 기반마저도 허물어졌습니다.

1390년 9월, 혁명파 진영은 수탈의 증거인 기존의 땅문서를 도성 한복판에 쌓아 놓고 불태웠습니다. 문서량이 얼마나 많았는지 그 불길이 여러 날 동안 계속되었다고 합니다. 이제 새 시대를 가로막는 모든 장해물은 연기가 되어 사라졌습니다. 많은 사람들이 지금부터 펼쳐질 세상은 이전과는 완벽하게 다를 수 있겠다고 생각하기 시작했습니다.

한편 이 광경을 지켜보던 공양왕은 '조종(군주의 조상)때부터 내려온 사전의 법이 과인의 때에 이르러 혁파되니 애석한 일'이라며 눈물을 흘렸다고 합니다. 왕이 백성을 위해 존재하고 있지 않으며 왕 또한 대농장 소유자 중 하나에 불과함이 적나라하게 드러난 기록이라고 볼 수 있습니다. 위로부터의 개혁 역시 왕권을 되살리는 것이 주목적이며, 권문세족이 왕권을 일정 정도 보장하기만 한다면 언제든 개혁을 무위로 돌릴 수도 있음을 보여 줍니다. 그러나 이미 시대의 흐름을 되돌릴 수는 없었습니다.

1391년, 토지개혁의 결과인 과전법이 드디어 공포되었습니다. 양전 사업으로 확보한 50만 결의 토지를 국가 재정과 왕실 비용, 관리의 녹봉, 지방 관아의 비용 충당용으로 이미 배분한 상태에서 제도의 실시를 공식화한 것입니다. 고려 말과 같은 전국적인 토지 집중을 방지하기 위해 관리에게 주는 과전을 경기 지방으로 제한한 것도 이전과는 다른 점이었습니다. 과전법 이후로 경작자인 농민은 수조권자인 관리에게 예전처럼 수확물의 10분의 1만 내면 되었습니다. 생산량의 8-9할을 수탈당하던 농민들이 이제야 노비 신세에서 벗어날 수 있게 되었습니다. 수확량의 10분의 9를 가질 수 있게 된 백성들에게는 새로운 세상이 열린 것이나 마찬가지였습니다.

원래 정도전은 국가가 토지를 몰수하여 공전(公田)으로 만든 다음, 경작을 담당하는 백성들 하나하나의 수를 세어 그 수에 맞게 토지를 골고루 나누어 주려 했습니다. 조준이 상소를 통해 제안한 정전제 방식을 지지했었죠. 정전제에 따르면 경작자인 농민은 나라에 세금을 내면 그만이었기 때문에 관리의 농간이 개입될 여지가 없었습니다. 결과적으로 과전법은 정전제보다는 후퇴한 형태였습니다. 관리의 수조권을 인정한 셈이었기 때문입니다. 고려 초 도입한 전시과와 크게 다르지 않은 방식이었던 것이죠.

정도전은 "백성에게 토지를 분배하는 일이 비록 옛 사람에게는 미치지 못하였으나, 고려의 문란한 제도에 비하면 어찌 만 배나 낫지 않겠는가."라며 아쉬운 마음을 달랬습니다.

하지만 이런 한계에도 불구하고 과전법의 실시는 고려 말의 문란한 토지제도와 조세 문제를 해결함으로써 권문세족의 경제적 기반을 허물었습니다. 또한 관리의 녹봉 및 국가 운영비를 충당할 토대가 생겼죠. 또 무엇보다 백성의 생활을 풍족하게 할 기반을 마련하게 되었습니다. 이로써 새 왕조 개창의 마지막 조건이 마련된 것입니다.

6_ 정도전, 이성계를 앞세워
   조선의 깃발을 세우다

　과전법은 구세력의 경제력을 완전히 무너뜨리고 새로운 세력에게 국가 운영의 기반을 제공해 주었습니다. 또한 농민에게 경작권을 돌려줌으로써 새로운 시대를 열어 나갈 사회·경제적 기초 작업이 모두 끝났습니다.

　당연히 농민은 새로운 세력에 지지를 보냈고 혁명파는 국가 운영에 필요한 세금과 노동력의 기반을 확보하게 되었죠. 이제 고려 왕조는 유명무실해졌습니다. 반면 이성계의 권위는 한없이 치솟았습니다.

　《고려사》에 따르면 조준은 공양왕에게 이성계를 다음과 같이 우대해 달라고 청했다고 합니다. '칼을 차고 신을 신은 채로 궁전에 올라갈 수 있게 하고, 찬배(贊拜)할 때 이름을 부르지 않게 하며, 봉토를 내리고 10대 자손까지 죄를 용서할 뿐만 아니라 공신각을 세워 이성계의 초상을 안치해 달라.'라고 말이죠.

왕조 시대에 왕이 아닌 자가 칼을 차고 신을 신은 채로 궁전에 올라간다는 것은 그에게 왕 이상의 권력이 있다는 것을 의미합니다. 찬배는 의식 때 관직명을 부르며 절하는 것인데 관직명을 부르지 않고 절만 한다는 뜻입니다. 이 역시 엄청난 특권입니다. 결국 왕은 허수아비에 다름 아니라는 것이죠. 위화도회군 성공 이후 이성계와 혁명파 사대부들은 우왕과 그 뒤를 이어 왕위에 오른 창왕을 신돈의 자식으로 몰아갔습니다. 그 후 결국 창왕까지 끌어내리고 공양왕을 세웠으니, 이성계는 이미 왕과 다름없었습니다. 공양왕은 꼭두각시였던 것이죠. 이제 고려 왕실의 존망은 이성계의 선택에 달려 있었습니다.

이 와중에 마지막으로 고려 왕실의 회복을 도모한 사람은 정몽주입니다. 정도전처럼 정몽주 역시 성리학자였습니다. 하지만 두 사람의 선택은 판이하게 달랐습니다. 정도전이 새 왕조 개창을 선택한 반면 정몽주는 무너져 가는 고려 왕실에 충성을

정몽주 초상(국립중앙박물관)

바쳤습니다. 조준·남은·정도전 등이 이성계를 추대하려고 모의하는 것을 알게 된 정몽주는 이를 막으려 했습니다. 그 와중에 정몽주에게 마지막 기회가 찾아왔습니다. 1392년 4월, 명나라에 다녀온 세자를 맞이하러 황해도 황주에 갔던 이성계가 낙마하여 병석에 눕게 된 것입니다. 정몽주는 직감적으로 이성계를 제거할 마지막 기회라고 생각했죠. 하

지만 위험을 감지한 이방원이 벽란도에 머물려고 하는 이성계를 안전한 집으로 데려와 버렸습니다. 기회를 놓친 정몽주는 이성계가 병석에 누운 틈을 타 정도전 등을 먼저 탄핵한 후 이성계를 제거하려고 했습니다. 그러나 한발 앞서 움직인 이방원이 선죽교에서 정몽주를 살해하고 맙니다. 온건파의 중심인 정몽주가 제거됨으로써 이제 이성계가 왕위에 오르는 길에 놓인 걸림돌은 말끔하게 사라졌습니다.

이제 아무도 이성계를 막을 수 없었습니다. 정몽주의 죽음 이후 세 달여 만에 공양왕은 이성계에게 왕위를 양위했습니다. 고려 국왕의 교체라는 형식이었습니다. 그러나 누구도 그것이 고려 왕조의 지속이라고 생각하지 않았습니다. 새 왕조가 들어서게 된 것입니다. 정도전이 이성계를 만나기 위해 함길도로 발길을 옮겼던 1383년으로부터 불과 9년 만이었습니다.

●●● 귀화인 이지란, 이성계의 오른팔이 되다

이지란의 원래 이름은 쿠룬투란티무르이다. 여진족으로 태어나 고려에 귀화해 이 씨 성을 하사받았다. 반면 이성계는 고려인 출신이지만 조상 때부터 원나라 통치하의 여진족 거주 지역에서 살다 공민왕 때에 와서야 고려의 벼슬을 하기 시작했다. 이지란은 이성계의 본거지인 함경도 지역에서 성장했으며, 이성계와 의형제지간이었다. 이지란은 왜구 격퇴, 위화도회군, 1차 왕자의 난 등 고려 말 조선 초의 중요한 사건에 모두 이름을 올리고 있

이지란 초상(경기도박물관)

다. 우리 역사에 영향을 끼친 귀화인 중 한 사람인 것이다.

한편 앞서 살펴봤듯이 고려 광종 때의 쌍기도 귀화인이었다. 세종 때 수많은 과학기술을 발전시킨 장영실도 귀화인 아버지를 둔 사람이다. 가야국 김수로왕의 부인인 허황옥은 인도 아유타국의 공주라고 알려져 있다. 신라 왕실이었던 경주 김 씨의 뿌리가 흉노족의 후예라는 주장도 있다. 이런 사례들을 통해 한국사에서 교류와 이주의 역사를 무시할 수 없다는 것을 알 수 있다.

05

조선, 어디로 갈 것인가

1_ 태종이 조선의 질서를 세우고,
세종이 조선의 문화를 꽃피우다

　고려 말의 혼란은 이성계의 조선 왕조 건국으로 일단락되었습니다. 하지만 구세력을 몰아내고 권력을 움켜쥔다고 해서 국가가 유지되는 것은 아닙니다. 권력 구조가 안정되어야 하고, 후계 체계가 분명해야 하며, 법과 제도가 새로운 시대에 맞게 정비되어야 합니다. 물론 그 바탕을 이루는 백성들의 경제적인 안정도 빼놓을 수 없겠죠. 이런 국가 운영의 기본 요소들이 반듯해진 후에야 비로소 나라가 정상적으로 설 수 있습니다. 이런 기준으로 볼 때 조선의 진정한 창업 군주는 태종이라고 많이들 이야기합니다.

　조선을 개창한 이성계가 집권한 기간은 6년에 불과했습니다. 게다가 그 6년 동안 조선 건국에 반대하는 세력이 두문동이라는 곳에 칩거하며 조정에 나아가기를 거부하는 사태가 벌어졌죠. 오늘날의 '두문불출'이란 말은 이에서 유래되었습니다. 정도전과 장차 태종이 되는 이방원의 대립으로 1차 왕자의 난도 일어났습니다. 이성계의 뒤를 이은 정종 때에는 이방원과 이방간(이방원의 넷째 형)의 대립으로 2차 왕자의 난까지 벌어졌습니다. 이러한 혼란 속에서 구왕조의 그림자를 모두 지우는 것은 불가능했습니다. 하물며 새로운 사회 시스템을 만드는 건 더더욱 그랬습니다.

국가 운영의 기본 틀을 만드는 작업은 권력 구조가 분명해져야만 가능한 일입니다. 요즘 말로 하면 의원내각제를 할지, 아니면 대통령제를 할지, 그것도 아니면 이원집정부제를 할지가 분명해야 한다는 것이죠. 조선 초에는 바로 이 권력 구조를 어떻게 할 것인가가 분명하지 않았습니다.

정도전을 비롯한 많은 공신들은 조선이 왕조 국가이긴 하지만, 신하와 국왕이 정권을 공동 운영하는 '왕도 정치'를 염두에 두고 있었습니다. 왕이 국가의 중심이긴 하지만 국정의 중심은 왕을 잘 이끌 수 있는 재상이 되어야 한다는 생각입니다. 왕이 정치를 올바르게 하지 못한다면 교체도 가능하다는 급진적인 사고가 바탕에 깔려 있었죠. 고려 왕실을 무너뜨린 것도 결국 이런 생각에 기초한 것이었습니다. 하지만 이방원은 강력한 왕권에 의한 통치 체계 수립을 꿈꾸었습니다. 왕은 왕이고 신하는 어디까지나 신하라는 생각이었죠.

이성계는 공신들의 힘을 빌려 왕이 되었기 때문에 정도전 등 공신들과의 공존을 도모했습니다. 《조선왕조실록》에 따르면, 즉위 직후 이성계는 관직에 임명된 신하들의 조회를 서서 받았다고 합니다. 열흘이 지난 후에야 처음으로 앉아서 조회를 받았다고 하죠. 이는 신하들을 존중하겠다는 의사표시였습니다. 또한 이성계의 재위 기간 중에는 고려 말부터 최고 의사 결정 기구였던 도평의사사를 장악한 공신들이 정책을 주도했습니다. 이성계는 말 그대로 조선 왕조의 간판 역할에 머물렀던 것입니다. 따라서 조선 왕조를 세우는 데 공이 컸던 공신과 이방원 사이에 권력 구조를 둘러싼 주도권 경쟁이 치열할 수밖에 없었습니다.

주도권 경쟁은 세자 자리에 누구를 앉힐지를 두고 본격적으로 벌어졌습니다. 많은 이들이 당연히 세자는 조선 건국에 공을 세운 이방원을 포함한 이성계 첫째 부인의 아들 중에서 나올 것으로 보았습니다. 건국 초의 혼란기에 공이 있는 아들을 세자로 삼는 것은 누가 봐도 정상적인 조치였기 때문입니다.

그런데 그 첫 단추에서부터 일은 어긋났습니다. 이성계가 후비의 아들, 그중에서도 막내인 이방석을 세자로 책봉함으로써 사단이 벌어졌습니다. 세자 책봉 문제가 처음 공론화되었을 때 공신들은 "시국이 평화로울 때는 적자를 세우고 시국이 혼란할 때는 공이 있는 자를 우선해야 한다."라고 이구동성으로 답했다고 하죠. 이 말은 조선 왕조를 세우는 데 결정적 공헌을 한 이방원을 염두에 둔 말이었습니다. 그러나 태조의 후비 강 씨의 개입이 이성계를 잘못된 판단으로 몰아갔습니다. 조선은 이제 막 세워진 신생 국가였습니다. 모든 게 불확실한 상황이었죠. 그런데 열한 살짜리 후비의 아들에게 나라를 맡기려 한 것입니다. 게다가 공신들은 돌연 태도를 바꿔 이방석의 세자 책봉을 지지하고 나섰습니다. 왕도 정치를 이루기에 이방원은 너무 큰 장애물이라고 생각했기 때문일까요? 여기서 정도전을 위시한 공신들과 이방원은 돌아올 수 없는 강을 건너게 되었습니다.

공신들을 제압하지 못하면 조선 왕조의 미래는 없다고 판단한 이방원은 결국 정도전과 이방석을 해치웠습니다. 이것이 1398년 발생한 1차 왕자의 난입니다. 이 여파로 이성계는 정종에게 양위했습니다. 2년 뒤 발생한 2차 왕자의 난 때, 이방원은 이방간의 도전까지 물리쳤습니다. 그 후 이방원은 정종의 양위로 드디어 왕위에 올랐습니다.

왕위에 오른 태종은 개국공신들은 물론 왕자의 난 때 자신을 지원하여 공신 반열에 오른 이들까지 모두 이런저런 사유로 숙청합니다. 그중에는 네 명의 처남과 세종의 장인까지 포함되어 있었습니다. 그리고 세자로 있던 첫째 아들 양녕대군을 폐하고 왕의 재목에 가장 가깝다고 생각한 셋째 아들 충녕대군을 세자로 책봉한 뒤, 왕위를 물려주었습니다. 태종의 양위는 태조와 정종에 이어 조선 왕조의 세 번째 왕위 양도였습니다. 하지만 앞선 두 번의 양위가 타의에 의한 것이었다면 태종이 세종에게 양위한 것은 왕권 강화를 위한 자발적인 양위라고 볼 수 있습니

태종과 왕비의 무덤인 헌릉 | 서울 서초구에 있다.

다. 자신이 생존해 있는 동안 상왕의 자리에서 세종의 후견인 역할을 함으로써 세종의 왕권을 튼튼히 하려 했던 것입니다.

태종이 이처럼 공신을 숙청하고 셋째 아들에게 왕위를 물려준 것은 이런 조치들이 왕권 강화에 필수적인 조건이라고 봤기 때문입니다. 공신이란 새 왕조 수립이나 왕자의 난 등등 어지러운 정치 상황이 빚은 결과물입니다. 그 상황을 극복하는 과정에는 큰 공을 세운 사람들이 나올 수밖에 없고 그들을 우대하여 공신의 지위를 주게 되지요. 그러나 이방원은 이들이 나라가 자리를 잡은 후에도 지속적으로 자신들의 공로를 앞세워 권력을 행사하려 든다면, 왕권이 그만큼 취약해질 수밖에 없다고 판단했습니다. 따라서 태종은 이들을 직접 처리하여 차기 왕이 국정에 전념할 수 있는 조건을 마련해 주고자 한 것입니다. 인간적으로 보면 악독해 보이는 조치가 역설적으로 조선 최고의 국왕, 세종을 낳은 것입니다.

태종이 조선의 질서를 세운 왕이라면 세종은 태종 시절에 마련된 안정된 질서하에서 조선 문화의 꽃을 피운 왕이라고 볼 수 있습니다. 이러한 세종의 업적은 셀 수 없을 정도로 많습니다.

우리의 영토가 지금의 모양을 갖추게 된 것도 세종 시기의 일입니다. 김종서 등에 명하여 압록강과 두만강 이남의 4군 6진을 개척한 결과였죠. 또 왜구의 본거지인 대마도를 정벌하여 해안 지방에 살던 백성들의 생활을 안정시켰습니다. 물론 대마도 정벌은 상왕으로 있던 태종이 주도해서 진행했던 일이기도 합니다. 대마도 정벌과 같은 강경책은 역시 태종과 어울리는 일이었나 봅니다. 이에 더해 세종은 강경책과 회유책을 동시에 썼습니다. 부산포·내이포(진해)·염포(울산) 등 삼포를 개방하여 왜구들이 노략질 대신 무역을 할 수 있도록 했습니다. 세종 시기의 군사적·외교적 성과는 나라를 안정적으로 발전시키는 데 중요한 역할을 했습니다.

●●● 현재의 국경은 세종 때 완성되었다?

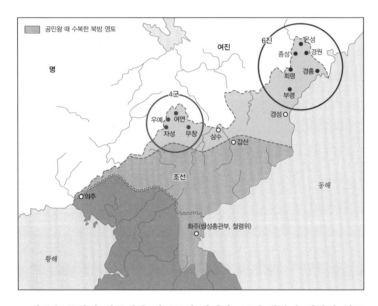

세종은 문치의 임금에만 머무르지 않았다. 고려 말부터 시작된 영토 회복에 이어 4군 6진을 설치함으로써 지금의 국경까지 영토를 넓혔다. 남쪽의 백성을 새로 개척한 지역으로 이주시키는 사민 정책도 실시했다. 하지만 압록강과 두만강을 확정된 국경선으로 봐서는 안 된다. 강을 사이에 두고 강의 남쪽과 북쪽에 모두 조선 사람들이 살았기 때문이다. 그런 의미에서 4군과 6진은 군사 방어 기지의 성격을 가지고 있다고 볼 수 있다.

세종은 나라의 근본이 되는 농업의 생산력을 늘리기 위해 국내외의 농서를 적극 보급하였습니다. 그리고 《농사직설》을 새롭게 간행하여 조선의 현실에 맞는 농사법을 정리했습니다. 《농사직설》은 우리가 생각하는 것보다 훨씬 중요한 업적입니다. 그동안은 우리의 농법을 체계적으로 정리한 농서가 없어 중국의 농서를 많이 참고했습니다. 그러나 기후와 풍토가 달랐으므로 중국의 농법으로는 농업생산력을 최대한 끌어올릴 수 없었습니다. 《농사직설》은 이런 문제를 해결해 주었죠. 《농사직설》을 편찬할 때는 농사에 뛰어난 각지 농민들의 의견을 최대한 수집했습니다. 백성들의 실제 경험을 적극 반영한 것입니다. 그렇게 만든 만큼 매우 실용적인 농서였습니다.

측우기 등 천문·기상 관측을 위한 각종 기기를 제작하여 과학기술을 성장시킨 것 역시 세종의 큰 업적입니다. 특히 측우기는 시기마다 비의 양을 측정하여 매년 강수량을 예측하는 데 활용했던 기기입니다. 당연히 농사에 큰 도움이 되었죠. 측우기를 활용한 강수량 예보는 세계 역사에서도 전례가 없는 선진적인 제도였습니다. 그리고 조선의 하늘을 기준으로 제작한 역법서인 《칠정산》은 조선의 역법, 즉 천문학이 세계적 수준이었다는 것을 증명해 줍니다. 당시 동아시아에서는 중국의 역법을 받아들이는 것이 일반적이었습니다. 중국 천자가 하사하는 달력을 받아오는 것은 중국 중심의 질서에 편입되어 산다는 표시였죠. 따라서 조선 고유의 역법을 정하고 그에 맞춰 시간의 흐름을 표시한다는 것이 명에게는 조선이 중심이 되는 질서를 추구하는 행위로 보일 수 있었습니다. 《칠정산》 제작이 명과의 관계에서 발생할 수 있는 위험을 무릅쓰고 추진할 만큼 중요한 사업이었던 것을 알 수 있습니다.

물시계인 자격루와 휴대용 해시계인 앙부일구 등도 제작했습니다. 천문 관측기구인 간의와 혼천의도 만들었죠. 이외에도 의약서인 《향약집성방》을 편찬하고 금속활자를 제작했고, 도량형 제도를 확정하고 화포를 개량·발명하기도 했습니다. 심지어 왕궁 음악인 아악을 정비하기까지 했죠. 이 외에도 세종 시대에 이룩한 과학기술의 성과는 열거하기가 어려울 정도입니다.

●●● 천문도와 제왕의 권력

천문도는 제왕의 권력과 밀접한 관련이 있다. 하늘의 뜻을 인간 세상에 제대로 알리는 권한이 제왕에게 부여되었다고 믿었기 때문이다. 따라서 천문 관측의 중요성은 매우 높을 수밖에 없었다. 고조선시대에는 별자리 관측 결과를 고인돌에 새겼다. 고구려의 별자리 그림은 고구려 고분 벽화에 다수 새겨져 있다. 〈천상열차분야지도〉는 고구려의 천문도를 조선 태조 때 수정하여 돌에 새긴 것이다. 현재 남아 있는 천문도 중 세계에서 두 번째로 오래된 것이다. 별의 크기를 달리 하여 밝기를 명확하게 구분할 수 있게 하였다. 중국의 천문도에서는 볼 수 없는 과학적인 접근이다. 일본에 〈천상열차분

천상열차분야지도(문화재청) | 돌에 천체의 형상을 새겨 놓았다.

야지도〉를 베낀 것으로 추정되는 천문도가 있다. 〈천상열차분야지도〉를 통해 우리나라가 고대부터 독자적인 천문 관측을 행했다는 사실을 알 수 있다. 《삼국사기》 같은 기록에 나타나는 일식 등의 천문 현상과 기상관측 기록이 중국이나 일본에 비해 정확도가 높은 것으로 평가되는데, 이는 천문 기상 관측 능력이 뛰어났음을 증명하는 것이다. 뛰어난 천문 관측 능력은 역서의 편찬으로 이어졌다. 《칠정산》은 우리 실정에 맞도록 편찬된 역서로 〈내편〉과 〈외편〉으로 구성되어 있다. 〈내편〉은 날짜와 일출·일몰 시각을 구하는 데 쓰였고 〈외편〉은 일식·월식을 예보하는 데 사용되었다. 우리의 시간이 중국의 시간과 다르다는 것을 인식하고 우리의 시간을 정확하게 측정했다는 것은 굉장히 중요한 의미를 가진다. 천문 관측의 정확성은 사회·경제·정치 등 국가를 운영하는 데 필수적인 요소이기 때문이다. 《칠정산》은 당시 세계에서 몇 안 되는 자체 천문 관측 기록에 의한 역서이다.

세종의 업적은 사회 통합과 안정을 위한 제도 정비로도 나타났습니다. 세종은 형벌 제도를 정비해서 가혹한 처벌을 금하고 고문으로 사람이 죽는 일이 없도록 했습니다. 사형에 해당하는 죄에 대해서는 오늘날의 삼심제 개념을 도입하는 등 당시 기준으로서는 선진적인 제도도 시행했죠. 아마도 백성을 중히 여기는 유교적 민본주의가 이런 제도들을 통해서 표출되었을 것입니다.

하지만 세종의 수많은 업적 중 가장 위대한 것을 하나만 꼽아야 한다면 훈민정음 창제를 들지 않을 수 없습니다. 바로 우리가 쓰고 있는 한글의 발명이죠. 원래 글은 말과 같지 않으면 안 되는 법입니다. 말과 다른 문자를 사용하는 것은 생활상의 불편함을 가져올 뿐만 아니라 사람이 가진 지식과 생각을 자유롭게 표현하지 못하게 되죠. 따라서 문화의 발전이 어렵습니다. 그리고 문자를 배운 집단과 그렇지 못한 집단 사이에 의사소통의 장애를 가져오게 마련입니다. 물론 이전부터 이두라고 하는 우리말 표기법이 있기는 했습니다. 하지만 이두는 한자를 사용해서 우리말을 표기하는 것으로 한계가 너무 뚜렷했습니다. 한글은 이 모든 문제를 해결했습니다. 훈민정음 창제로 이제 우리말과 정확하게 맞아떨어지는 글자를 갖게 된 것입니다. 과학·문화·예술의 성과를 모든 백성들에게 전달할 방법이 마련되었습니다.

세종의 이런 업적들은 신분이나 지위와 무관하게 능력 있는 사람들을 대거 발탁해 썼기 때문에 가능했습니다. 우선 학문 연구 기관인 집현전을 통해 신진 학자들을 길러 내고 그들이 능력을 최대한 발휘할 수 있도록 했습니다. 성삼문·신숙주·박팽년·최항 등이 그 대표적인 사람들입니다. 이 집현전 학자들이 중심이 되어 《고려사》·《농사직설》·《석보상절》·《팔도지리지》·《용비어천가》·《월인천강지곡》·《동국정운》 등 수많은 서적을 발간했습니다. 또한 신분의 한계를 넘어서 맹활약한 사람들도 이 시기에 많이 나타납니다. 관노 출신으로 종3품까지 올랐던 장영실이 대표적인 예죠. 혼천의·자격루·앙부일구·금속활자 등 수많은 세종 시기의 과학기술은 장영실이 없었으면 불가능했을 것입니다.

정치적으로는 왕권과 신권의 조화를 추구했습니다. 그 예로 들 수 있는 것이 의정부서사제입니다. 의정부서사제는 육조의 업무가 의정부를 거쳐 국왕에게 올라가게 하는 제도로 국왕의 권한을 정승들에게 대폭 위임한 제도였습니다. 태종 이후 유지되어 오던 육조직계제를 대신해서 세종 18년에 도입했습니다.

이처럼 세종 시기, 조선 문화는 찬란하게 꽃폈습니다. 물론 이 모든 업적이 세종 한 사람의 힘으로 된 것은 아닙니다. 세종이 위대함은 과학기술과 문화 발전, 생산력 증대에 당시 조선의 모든 역량을 쏟을 수 있는 환경을 만든 것에 있습니다. 그 방법은 다름 아니라 신·구세력의 조화와 사회 통합, 능력을 우선시하는 인재 채용 및 왕권과 신권의 조화를 이루는 것 등이었습니다.

그리고 세종이라는 이 위대한 왕을 만든 사람이 바로 태종 이방원입니다. 태종은 세종이 자신의 모든 역량을 쏟아부어 조선의 발전과 안정에 전념할 수 있는 여건을 마련해 주었습니다. 원래 정치가 어지러우면 사회의 각 부분이 제 기능을 발휘하기 어려워집니다. 특히 권력을 가진 자들이 자신들의 이익을 위해 가진 힘을 쓰기 시작하면 혼란은 걷잡을 수 없게 됩니다. 고려 말의 혼란을 거쳐 새로 등장한 조선이 짧은 혼란기를 거쳐 번영의 시기로 접어들게 된 주요한 요인은 바로 태종이 새로운 질서를 만들어 내었기 때문이라고 볼 수 있습니다. 세종이 왕권과 신권의 조화를 이룰 수 있었던 것도 강력한 왕권을 구축한 태종이 있었기에 가능한 일이었습니다. 어쩌면 태종의 가혹한 조처가 이 조화를 가능하게 만들었는지도 모르겠습니다. 그런 의미에서 태종이야말로 진정한 의미의 창업 군주라고 하는 것이겠죠.

2_ 세조, 태종이 세운 질서를 무너뜨리다

태종의 강력한 왕권 강화 노력에 힘입어 조선은 안정기에 접어들었습니다. 그리고 세종·문종·단종에 이르기까지 왕위 승계도 정상적으로 이루어졌습니다. 국왕과 신하들의 협력 역시 순조롭게 이루어지고 있었습니다. 앞서 말했듯이 태종은 육조를 중심으로 직접 왕에게 보고하여 정책을 펴 나가던 육조직계제를 통해 왕권 강화를 추구했죠. 반면에 세종은 태종과 달리 의정부 삼정승에게 권한을 대폭 위임하는 의정부서사제를 택했습니다. 정도전의 '왕도 정치'가 이때 와서 실행이 되고 있었다고 해도 무방할 정도로 말입니다. 그리고 문종·단종에 접어들어서도 그 기조는 여전히 유지되고 있었습니다.

문제는 문종이 젊은 나이에 죽고 단종이 열두 살의 어린 나이에 즉위하면서 발생합니다. 문종은 세종을 도와 훈민정음의 창제에 관여하는 등 왕세자 시절부터 많은 업적을 남긴 왕입니다. 문종은 죽음을 앞두고 어린 세자를 걱정하여 정승들에게 후견을 맡깁니다. 하지만 어린 왕의 등장을 권력 장악의 기회로 여긴 한 야심가가 있었습니다. 그가 바로 수양대군(세조)입니다. 수양대군은 세종의 둘째 아들이자 태종의 손자입니다. 그리고 세종의 뒤를 이은 문종의 동생이자 단종의 삼촌입니다. 적장자 계승이 순조롭게 이루어지던 당시의 상황으로 봐서 그가 왕이 될 가능성은 전혀 없었습니다.

하지만 수양대군은 권력에 대한 야심을 억누르지 못했습니다. 그의 주위에 한직을 떠돌던 한명회·홍윤성 등이 몰려들었습니다. 비정상적인 방법이 아니고는 권력을 거머쥘 수 없던 사람들이죠. 게다가 양녕·효령 두 대군이 충동질을 합니다. 이들은 임금의 그릇이 못 된다고 태종의 눈 밖에 나서 동생에게 세자 자리를 내어 준 세종의 두 형입니다. 수양대군에게는 큰삼촌들이죠. 마지막으로 정인지·신숙주 등 세종 대에 출세했으나 힘센 수양에게서 기회를 본 관료들이 모여들었습니다.

문종의 부탁을 받은 정승들은 이에 맞섰습니다. 그 핵심은 김종서였습니다. 수양대군은 그를 철퇴로 때려죽였습니다. 더불어 자신에게 협조하지 않았다는 이유로 수많은 관료, 대신들을 살해합니다. 어처구니없게도 정상적인 계승 과정을 통해 왕위에 오른 단종에게 충성을 다했다는 이유로 말입니다. 1453년 음력 10월의 일이었습니다. 그러고는 단종을 내쫓고 왕위를 차지했습니다. 그 후 사육신 등 단종을 복위시키기 위한 인사들의 시도가 계속되었지만 모두 실패로 끝나 버렸습니다. 단종은 숙부의 손에 의해 결국 죽임을 당하고 말았습니다.

장릉(한국문화관광연구원) | 단종의 무덤이다. 유배지였던 강원도 영월에 있다.

당시 수양대군의 행위에는 어떠한 명분도 없었습니다. 말로는 어린 나이에 왕위에 오른 단종으로 인해 왕권의 약화가 우려된다고 하였지만, 당시는 왕권과 신권의 조화가 조선 어느 시기보다 잘 이루어지고 있던 때였습니다. 또한 그 자신은 단종을 보위해야 할 위치에 있는 왕실의 어른이었습니다. 결과적으로 말하자면 수양대군의 행위는 명분 없는 쿠데타였습니다. 이 쿠데타를 일컬어 '계유정난'이라고 합니다. 쿠데타는 자체만으로도 엄청난 충격입니다만 부작용은 거기서 그치지 않는 법입니다.

수양대군은 비정상적인 방법을 동원해 억지로 권력을 잡았고 당연히 반발이 뒤따랐습니다. 반발을 제압하는 과정에서 수많은 문신·무신들이 또 죽어 나갔습니다. 조선 왕조가 수립된 지 불과 60년, 새 왕조의 안정에 힘을 쏟아야 할 인재들이 한 사람의 권력욕에 희생된 것입니다. 반면에 죽어 나간 사람들의 자리를 대신 차지한 자들은 조선의 특권층이 되었습니다.

계유정난 이후 과연 무슨 일이 벌어졌는지 하나하나 살펴보겠습니다. 먼저, 살생부를 만들어 수많은 대신들을 살해한 한명회·신숙주·정인지 등 43명은 계유정난 닷새 뒤 '정난공신'으로 책봉됩니다. 그뿐 아니라 단종을 내쫓고 수양대군이 왕위에 오른 1455년에는 이들을 포함한 47명의 인물이 다시 '좌익공신'이 됩니다. '정난공신'에 이어 이중으로 공신이 된 인물들이 많죠. 그것만이 아닙니다. 공신의 자제와 사위에다 공신을 수행하는 자들까지 '원종공신'으로 만들어 줍니다. 2천3백 명이 넘는 대규모 인원이었습니다. 이들의 가족까지 합하면 무려 만 명이 넘는 사람들이 '공신'의 지위를 차지하게 된 것입니다.

이들에게는 수많은 특권이 부여되었습니다. 우선 면책특권이 적용되었습니다. 세조는 "공신은 사형죄를 범해도 용서해야 한다."라고 했습니다. 그뿐만이 아닙니다. 그들의 자손들까지 어떤 죄를 지어도 처벌받지 않았습니다. 왕이 이러고 나서니 죄를 벌해야 할 사헌부에서조차 자신의 역할을 포기합니다. 심지어 사헌부는 세조 3년인 1457년에 세조에게 이렇게 청했습니다. 공신의 조부모·부모·아내·공신의 자손·자식이 있는 첩까지 법에 의거해서 죄를 면하게 해 달라고 말이죠. 사헌부는 현재의 검찰에 해당합니다. 그런 사헌부에서 특권층은 죄를 지어도 벌주지 말자고 한다면 국가 시스템이 정상적으로 운영되고 있다고 할 수 있을까요? 그 후 공신들의 탈법이 워낙 극심해서 영원히 면제해 주던 벌을 3회로 제한하는 규정이 생겼다고 합니다. 하지만 불법을 공인받은 공신들의 행태는 도를 넘어서게 되었습니다.

어느 지방관은 자신의 잘못을 지적한 백성을 곤장을 쳐서 죽였음에도 용서받았습니다. 처제와 간통한 원종공신도 처벌을 면했습니다. 반면에 처제는 처벌을 받았습니다. 홍윤성은 어릴 적 자신을 거둬 준 숙부를 살해하고도 벌을 받지 않았습니다. 그는 또 한 노파의 땅을 뺏고 죽여 길가에 버린 적도 있었지만 처벌받지 않았죠. 불행히도 이런 사례는 비일비재했습니다.

다음으로, 공신들은 계유정난으로 숙청된 사람들의 토지를 갖가지 명목으로 분배받았습니다. 관직을 차지하면서 받은 과전에, 공신으로 책봉되면서 받은 드넓은 공신전, 게다가 임금이 특별히 하사해 준 별사전까지 공신들의 토지가 차고 넘치게 되었습니다. 고려 말 권문세족이 부럽지 않을 정도가 된 것입니다.

공신들은 계유정난에 반대한 이들의 부인과 딸까지 차지합니다. 남편과 아버지가 쿠데타에 협조하지 않았다는 이유로 죄 없는 여성들이 하루아침에 노비로 전락해 버린 것이죠. 그리고 그들의 성폭행 대상이 되기도 했습니다. 막장 드라마는 거기서 끝나지 않았습니다. 신숙주가 단종의 왕비를 청했다는 이야기가 있을 정도니까요. 이 정도만으로도 마치 전쟁에서 무찌른 불구대천의 원수를 대하는 듯하죠. 1차 왕자의 난 때 태종은 정도전을 죽였지만 그의 아들에게는 관직을 주었습니다. 2차 왕자의 난을 일으킨 이방간은 죽이지 않고 귀양 보내는 걸로 마무리했습니다. 하지만 세조는 신하는 물론이고 동생인 안평대군과 금성대군

신숙주(문화재청)

을 죽이고 그 아들들마
저 죽이거나 관노로 삼
았습니다.

하지만 공신들에게
는 조선 사회에 커다란
해악을 끼칠 정도의 큰

한명회 사당 | 충청남도 천안시에 있다.

보상을 주었는데, 바로 '대납권'입니다. 대납권이란 백성들에게 부과된
세금과 공납 물품을 권력자들이 대신 낸 뒤, 백성들에게 두 배, 세 배로
거둘 수 있는 권리를 말합니다. 이제 백성들은 세금도 자기의 손으로
낼 수 없게 되었습니다. 막장은 막장을 부르는 법입니다. 백성들에게
세금의 서너 배를 미리 받고 그중 일부를 세금으로 내겠다는 자들도 나
타납니다. 중앙 정치 무대에서 권력을 틀어쥔 자들이 결국 백성들의 피
와 땀을 착취하는 지경에까지 이른 게 바로 이 대납권입니다. 불과 수
십 년 전인 고려 말 때조차 듣지 못한 대납권을 허용한 세조는 과연 조
선을 어떤 나라로 만들려고 했을까요?

흔히들 세조 집권 시는 왕권이 강화된 시기라고 합니다. 그러나 공신
들이 권력을 잡고 온갖 특권을 누리는 모습을 생각하면 과연 그렇게 평
가할 수 있을까요? 앞서 말한 대로 세종 이래 국정은 의정부서사제로
운영되고 있었습니다. 세조는 이것을 다시 육조직계제로 바꿨습니다.
의정부서사제는 일반적으로 정승의 권한이 세다 하고 육조직계제는 왕
의 권한이 강한 제도라고 합니다. 그래서 세조가 왕권을 강화했다는 평
가가 나오는 것이죠. 하지만 세조 시기의 육조직계제는 꼭 그렇게 보기
에 어려운 점이 많습니다. 육조와 의정부 모두 공신들이 장악하고 있었

기 때문입니다. 또한 이 당시는 상대적으로 승정원의 권한이 강화된 상황이었죠. 정식 정책 통로인 의정부나 육조보다 승정원의 권한이 더 강화되었다는 말은 곧 측근 정치가 성행했다는 뜻입니다. 승정원이란 왕명의 출납을 관장하던 기구로, 바로 오늘의 대통령 비서실과 같은 기능을 했습니다. 결국 한명회나 신숙주 등 공신들이 승정원에 들어가 업무를 보기 시작하면서 실시된 '원상제'로 인해 육조직계제는 유명무실해졌죠. 승정원이 공신들에게 권력을 집중하는 수단으로 이용된 것입니다. 이런 사실로 볼 때 세조가 왕권을 강화했다고 말하기는 어렵다고 생각합니다.

그렇다면 공신들의 힘이 얼마나 셌는지 예를 하나 들어 보겠습니다. 세조는 공신들과 자주 연회를 벌였습니다. 어느 날 신숙주가 연회에서 세조의 팔을 세게 잡아, 세조가 "아프다, 아프다." 소리를 지른 적이 있었죠. 왕조 시대에 신하는 왕의 몸에 함부로 손을 댈 수 없었습니다. 그럼에도 신숙주는 취했다는 이유만으로 처벌받지 않았습니다. 이처럼 세조는 공신들에 대해서는 한없이 너그러웠습니다. 왕위를 유지하기 위해 어쩔 수 없었겠죠. 그는 자신에 반대하는 인물들을 처단하기 위해서만 칼날을 휘두른 것입니다.

공신들의 권한은 세조가 죽기 직전인 1468년에 '분경'을 허용함으로써 최고조에 이르렀습니다. '분경'은 고위 관리의 집을 돌아다니며 관직을 청탁하는 행위를 말합니다. 일찍이 태종은 분경을 엄격하게 금했습니다. 대가를 받고 관직을 제공하는 것을 막기 위해서였습니다. 분경의 합법화란 관직 매매가 허용됐다는 것과 마찬가지입니다.

●●●● 수양대군은 왜 분경 금지 조치에 분노했는가?

세조 영정 (문화재청)

분경이란 고위 관리나 권문세가에 드나들며 관직을 청탁하는 일을 의미한다. 따라서 분경 금지란 관직 매매를 금한 것이다. 조선 2대 왕인 정종 때부터 분경 금지령이 내려졌고 3대 태종에 이르러서는 더욱 강화되었다. 어린 나이로 즉위한 6대 단종도 즉위 교서로 분경 금지를 다시 선포하였으며 그 대상에 대군들까지 포함시켰다. 이에 수양대군은 강력히 반발하고 나섰다. 결국 분경 금지 대상에서 대군들은 제외되고 수양대군은 이를 이용하여 한명회·권람 같은 자들을 대거 끌어들였다. 결국 이는 계유정난이라는 쿠데타로 이어졌다. 이후 한명회·신숙주·정인지 등의 정난공신들은 분경의 덕을 톡톡히 보게 되었다. 세조의 뒤를 이은 예종은 이런 공신들을 견제하기 위해 분경 금지를 포함한 여러 개혁을 추진하려 했다. 하지만 즉위 2년이 채 지나지 않아 급서했다. 독살이 의심되는 죽음이었다. 결국 세조의 분경에 대한 태도가 아들을 이른 죽음으로 몰았는지도 모를 일이다.

또한 직전법의 실시를 세조가 왕권을 강화시킨 예로 들기도 합니다. 과전법 실시 초기에는 현직은 물론 전직 관료에게도 토지를 지급했습니다. 그런데 세조가 현직에게만 지급하겠다고 제도를 바꾼 것이 직전법입니다. 언뜻 보면 관료들에게 불리한 방향으로 지급 조건이 강화된 것 같습니다. 하지만 실상은 그렇지 않았습니다. 세조가 책봉한 공신이 몇 명이었는지 떠올려 보면 그 이유를 쉽게 알 수 있죠. 그 수가 2천3백여 명, 이들에게 제공한 공신전만 해도 이미 어마어마한 면적이었습니다. 전직 관료에게 지급할 토지가 과연 남아 있기나 했을까요? 게다가 당시 의 전직 관료란 세조가 처단했거나 세조에 협력하기 싫어 미련 없이 물 러난 사람들입니다. 이들에게는 토지가 남아돈다고 해도 제공하고 싶지 않았을 것입니다. 그러니 직전법은 어쩔 도리가 없는 상황에서 나온 궁 여지책이라고 봐야겠죠.

지금까지 본 것처럼 세조의 쿠데타는 조선 초기의 정치를 고려 말처 럼 비정상적인 상황으로 되돌렸습니다. 태종에서 세종 시기까지 조선은 경제·문화·사회적으로 안정되어 번영을 누리고 있었습니다. 하지만 계 유정난으로 말미암아 커다란 암초에 부딪치게 된 것입니다. 토지가 독 점되고, 조세 체제가 무너지고, 권력이 독점되는 나라에서 어떤 일이 벌어지는지는 이미 신라와 고려 말의 사례에서 충분히 보았습니다. 이 제 조선은 어디로 가게 되는 걸까요?

3_ 거듭되는 사화, 훈구와 사림의 격돌

왕도 정치든 왕권 강화든 백성의 삶을 우선하지 못하는 이념은 궁극적으로는 허상에 불과한 것입니다. 세조는 왕권 강화라는 명분을 내걸고 계유정난이라는 쿠데타를 일으켰습니다. 그러나 결과적으로는 공신들의 권력과 토지에 대한 독점을 불러왔습니다. 법치의 원칙은 무너졌습니다. 세조 이후에도 이들의 권력은 여전히 유지되었습니다.

계유정난의 주동자들은 세조의 뒤를 이은 예종 때 남이를 모함하여 옥사하게 했습니다. 남이는 세조 때 발탁된 인물로, 젊은 나이에 승승장구하며 공신들의 위치를 위협하던 인물이었습니다. 공신들이 이런 남이를 역모로 몰아 죽인 것입니다. 이것이 '남이의 옥'입니다. 이 사건 후 공신들은 다시 '익대공신'으로 책봉되었습니다. 그 후 예종이 갑자기 죽고 성종이 즉위하자 이들은 '좌리공신' 명단에 또 이름을 올립니다. 이 상한 것은 성종의 즉위 과정에 정변이나 반역 등의 사건이 전혀 없었음에도 불구하고 공신 책봉이 이루어진 것입니다. 그것도 즉위 후 2년이나 지나서 말이죠. 도대체 무슨 일이 있었던 것일까요? 그 이유를 짐작하기 위해서는 성종에 앞서 예종 이야기를 하지 않을 수 없습니다.

예종은 공신들에 맞서려 했던 왕입니다. 세조 때 공신들이 보인 전횡에 반감을 가지고 있었죠. 그런데 예종은 즉위한 지 열네 달 만에 스무 살의 젊은 나이로 죽음을 맞이했습니다. 훈구파의 독살설까지 퍼질 정도로 급작스런 죽음이었죠. 하지만 그 문제는 유야무야되었습니다. 대신 후계 문제가 대두되었습니다. 왕위 계승 순위로 따졌을 때 성종은 후순위였습니다. 예종의 아들도 있었고, 성종의 형도 있었기 때문입니다. 그럼에도 불구하고 성종이 예종의 후계자로 선택되었습니다. 성종이 한명회의 사위였기 때문입니다. 게다가 당시 성종의 나이는 열세 살이었습니다. 한동안 대리청정 신세를 져야 하는 왕이었던 것입니다. 대비와 공신들이 정사를 주무르기 좋은 여건이었던 거죠.

성종 즉위 후 2년이나 지난 후 시행된 '좌리공신' 책봉은 결국 후계 구도에서 후순위였던 그를 선택해 준 데 대한 보답이었습니다. 공신들 스스로가 자기들 가슴에 훈장을 단 셈이죠. 게다가 좌리공신에 오른 자는 75명으로 전례 없는 대규모였습니다. 이 75명의 공신 중 한명회 집안은 6명, 신숙주와 정인지 집안은 3명씩이나 포함되었습니다. 또 한명회·신숙주·정인지 세 명은 네 번씩이나 일등 공신에 이름을 올리게 됐습니다. 가문으로서는 대단한 영광이었을지 모릅니다. 그러나 그때마다 벌어진 비상식적인 사건들을 생각하면 이들의 영광은 나라의 불행이

자 백성의 불행과 직결되는 일일 수밖에 없었습니다. 이렇게 계유정난 이후 거듭된 공신 책봉에 이름을 올린 사람들을 중심으로 형성된 세력을 '훈구파'라고 부릅니다. 훈구파에 저항하던 '사림파'에 대비해서 불리는 이름이죠.

그렇다면 '사림파'는 어떤 세력을 말하는 것일까요? 원래 사림은 고려 말 이후 등장한 신진 사대부 가운데 중앙 정계에 진출하지 않고 지방에서 영향력을 행사하던 세력을 가리키는 말이었습니다. 이들은 주로 향촌 사회에서 세력을 형성하고 있었습니다. 학문의 계통으로 보면 조선 건국에 반대했던 이색·정몽주·길재 등을 이은 집단입니다. 따라서 이들은 조선 초기 중앙 정치 세력에 비판적인 입장을 취할 수밖에 없었죠. 하지만 고려가 무너지고 조선이 건국된 지 이미 수십 년이 지났고, 조선 건국은 되돌릴 수 없는 일이 됐습니다. 그들은 이제 자신들의 성리학적 이상을 펼치기 위해서라도 정계에 진출할 수밖에 없었습니다. 게다가 계유정난 이후 훈구파의 권력 장악이 그들의 이익과 충돌하는 상황까지 벌어졌습니다.

경제적으로 사림은 지방의 중소 지주층을 이루고 있었습니다. 당연히 대농장을 소유한 훈구 세력과 달리, 경제적 기반이 취약할 수밖에 없었겠죠. 그런데 세종 이후로 사정이 달라졌습니다. 《농사직설》 같은 농서가 간행되고, 목화와 약초 등 특용작물 재배가 널리 확산됐습니다. 따라서 농산물을 사고파는 시장도 전국적으로 형성되었습니다. 또한 저수지 같은 관개시설 확충으로 남부의 일부 지역에만 보급되었던 이앙법(모내기)이 전국으로 퍼지게 되었죠. 이모작 역시 널리 퍼지면서 농업 생산성이 향상되었습니다. 그 영향으로 농촌의 중소 지주인 사림도 경제적으로 여유로워졌습니다. 그런데 권력을 독점한 훈구파가 대농장을 소유하면서 경제 발전의 성과가 훈구파에 집중될 상황에 처한 것입니다. 따라서 향촌 자치를 기반으로 조화로운 농촌 공동체를 추구하는 사림과 대농장을 조성하고 권력을 독점하려는 훈구파 간의 이해관계는 충돌할 수밖에 없었습니다. 결국 사림은 훈구파를 견제하기 위해서라도 중앙 정계로 진출해야만 했습니다.

사림들은 약화된 왕권을 되살리려는 의지를 가진 왕들에 의해 의도적으로 등용됩니다. 그러면서 사림과 훈구의 대결은 본격적으로 시작되었습니다. 이때 향촌에 개별적으로 흩어져 있던 사림이 '사림파'라 불리는 하나의 세력으로 발전하는 데 결정적 역할을 한 사람은 김종직입니다. 김종직의 아버지는 길재의 제자였습니다. 김종직은 세조 5년에 과거에 급제한 후 성종 시기에 한성부 판윤(오늘날의 서울시장)과 형조판서에까지 올랐던 인물입니다. 이 과정에서 그는 김굉필·정여창·김일손 등의 사림을 적극 발탁했습니다.

한편 훈구파는 사림파의 등장을 그냥 보고만 있었을까요? 비정상적인 방법으로 권력을 차지한 후 수십 년 동안 중앙 정계를 쥐고 흔들어온 훈구파가 순순히 권력을 나눌 리 없었습니다. 훈구파는 격렬하게 저항했습니다. 그동안 누려왔던 정치·경제적 기득권을 내려놓을 마음이 조금도 없었죠. 훈구파의 사림파 공격, 그 첫 번째 사건은 연산군 4년인 1498년에 발생합니다. 이것이 바로 '무오사화'입니다.

김종직은 27세 때였던 1457년에 중국 초나라 의제의 죽음을 위로한 〈조의제문〉을 지었습니다. 기원전 206년, 중국의 진나라가 멸망한 후 장차 한나라를 세우는 유방과 패권을 다투던 항우가 초나라의 의제를

추원재, 김종직 생가 | 경상남도 밀양시에 있다.

죽인 일이 있었습니다. 자신이 천자의 자리에 올렸던 의제를 죽이는 비정한 짓을 자행한 항우는 인심을 잃고 결국 유방과의 전쟁에서 패배했죠. 이런 항우를 세조에, 그리고 의제를 단종에 빗댄 글이 〈조의제문〉이었습니다. 이 글을 통해 김종직은 세조의 정권 찬탈을 비판했던 것이죠. 이 〈조의제문〉을 사관으로 있던 김종직의 제자 김일손이 사초로 올렸습니다. 이를 빌미로 유자광이 연산군을 충동질한 것이 무오사화의 시작이었습니다. 유자광은 남이를 모함해 죽음으로 몰아갔던 자였죠. 그 결과 김일손 등은 능지처참되었고 이미 죽은 지 오래되었던 김종직은 부관참시되었습니다. 무오사화는 1498년부터 1545년까지 반세기 가까이 이어진, 사림파를 향한 훈구파의 공격 개시였습니다.

연산군 10년인 1504년에는 '갑자사화'가 발생했습니다. 갑자사화는 연산군 생모의 폐비 사건을 계기로 훈구파 사이에 권력 투쟁이 벌어졌는데, 여기에 사림을 억지로 연루시켜 김굉필 등이 죽임을 당한 사화를 말합니다.

사화는 중종이 반정을 일으켜 연산군을 몰아낸 후에도 그칠 줄 몰랐습니다. 이번 사화의 대상은 조광조였습니다. 조광조는 김굉필의 제자로 중종이 훈구파를 견제하기 위해 중용한 인물입니다. 조광조는 인재 추천제인 현량과를 실시해서 재야의 인재를 많이 발굴했습니다. 그리고 토지 독점 현상을 타개하기 위해 토지를 균등하게 분배하는 정전제를 주장하기도 했습니다. 훈구파와는 타협이 불가능한 주장이었죠. 결정적으로 훈구파를 다급하게 만든 것은 '위훈 삭제' 주장이었습니다. 위훈 삭제란 중종반정으로 공신에 오른 117명 중 대부분이 아무 공로 없이 명단에 올랐으므로 명단에서 없애야 한다는 주장입니다. 이 주장은 훈구파의 권력 기반을 뒤흔드는 폭발력이 큰 사안이었습니다.

그런데 사실 중종반정 당시 중종은 반정 세력인 훈구파에 의해 왕위에 올랐을 뿐, 정작 반정 과정에서 자신이 한 일은 없었습니다. 훈구파에 의해 얼떨결에 왕이 된 것입니다. 따라서 위훈을 삭제해야 한다고 주장하는 것은 자칫하면 반정에 아무 공헌도 하지 못한 중종, 그 자체를 겨냥한 것으로 해석될 여지도 있었습니다. 더 나아가 반정의 정당성을 부정하는 것으로 읽힐 가능성도 있었죠.

중종은 흔들렸습니다. 사림파는 조광조를 중심으로 압박을 가해 오고 훈구파는 대반격을 노리고 있었습니다. 하지만 중종은 사림파의 요구를 받아들여 76명의 공신 자격을 박탈합니다. 실제 공신 자격이 없는 이들이 대부분이었기 때문에 끝까지 거부할 명분은 없었죠. 이때가 중종 14년인 1519년입니다. 이것으로 공신들에게 주어진 각종 특혜가 없어지고 훈구파는 몰락의 길로 들어서는 것 같았습니다.

그러나 중종은 결국 사림파를 배신합니다. 자신을 왕으로 만들어 준 훈구파와 손잡고 조광조를 포함한 사림을 대거 체포해 버린 것이죠. 이로써 모든 개혁 조치는 물거품이 되었고 훈구파는 다시 권력을 잡았습니다. 이것이 '기묘사화'입니다. 그런데 수세에 몰렸던 훈구파는 어떻게 조광조를 몰아낼 수 있었던 걸까요? 그 방법이 기발하면서도 참 치졸했습니다. 나뭇잎에 꿀로 발라 '走肖爲王(주초위왕)'이라는 글자를 만들어 놓고, 벌레가 글자 모양대로 갉아먹게 했다는 것입니다. 그리고 이런 나뭇잎을 잔뜩 만들어 대궐 안으로 흐르는 도랑에 흘려보내 중종의 손에 들어가게 했다고 합니다. '走肖(주초)'는 조광조의 성인 '趙(조)'를 의미합니다. '爲王(위왕)'은 말 그대로 '왕이 된다'는 뜻입니다. 조광조를 왕위를 노리는 자로 만들어 버린 것입니다. 이 이야기는 《조선왕조실록》〈선조편〉에 실린 내용인데 《중종실록》에서 누락한 부분을 기록한다고 밝히고 있습니다. 선조 때는 사림파가 권력을 잡은 후였기 때문에 이런 이야기의 기록이 가능했던 것 같습니다.

하지만 아직도 사림파의 수난은 끝나지 않았습니다. 중종의 뒤를 이은 인종이 8개월 만에 죽고, 그 뒤를 이어 왕위에 오른 명종의 즉위년인 1545년에 을사사화가 발생했습니다. 당시는 인종의 외삼촌 윤임과 명종의 외삼촌 윤원형이 권력을 두고 다투고 있던 때입니다. 이때 명종은 열두 살에 불과한 어린 왕이었습니다. 따라서 문정왕후가 명종을 대리해 수렴청정하고 있었죠. 문정왕후는 중종의 왕비이자 명종의 어머니였을 뿐만 아니라 윤원형의 누이동생이었습니다. 반면에 윤임은 기묘사화 이후 세력을 회복한 사림파와 손잡고 있었습니다. 권력 다툼은 윤원형과 문정왕후의 승리로 끝났습니다. 문정왕후를 등에 업은 윤원형이 모반 사건을 조작하여 윤임과 사림파를 몰아낸 것입니다. 이것이 '을사사화'입니다. 이 여파는 6년이나 계속되었습니다. 그 과정에서 거의 백 명 가까이 죽거나 유배되었죠.

지금까지 설명한 네 번의 사화가 훈구파 집권 기간 중 벌어진 사화의 대표적인 예입니다. 물론 네 번의 사화 이외에도 여러 번의 사화가 발생했습니다. 그때마다 사림파는 막대한 타격을 입었죠. 하지만 사림은 끊임없이 충원되어 세력을 확장해 나갔습니다. 그것이 가능했던 이유는 사림이 지방의 향촌 사회에 뿌리를 내리고 있었기 때문입니다. 그들은 훈구파에 비해 우월한 명분을 내세우고 있었고, 문하생을 양성하는 데 전력을 기울이고 있었습니다. 그런 까닭에 거듭되는 훈구파의 공격에 수많은 사람들이 희생을 당했음에도 불구하고 쉽게 무너지지 않았던 것입니다. 반면 훈구파는 공신 집단인 중앙 관료 중심으로 이루어져 있었죠. 따라서 하나가 무너지거나 수명을 다하면 그 빈자리를 채워 나갈 수 있는 방법이 거의 없었습니다. 결국 훈구파의 시대는 거듭된 권력투쟁의 과정에서 조금씩 허물어지게 되었습니다.

1565년, 문정왕후가 죽음을 맞이했습니다. 국정을 좌우하던 문정왕후의 죽음은 한 시대의 종말을 불러왔습니다. 문정왕후의 죽음과 함께 윤원형 역시 몰락했습니다. 이제 더 이상 훈구파는 세력을 형성하지 못했습니다. 계유정난 이후 백여 년, 왕조 수립 후 170여 년 만에 조선은 드디어 사림의 세상이 되었습니다.

06

조선,
누란의 위기에
빠지다

1_ 사림, 과연 자신의 의무를 다했는가

16세기 중반은 조선이 스스로 힘을 기른다면 누구도 넘볼 수 없는 국력을 다질 수 있었던 시기였습니다. 명나라는 정화의 대항해 이후 130여 년 동안 지속된 오랜 쇄국정책으로 허약한 왕조가 되어 있었죠. 북방의 여진족은 아직 통일 국가를 형성하지 못하고 있었습니다. 일본도 백여 년간 지속된 전국시대의 소용돌이에서 벗어나지 못한 상태였습니다. 조선 역시 사화의 연속으로 어지러운 상황이긴 했습니다. 그렇지만 조선 초기의 과학기술과 농업 발전의 추세를 제대로 이어가기만 한다면 새로운 사회 건설의 동력으로 작용할 여지가 많았던 때였습니다. 과연 조선은 어디로 나아갔을까요?

15세기 후반에서 16세기에 걸쳐 조선에서 대토지 소유 현상이 만연해졌다는 사실은 앞에서도 이야기했습니다. 소수가 토지를 독점하면 백성의 부담이 가중됩니다. 남의 땅을 빌려 농사를 지으면 지대가 높을 수밖에 없죠. 자영농이라면 과전법에 따라 수조권자에게 생산물의 10분의 1만 세금으로 내면 되지만, 남의 땅을 부치면 4-5할을 내는 것이 예사였으니까요.

특히 특산물을 바치는 제도인 '공납'은 온갖 부정의 온상이었죠. 공물로 바치는 특산물의 종류는 수천 가지나 되었습니다. 그런데 대납권을 가진 권력자와 수령이 담합하여 특산물을 농민들 대신 납부하고는 서너 배 높은 가격을 매겨 농민들에게서 뜯어내는 현상이 일반화되어 버렸습니다. 이를 '방납'이라고 합니다.

●●●● 조선시대 지방에서 거둔 세금은 어떻게 운반했을까?

조선시대는 육지 교통이 발달되지 못했다. 그래서 바닷가나 강가에 조창을 만들어 놓고 이곳에 세금을 모았다가 배를 이용해 서울로 옮겼다.

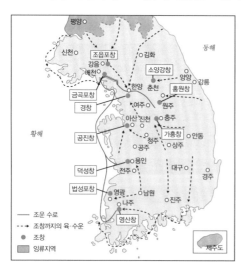

평안도와 함경도 등 국경 지역에서는 세금을 서울로 수송하지 않았다. 군사비와 사신 접대비로 사용하기 위해서였다. 이런 곳을 잉류 지역이라고 한다. 또 제주도는 물산이 풍족하지 못하고 바닷길이 너무 험해 역시 잉류 지역으로 분류되었다.

'군역'에서도 백성들의 부담은 날로 증가했습니다. 특히 불법적인 '방군수포제'가 성행해 백성의 부담을 더욱 키웠습니다. 방군수포제란 군역 대신에 베를 납부하는 것입니다. 이전에는 농한기 등을 이용해 군역을 수행했죠. 백성들 모두가 군역의 부담을 지는 국민개병제의 나라였던 조선에서는 그것이 당연한 일이기도 했습니다. 하지만 방군수포제하에서는 관리들의 농간이 개입할 여지가 늘어났습니다. 농민들에게서 베를 과하게 받아 낸 후 그보다 훨씬 싼값에 다른 사람을 사서 군역을 대신하게 했습니다. 심지어는 군역의 빈자리를 채워 넣지 않는 사례도 빈발하게 됩니다. 이렇게 해서 남은 몫은 물론 관리들 차지였죠. 게다가 군역의 대상인 자영농이 점차 줄어들었습니다. 자기 땅이 없어 대농장에 몸을 맡기거나 공납이 무서워 도망가는 백성이 늘어났기 때문입니다.

중종 말에는 방군수포제가 '군적수포제'라는 이름으로 제도화되었습니다. 이로써 군역 체계는 결정적으로 허물어지게 되었습니다. 그동안 군역을 베로 대신하는 일은 공공연하게 일어나긴 했어도 합법적인 일은 아니었습니다. 그런데 중종이 군적수포제라는 이름으로 이를 합법화시켜 버린 것입니다. 나라를 지키는 일은 현직 관료 등을 제외한 모든 백성들의 의무라는 조선 초의 국민개병제 원칙이 이 시기에 완전히 무너진 것입니다.

반면에 양반은 이 모든 의무에서 벗어나 있었습니다. 원래 '양반'이란 문반과 무반의 현직 관료를 의미하는 것이었는데, 이제 신분을 의미하는 말이 되었습니다. 현직 관료가 아닌 자들도 양반 가문이란 이유만으로 모든 군역과 요역에서 벗어나게 되었습니다.

권력층이 토지를 독점하고 각종 의무는 백성만 부담하는 사회, 게다가 그 부담이 점점 가혹해지는 사회. 우리는 이미 그 결말을 신라와 고려 말에서 본 적이 있습니다. 그런 사회는 발전이 이루어지지 않고 정체되거나 퇴보했었죠. 16세기 중반 이후의 조선이 그 길을 가고 있었습니다. 개혁이 어느 때보다 절실했습니다. 바로 이 시기에 사림이 집권한 것입니다. 과연 사림파는 이런 시대의 요구에 제대로 부응했을까요?

당시 사림은 이념적인 측면에서는 성숙한 단계로 나아가고 있었습니다. 그 대표적 인물인 이황은 조선 성리학을 집대성했습니다. 연산군 시절에 태어난 이황은 사화가 벌어진 전 시기에 걸쳐 살았던 인물입니다. 훈구파의 공격이 극심해질수록 조선 성리학이 더욱 정교하게 다듬어진 셈이라고 할까요. 그 뒤를 이어 이이가 성리학을 다시 한 단계 발전시킴으로써 조선 사림의 이상은 이념적으로도, 현실 정치에서도 완벽한 단계로 나아가는 것 같았습니다. 이런 사림에게 조선 개혁의 책무가 주어졌습니다. 토지 문제, 세금과 공납 및 군역 문제의 해결이 시급한 과제였습니다.

도산서원(한국문화관광연구원) | 이황이 도산서당을 짓고 후학을 기르던 곳으로 그의 사후 서원이 되었다. 대원군의 서원 철폐 때도 그 대상에서 제외된 곳이다.

이이

자운서원 | 율곡 이이의 학문을 기리기 위해 세운 서원이다.

사실 사림 내에서 이런 모순을 해결하기 위한 시도는 끊임없이 있었습니다. 조광조의 정전법 주장, 위훈 삭제 주장 등은 토지 소유와 특권 배제를 요구한 것이었죠. 이율곡은 더 나아가 당시 조선이 창업·수성의 시기를 지나 경장(更張)의 시기를 맞이했다고 보았습니다. 기존의 정책과 제도를 새로 고쳐 써야만 한다고 본 것입니다. 그는 경장은 수성보다 더 어려운 과제이기 때문에 능력이 뛰어난 인재가 필요하다고 했습니다. 또한 이율곡은 '대공수미법'을 제기했습니다. 폐단이 극에 달한 공납 대신 쌀로 세금을 걷자는 것입니다. 그리고 양반 대지주에 예속되어 있던 사노비를 군역에 동원하자고 했죠. 그들이 공을 세우면 노비에서 해방시켜 주고 큰 공을 세운 경우에는 벼슬까지 주자고 했습니다. 하지만 사림파는 이런 주장을 현실로 만들지 못했습니다. 훈구파와의 피의 투쟁이 사림을 똑같은 소인배로 만들어 버린 탓일까요? 사림은 사회를 개혁하는 대신 그들 간의 투쟁을 시작했습니다.

선조 8년인 1575년, 문무관의 인사권을 가진 이조전랑에 누구를 앉힐 것인지를 둘러싸고 사림은 동인과 서인으로 갈렸습니다. 그 후 동인과 서인은 정여립 모반 사건을 계기로 결정적으로 대립하게 됩니다. 그리고 광해군 세자 책봉 문제에 이르러서는 동인이 남인과 북인으로 다시 나뉘죠. 이렇게 조선의 사림은 임진왜란을 앞둔 수십 년을 허송세월하게 됩니다.

중소 지주로 출발한 사림들이 대지주가 되고 권력을 장악하자, 국가 주도 세력으로서의 의무를 망각하기 시작했던 것입니다. 훈구파로부터 시작된 의무 없이 권리만 누리는 양반의 행태가 이들에게도 고스란히 이어졌습니다. 사회지도층에게는 사회에 대한 책임과 의무를 모범적으로 실천하는 높은 도덕성이 요구되죠. 그것은 예나 지금이나 마찬가지입니다. 하지만 당시 권력을 잡은 사림에게는 마이동풍이었습니다. 다음의 예를 살펴보겠습니다.

이조전랑 문제를 둘러싼 당쟁의 격화를 우려한 이이가 두 당사자인 김효원과 심의겸을 함경도 경흥부사와 경기도 개성유수로 각각 보내려 했습니다. 그러자 김효원을 지지하던 동인은 '경흥은 오랑캐 땅과 가까워 선비가 기거할 곳이 아니다.'라며 반대해 이를 관철시킵니다. 선비는 국경 수비의 현장인 변경 지대에 머무를 수 없다는 것인데, 한마디로 국방은 자신들의 몫이 아니라는 논리입니다. 일부의 문제가 아니라 사림 전체의 인식이 그랬습니다. 심의겸을 경흥으로 보냈으면 서인이 똑같은 주장을 했겠죠.

동인과 서인의 충돌은 정여립 모반 사건으로 인해 극단적으로 치달았습니다. '기축옥사'라 불리는 엄청난 사건이 발생한 것입니다. 그때가 1589년으로 임진왜란 3년 전입니다. 동인과 서인의 충돌을 막고 민생을 안정시키기 위해 노력하던 이이가 죽은 지 5년 후였죠. 동인이 권력을 잡고 있던 당시, 황해도에서 정여립의 모반을 고하는 자가 나타났습니다. 고한 자는 서인이었습니다. 고한 자의 주장에 따르자면 정여립이 호남에서 '향사례'를 통해 '대동계'를 조직하여 반란을 꾀했다는 것입니다. 향사례란 정기적으로 활쏘기 하는 모임을 말합니다. 정여립의 대동계는 호남을 중심으로 형성된 조직으로, 영남에도 영향력이 꽤 컸다고 합니다. 정여립은 학식과 통솔력이 뛰어난 자로 이를 보

향사당(문화재청) | 활쏘기와 잔치를 베풀며 여러가지 일을 의논하던 곳이다. 정여립의 향사례 모임도 이런 곳에서 열렸을 것이다.

고 많은 사람들이 모여든 것이죠. 정여립은 원래 서인에서 동인으로 당적을 바꾼 인물이었습니다. 당적을 변경했음에도 불구하고 많은 사람들이 모여든 것을 보면 그의 그릇이 그만큼 컸다는 것을 알 수 있습니다.

정여립은 왜구들이 전라도 손죽도를 침범했을 때 전주 부윤의 요청으로 대동계를 이끌고 가 왜구를 물리치기도 했습니다. 그때가 기축옥사 2년 전인 1587년입니다. 이는 대동계가 이미 공인된 조직이나 마찬가지였다는 사실을 말해 줍니다. 이런 정여립을 서인은 역모로 고발한 것입니다. 당시에도 조정에서는 터무니없다는 반응이 많았습니다. 모반이라고 보기에는 당시 정여립의 행동이 너무 허술했기 때문입니다. 하지만 이런 의문에도 불구하고 정여립은 모반 사건의 주모자로 내몰렸습니다. 결국 정여립은 도망쳐 간 고향에서 자살한 것으로 알려져 있습니다. 그와 관련된 호남의 사람들도 천여 명이나 희생되었습니다. 경상

도에서도 많은 사람들이 연루되어 희생되었습니다. 실제 모반을 꾸몄다면 왜구를 물리칠 정도의 실력을 가진 대동계가 이렇게 순식간에 무너졌을까요?

이 수많은 희생자를 낸 장본인은 〈관동별곡〉, 〈사미인곡〉 등으로 우리에게 잘 알려진 정철입니다. 정철이 무자비한 국문을 하면서 사태가 눈덩이처럼 커지게 된 것입니다. 정철은 많은 수의 동인을 모반 사건에 연루시켜 목숨을 앗았습니다. 심지어 동인의 핵심 인사였던 이발의 경우 당사자는 물론 그의 노모와 어린 아들까지 곤장을 맞아 사망했죠. 처음 고발이 있었을 때부터 무고일 가능성이 높은 사건이었지만 정철이 전면에 나서면서 대대적인 역모 사건이 되고 만 것입니다.

이는 동인과 서인 사이에서 줄타기하며 권력 강화를 꿈꾸던 선조와 서인의 합작품이었습니다. 그 결과 이제 정권은 서인이 잡게 되었습니다. 하지만 정여립 사건의 파장은 그것으로 끝나지 않았습니다. 동인의 대다수는 정철과 서인에 이를 갈았습니다. 원수 대하듯 동인을 대한 서인의 태도가 붕당을 적대적인 관계로 악화시킨 것입니다. 정책을 통해 당파 간 건강한 경쟁 관계를 형성할 수도 있었을 사림의 분당은 이제 목숨을 내걸고 권력투쟁해야 하는 관계가 되어 버렸습니다.

붕당 간의 싸움은 임진왜란 직전에도 계속되었습니다. 그리고 그 결과 동인은 다시 남인과 북인으로 나뉘었습니다. 앞서 말했듯 그 발단은 광해군의 세자 책봉 문제였습니다.

광해군은 형인 임해군에 비해 실력과 인망을 두루 갖추고 있었습니다. 하지만 임해군은 물론 광해군도 선조의 선택을 받지 못했습니다. 선조는 총애하고 있던 인빈 김 씨의 아들을 염두에 두고 있었죠. 이런 선조의 뜻을 거스르고 광해군을 세자로 밀던 정철은 선조의 노여움을 사게 되었습니다. 이 사건을 계기로 서인이 다시 수세에 몰렸습니다. 이 와중에 동인은 정철에 대한 강경 처벌을 주장한 세력과 온건한 대책을 내놓은 세력으로 나뉘었습니다. 전자는 북인이 되고 후자는 남인이 됩니다. 북인의 영수는 이산해였고 남인의 영수는 유성룡이었습니다. 유성룡이 복수에 매달리지 않고 온건한 대책을 주장한 덕에 정철은 목숨을 건지고 귀양길에 올랐습니다.

●●● 정여립, 혁명가인가? 희생양인가?

정여립은 생전에 〈천하공물설(天下公物說)〉과 〈하사비군론(何事非君論)〉이라는 글을 썼다고 한다. 〈천하공물설〉이란 '천하는 공공의 사물이므로 일정한 주인이 있을 수 없다.'는 이야기다. 〈하사비군론〉은 '누구를 섬기던 임금이 아니겠는가.'라는 말로, '충신은 두 임금을 섬기지 않는다.'는 옛이야기는 성인의 뜻과 다르다는 주장이다. 정여립의 이런 사상은 성리학적 명분에서 벗어난 합리주의적 면모를 보여 준다. 또한 정여립이 조직한 대동계에 양반·상민·노비까지 가입했던 것에서 시대를 앞서간 선각자의 모습을 볼 수 있다.

대동계는 활쏘기를 매우 중시했다고 한다. 하지만 그가 실제 반역 모의를 했는가에 대해서는 당시에도 논란이 많았다. 권력을 뺏긴 서인들이 정철을 앞세워 동인들에게 역모 혐의를 씌운 것이 아니냐는 의심의 눈초리가 존재했던 것이다. 특히 서인에서 동인으로 당을 옮긴 전력이 서인들의 미움을 사, 조작된 역모의 주동자로 몰렸다는 주장이 있다.

결국 정철의 무리한 사건 처리는 임진왜란 직전에 수많은 인재들을 죽음으로 몰아갔다. 또 이때부터 당쟁은 격화되기 시작했다. 정책에 다양한 견해를 제시하고 경쟁할 수도 있었던 당파 간의 투쟁이 이전투구의 양상을 띠기 시작한 것이다.

임진왜란 3년 전에 터진 기축옥사에 연이어 광해군 책봉 문제가 불거져 정쟁에 빠지자, 조선이 내부적으로 실력을 다지고 나라를 강건하게 만드는 일은 요원하게 되었습니다.

반면 이 무렵 도요토미 히데요시는 전국시대의 대혼란에 빠졌던 일본의 재통일을 거의 완성한 상태였습니다. 북방의 누르하치는 자신의 부족인 건주여진을 통일하고 이를 기반으로 여진족 전체를 하나로 합치기 직전이었습니다. 이처럼 조선의 대외 환경은 수십 년 전에 비해 엄혹한 상황으로 치닫고 있었습니다. 게다가 도요토미는 공공연히 조선 침략을 주장했습니다. 자신에게 복속한 영주들의 무력을 조선 침략에 동원함으로써 내부 안정을 도모하고, 침략으로 차지한 조선 영토를 나눠 갖기 위해서였습니다. 이런 상황에서 조선에서는 국방을 강화하는 일이 무엇보다 시급했습니다. 그러나 조선의 지배층은 전란을 코앞에 두고도 어떤 방책도 내놓지 못했습니다. 조선 초의 자주적이고 현실적인 각종 정책과 문화의 기풍은 훈구파와 사림파의 대립, 사림 내부의 투쟁 과정을 통해 연기처럼 사라졌습니다. 건국 후 2백 년, 이제 조선은 누란의 위기로 치닫게 되었습니다.

2_ 임진왜란, 파죽지세의 왜군 앞에
빛의 속도로 나라를 버린 선조

　임진왜란 초기의 상황은 '무기력한 조선군과 파죽지세의 왜군'이라고
정리할 수 있습니다. 조선군이 무기력한 것은 어찌 보면 당연한 결과였
습니다. 국정의 책임자이자 조선의 기득권층인 양반이 국방을 돌보려
하지 않았으니 말입니다. 조선 초기 국방 체계는 '진관제'였습니다. 전
국 각 도의 관찰사나 병마사를 중심으로 거점을 설정한 후, 각 거점이
자체적으로 방어 능력을 갖추고 외적에 대항한다는 개념입니다. 군역이
원활하게 수행되었으면 진관제는 임진왜란 당시 위력을 발휘했을 것입
니다. 그런데 중종 때 도입된 군적수포제로 인해 각 지방의 병력 동원
체계는 이미 무너져 있었습니다. 그래서 임진왜란 당시 조선의 국방 체

계는 '제승방략'으로 바뀌어 있었습니다. 제승방략이란 전란을 맞이해서 각 도의 병사를 출신 지역과 상관없이 특정 지점에 보내어 집결시키는 것입니다. 이렇게 모인 부대를 중앙에서 파견한 지휘관이 통솔하여 전쟁을 치르겠다는 전략이었습니다. 한마디로 각 도의 병력이 모자라니 한곳에 모아 놓자는 것이었죠. 병력이 부족하게 된 원인을 해결하고 제도를 보완하기보다는 그럭저럭 현실에 순응하고 말자는 전략을 선택한 것입니다. 당연히 중앙의 지휘관이 도착할 때까지 시간이 걸리고 그 동안은 제대로 전투를 치를 수 없었습니다. 설사 순조롭게 집결한다 해도 해당 지방의 지형조차 제대로 알지 못하는 중앙 지휘관과, 타지에서 차출된 병사가 효율적인 전투를 벌인다는 보장은 전혀 없었습니다. 더 최악의 상황은, 이 병력이 패하기라도 한다면 그 후 적군을 막아 낼 어떤 방법도 없다는 것입니다. 왜군은 1592년 음력 4월 13일에 출정한 후 최초의 전투인 동래성과 부산진에서 일방적인 승리를 거뒀습니다. 이후 밀양과 대구에 무혈입성했습니다. 4월 24일에는 제승방략에 따라 집결한 신립의 조선군을 탄금대에서 궤멸시킨 후, 5월 2일에는 수도인 한양에 역시 무혈입성했습니다. 이때까지 걸린 시간이 불과 19일입니다. 왜군조차도 믿을 수 없다고 할 정도의 속도전이 가능했던 이유는 바로 조선의 국방 체계가 무너져 있었기 때문이었습니다.

왜란 이전에 국방력의 약화를 우려하여 그 대책을 모색한 사람들이 없지는 않았습니다. 이이가 경장의 대책을 촉구한 것도 그렇고 유성룡이 진관제로 돌아갈 것을 주장한 것도 약화된 국방력을 정비하려던 것이죠. 유성룡은 이순신을 거듭 천거하여 임진왜란 직전 전라좌수사에 올리기도 했습니다. 하지만 선조를 포함한 대부분의 권력자들은 강 건너 불구경이었습니다.

사실 왜란 2년 전인 1590년에 조선은 도요토미 히데요시의 의중을 알아보기 위해 사신을 보냈습니다. 그런데 도요토미는 조선의 사신을 의도적으로 박대하고 무시했습니다. 정사 황윤길과 부사 김성일은 우여곡절 끝에 겨우 도요토미를 만나고 열 달 만에 조선에 돌아왔습니다. 그런데 그 둘의 보고가 완전히 달랐습니다. 황윤길은 전쟁에 대비해야 한다고 하고, 김성일은 도요토미가 전쟁을 일으킬 인물이 아니라고 보고한 것입니다. 당시 정사인 황윤길은 동인, 부사인 김성일은 서인이었습니다. 보고를 마친 후, 김성일은 자신도 전쟁의 위험성을 인지했다고 실토했죠. 그렇지만 사신으로서 당당한 태도를 보이지 못한 정사 황윤길의 행태에 분개하여 사실에 반하는 보고를 했다는 것입니다. 한마디로 허위 보고를 한 거죠. 당시 그들이 맡은 임무는 적정을 살펴 전쟁의 가능성을 정확히 보고하는 것이었습니다. 아무리 황윤길이 비굴해 보여 마음에 들지 않았더라도, 사신답지 못한 것으로 따지면 자신의 가장 중요한 임무를 팽개친 김성일의 잘못이 더 큰 것 아닐까요?

엇갈린 보고 속에서 조선 정부는 일단 전력 점검에 나서기로 했습니다. 황윤길·김성일과 동행해서 조선에 온 왜의 답례 사신이 내년에 반드시 조선을 침략할 것이라고 공언하고 다녔으니까요. 그러나 전력 점검을 맡은 신립은 사소한 이유로 각 지방 책임자들을 과하게 처벌했습니다. 접대를 소홀히 한다는 등의 이유로 목숨을 빼앗기도 했습니다. 체면치레에는 엄격하고 국가의 일에는 무능력한 중앙의 문반 권력자들의 행태는 이렇게 무반 최고위층에도 고스란히 녹아들어 있었습니다. 그러고는 방어 태세를 걱정하는 유성룡에게 "그리 걱정할 것 없습니다."라며 태평스럽게 굴었습니다. 그 결과는 익히 알고 있는 대로입니다. 유성룡이 겨우 모아 준 8천의 군사를 거느리고 출정한 신립은 천혜의 관문인 조령을 지켜야 한다는 뭇 참모들의 의견을 묵살해 버렸습니다. 그러고는 충주 탄금대 근처에 넓게 펼쳐진 들판을 전장으로 삼아 조선군의 주력을 붕괴시키고 말았습니다.

유성룡의 《징비록》에 따르면 당시 신립과 함께 조선의 2대 명장으로 손꼽히던 이일이 탄금대 전투 전, 문경에 주둔하고 있었다고 합니다.

탄금대 주변 풍경 | 신라 때의 악성 우륵이 가야금을 타던 곳이라 붙여진 이름이다. 근처에는 넓은 개활지가 있다.

조령 제1관문 | 조령은 충청도와 경상도를 가르는 백두대간을 넘는 고개이다. 영남 지방과 서울 간의 관문이자 군사적 요새지이다. 제3관문까지 있는데 제2관문은 임진왜란 도중에 세워졌고, 제1과 제3관문은 임진왜란 후에 세워졌다.

그때 한 백성이 적들이 이미 상주 근처까지 왔다고 알려 왔습니다. 그런데 정찰병을 보내 사태를 확인해야 할 이일은 오히려 그 백성의 목을 쳤습니다. 여러 사람의 마음을 흔들리게 했다는 이유였습니다. 그 후로 적들의 동태를 알려 주는 백성이 사라졌습니다. 적들의 동태를 알려 봐야 자신의 목이 날아갈 판이었으니까요.

이처럼 조선의 권력자들은 나라를 지키고자 하는 마음도, 의지도, 방법도 없는 상태였습니다. 몇 가지 예를 더 들어 볼까요?

임진왜란 3개월 전, 의주 목사로 있던 김여물이 투옥되었습니다. 의주성을 수리하고 진을 치는 연습을 했다는 황당한 죄목이었습니다. 임진왜란 발발 이후 군무를 총괄하는 임시 직책인 도체찰사에 임명된 유성룡은 김여물을 석방하여 신립을 수행하게 합니다. 신립을 수행하는 종사관이 된 김여물은 천혜의 요새인 조령을 지켜야 한다고 주장했습니다. 앞서 언급했듯 신립은 이를 받아들이지 않았죠. 김여물 역시 탄금대 전투에서 조령을 넘어온 왜군에게 죽임을 당했습니다.

이긍익의 《연려실기술》에 따르면 왜의 답례 사신을 접대하는 임무를 맡은 오억령은 엉뚱한 이유로 교체됐다고 합니다. 사신 접대 중 얻은 일본의 침략 정보를 정확하게 보고하였는데, 조정에서 이를 해괴하다고 여겼기 때문입니다.

이 외에도 전쟁 초기 전투 중 도망친 문무반 관리가 한둘이 아니었습니다. 결국 왜군의 파죽지세는 허약해질 대로 허약해진 조선의 국가 체제가 붕괴하는 속도와 일치했던 것입니다. 국가 붕괴의 속도가 얼마나 빨랐는지는 선조가 가장 잘 보여 줍니다.

선조는 임진왜란 발생 후 보름 만에 한양을 버리고 도주합니다. 유성룡 등은 극구 반대했습니다. 그러나 두려움에 휩싸인 선조의 귀에 도성을 사수하자는 주장은 들리지 않았습니다. 오히려 영의정 및 도체찰사를 맡고 있던 유성룡을 파직시켜 버렸습니다. 두 달여 만에 의주에 도착한 선조는 하루 빨리 요동으로 들어가려고만 했습니다. 수많은 신하들의 반대를 다 뿌리치고 말입니다. 요동으로 들어간다는 것은 조선의 국왕으로서가 아니라 명의 신하로서 목숨을 부지하겠다는 의사표시였습니다.

한편 이때 세자 광해군은 적진을 돌파하면서 반격 준비를 하고 있었습니다. 이때는 왜란이라는 난국을 맞이하여 선조가 어쩔 수 없이 광해군을 세자로 책봉한 후였습니다.

선조가 요동으로 귀부(들어가서 복종하는 것을 의미함)했다면 광해군의 노력에도 불구하고 이후 조선의 반격은 불가능해졌을 것입니다. 놀랍게도 선조의 이런 바람을 무산시킨 것은 명이었습니다. 왜의 출정은 소위 '정명가도'를 내어 달라는 요구를 내걸고 시작되었습니다. 명나라를 정벌하러 가는데 조선이 그 길을 열어 주지 않으니 침략한다는 뜻입니다. 따라서 명은 선조가 요동으로 들어오는 것은 곧 왜가 명의 영토로 들어오는 것과 같다고 여겼습니다. 그래서 선조의 귀부를 불허했죠. 선조의 부끄러운 바람은 이루어질 수 없는 망상이었던 것입니다.

이 소동을 통해 선조는 조선 국왕으로서의 자격을 상실했다고 봐야합니다. 선조가 한양을 탈출하자 분노한 백성들은 형조와 노비 문서를 다루던 장예원을 불태워 버리는 것으로 응답했습니다. 만일 선조가 의주로 가기 전 평양에서라도 나라를 사수하겠다는 의지를 보이고 전쟁 승리를 위한 대책 마련에 나섰다면 민심이 돌아섰을 것입니다. 그러나 선조는 그러지 않았습니다. 이렇게 조선의 국가 체제는 선조의 한양 포기와 뒤이은 요동귀부책으로 완전히 파탄이 났습니다.

3_ 이순신과 의병 그리고 유성룡, 전세를 역전시키다

선조가 나라를 버리려고 끊임없이 발버둥치던 그 순간에 이순신과 의병들은 나라를 풍전등화의 위기에서 구하려고 고군분투하고 있었습니다.

이순신은 임진왜란 전부터 무관으로서 변경을 떠돌면서 많은 전공을 세웠습니다. 그렇지만 권력자들의 비위 맞추기를 거부하고, 상관의 부당한 요구를 여러 번 물리친 탓에 미움을 사 하위직을 전전했습니다. 때로는 관직에서 쫓겨나기도 했죠. 이순신의 강직한 품성을 보여주는 일화가 있습니다. 율곡 이이가 이조판서로 있을 때 이순신을 만나보려던 적이 있습니다. 유성룡이 실력은 있으나 성품이 너무 곧아 곤란을 겪고 있는 이순신의 이야기를 이이에게 전했기 때문입니다. 하지만 이순신은 거절했습니다. '같은 문중 사람이라 만나 보아도 괜찮겠지만, 인사권을 가진 자리에 있으니 만나서는 안 된다.'는 것이 그 이유였습니다. 이런 이순신에게는 앞날이 전혀 없을 것 같았습니다. 하지만 유성룡은 이순신의 실력을 높이 샀습니다. 유성룡이 선조에게 거듭 추천한 끝에 이순신은 임진왜란 1년 전인 1591년 전라좌수사에 올랐습니다. 왜란이 발생할 것이라는 흉흉한 소문이 이미 전국에 퍼졌을 때였습니다. 전라좌수사에 오른 이순신은 병력을 확충하고 훈련을 강화했습니다. 또 전선을 제작하고, 백성과의 유대를 강화하는 데 전력을 기울였습니다. 이순신은 5월 7일 옥포해전에서 승리한 것을 시작으로, 7월에는 세계 해전사에 길이 남을 한산 대첩의 승리를 이끌었습니다. 조선의 남쪽 바다를 지켜 냄으로써 이순신의 수군은 왜군의 보급로를 끊어 버릴 수 있었습니다.

●●● 임진왜란의 향배를 뒤바꾼 한산 대첩

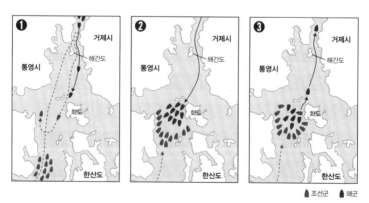

한산 대첩의 전개 과정을 보여 주는 개념도 ① 조선의 정찰선이 왜의 수군을 끌어들인다 ② 조선 수군이 학익진을 편다 ③ 학 날개 모양으로 왜의 수군을 포위해 섬멸한다

한산 대첩은 행주 대첩, 진주성 대첩과 함께 임진왜란 3대 대첩의 하나이자 을지문덕의 살수 대첩, 강감찬의 귀주 대첩과 함께 우리 역사상 가장 빛나는 전투이다. 한산 대첩으로 조선 수군은 남해와 서해의 통제권을 완전히 확보하였다. 이순신은 학익진으로 적의 배 60여 척을 격파하고 불살랐다.

전쟁에서 보급은 곧 승리의 원천이라고 말할 정도로 결정적입니다. 남쪽 바다를 돌아 서해로 올라가 육군에게 식량과 무기를 조달하려 했던 왜의 의도는 이순신에 의해 어긋났습니다. 호남의 곡창지대 역시 왜군의 손아귀에서 벗어날 수 있었습니다. 드디어 조선이 전력을 재정비해 반격할 계기가 마련된 것입니다. 그러나 선조는 이때조차 자신의 책임을 다하지 못했습니다. 어떠한 계책도 내놓지 못했죠. 그 역할은 의병들이 대신했습니다.

임진왜란 발생 후 열흘이 채 지나지 않은 4월 22일, 경남 의령에서 의병을 일으킨 홍의장군 곽재우를 시작으로 전국 각지에서 의병이 일어납니다. 지방 사림이 중심이 되고 일반 백성들이 모여들어 구성된 의병은 향촌 공동체 정신에 따른 자연스러운 현상이었습니다. 의병은 파죽지세로 진군하는 왜군의 배후에서 다양한 유격 전술을 감행했습니다. 이는 자신이 살고 있는 고장의 지형지물을 잘 알고 있었기에 가능한 일이었습니다. 무너진 정규군을 대신한 의병의 활약은 임진왜란을 극복하는 중요한 요소가 되었습니다.

의병의 활동을 보면 앞서 정여립의 대동계가 왜구를 물리친 것을 돌이키게 됩니다. 그리고 지방을 스스로 지키는 진관 체제의 의미를 다시 생각해 보게 되죠. 의병들의 활동은 이순신의 수군과 함께 왜군을 고립시키고 보급 체계를 엉망으로 만들어, 왜군의 후방을 불안하게 만들었습니다. 한양에 무혈입성한 이후 왜군의 진군 속도가 현저히 떨어진 것은 바다와 육지에서의 이런 활약이 있었기 때문입니다.

수군 및 의병의 활약과 함께 반격의 세기를 세공한 또다른 요소는 명의 원군입니다. 명은 임진왜란 초기, 조선과 왜의 움직임을 의심에 가득 찬 눈초리로 쳐다보고 있었죠. 그러나 한양에 이어 평양까지 함락되고, 왜군이 함경도까지 진출하자 태도를 바꾸었습니다. 조선이 멸망하면 명의 처지도 곤란해지는 상황이었으니까요. 전장이 명의 영토까지 확대되는 것이 두려웠던 것이죠. 결국 명은 이전까지 간헐적으로 병력을 보내 상황을 살피던 소극적인 태도를 바꿨습니다. 1592년 12월, 이여송의 지휘하에 4만 대군이 압록강을 건너면서 명은 본격적으로 임진왜란에 개입했습니다. 그리고 조·명 연합군이 1593년 1월 평양성을 탈환하면서 전황은 급변했죠. 드디어 조선이 수세에서 공세로 전환할 수 있게 되었습니다. 수군과 의병의 활약은 나라를 패망 일보 직전에서 건져 내긴 했지만, 전쟁의 승리를 담보하는 것은 아니었습니다. 육지에서 정규군의 역할이 반드시 필요했죠. 적의 주력을 무너뜨려야 했으니 말입니다. 사실 수군과 의병이 왜군의 발목을 잡고 있을 때, 정부는 무너진 정규군 양성을 위해 모든 노력을 다해야 했습니다. 그러나 조선의 정규군은 지리멸렬한 상태였습니다. 선조는 오로지 명만을 바라보고 있었죠. 결국 명의 군대를 끌어들여서야 전세를 역전할 수 있었습니다. 1593년 2월, 권율이 행주 대첩에서 승리했습니다. 그리고 4월 20일에는 한양을 되찾았습니다. 하지만 이후 전쟁은 소강상태에 빠졌습니다. 소모전이 끊임없이 계속되었죠. 경상도로 밀려난 왜군을 완전히 몰아내지 못한 채로 말입니다.

이는 명의 군대가 소극적으로 전쟁에 임하며 왜와 협상을 추진했기 때문입니다. 타국의 군대를 끌어들인 결과였습니다. 조선이 배제된 채 진행된 협상에서 도요토미는 조선 남부의 4도를 떼어 줄 것과 명의 공주를 첩으로 보낼 것을 요구했습니다. 명의 입장에서는 공주를 첩으로 보내라는 등의 조건을 받아들이기 어려웠겠지만, 조선의 입장에서는 국토를 떼어 달라는 요구를 절대로 받아들일 수 없었습니다. 왜군을 이 땅에서 완전하게 몰아내는 것만이 유일한 해결책이었죠. 명이 언제 어떤 방식으로 도요토미와 결탁할지도 알 수 없으니까요. 결국 왜적을 조선 땅에서 몰아내는 것은 명의 지원에 기대서 이루어질 수 있는 일이 아니었습니다.

당시 조선의 하루하루는 지옥이었습니다. 《선조실록》 9월 2일 자의 기록입니다. '하루에 죽는 백성이 얼마나 되는지 알 수가 없다. 죽은 시체가 길에 가득하고 살점이 썩어 냇물을 막고, 살아남은 사람들은 모두 도깨비 같은 몰골이 되었다.' 같은 달 6일 자 기록은 다음과 같이 적고 있습니다. '명의 군사가 …(중략)… 행패를 부리고 작란하는 사태가 날이 갈수록 더욱 심하다. 그들의 뜻을 조금만 거역하면 몽둥이와 돌멩이로 난타당하는데, 요즈음 맞아 죽은 사람이 매우 많다.'

빨리 이 지옥에서 빠져나가야 했습니다. 하루빨리 왜적을 몰아내고 이 전쟁을 끝내는 것만이 살길이었습니다. 그러나 명은 전쟁이 자신의 영토로 확대되지 않는 데만 온 관심을 쏟았습니다. 왜는 조선의 영토를 점령해서 백 년 동안의 전국시대에 성장한 무장 세력에게 토지를 분배해 주는 게 주목적이었습니다. 그들은 아무리 시간이 걸리더라도 목적을 달성하기 위해 협상하려 들었습니다.

결국 조선은 자신의 힘으로 살아남아야 했습니다. 그러기 위해서는 이제라도 국가의 모든 힘을 전쟁 수행이 가능한 체제로 바꾸어야만 했습니다. 전쟁에는 국가의 모든 자원이 총동원됩니다. 경제·사회·정치·외교·문화 심지어 국민의 의지까지 모든 부문에서 상대에 우위를 점해야만 승리할 수 있게 됩니다. 국가 전체를 전쟁 수행에 맞는 체제로 바꾸는 일, 이 역할을 수행한 이가 바로 유성룡입니다.

유성룡은 임진왜란 전에 이미 제승방략 대신 진관 체제로 돌아가야 한다고 주장했었죠. 임진왜란을 앞두고 이순신과 권율을 천거하기도 했습니다. 이순신과 권율은 한산 대첩과 행주 대첩을 각각 승리로 이끈 장본인이죠. 이를 감안하면 유성룡의 탁월한 현실 감각이 조선의 패망을 막았다고 해도 과언이 아닐 정도입니다.

유성룡은 전시 개혁 입법을 강력히 추진합니다. 그는 1593년 10월

행주산성 | 주변의 넓은 지역을 감시할 수 있는 요지임을 알 수 있다. 행주산성은 백제 때 처음 축성했다.

에 훈련도감의 설치를 관철시킨 뒤 그 책임자에 올랐습니다. 그리고 그 달 27일에 영의정으로 복귀합니다. 이후 그는 진관 체제로의 복귀와 속오군 제도 도입, 면천법·작미법 실시에 성공합니다. 훈련도감은 강력한 중앙군을 양성하기 위한 기구였습니다. 명의 군대로부터 각종 무기의 사용법과 전술을 배워 정규군을 복구하기 위한 것이었죠. 진관 체제는 이미 여러 번 말한 대로 각 지방의 방어 체계를 구축하기 위한 것이죠. 속오군은 양반·상민·천민을 신분의 구분 없이 군대로 동원하기 위해 만든 부대입니다. 훈련도감·진관 체제·속오군은 와해된 조선의 군사 및 방어 체계를 세우기 위한 조치였습니다.

한편 면천법과 작미법은 이 체계의 원활한 작동을 가능하게 만드는 사회·경제적 제도로써 도입된 것입니다. 면천법은 노비가 군공을 세우면 양인으로 만들어 주고 그 공이 클 때는 벼슬까지 주는 제도였습니다. 이 면천법은 군사를 충원하고 왜군과의 전투에서 힘을 다하게 하는 원동력이 되었습니다. 실제 전공을 세워 면천법의 적용을 받은 이가 적지 않았습니다. 한 예로 1594년 10월에 신충원이란 사람이 미천한 신분으로 둔전관이자 파수장에 올라 조령을 사수하는 임무를 훌륭하게 수행하고 있다고 기록한 내용이 있습니다.

작미법은 수천 가지 공납으로 인한 폐단을 없애기 위해 공납을 쌀로 대신하게 한 것이 핵심 내용입니다. 그리고 호구 단위로 매겨지던 공납 물량을 면적 단위로 매기도록 기준을 바꿨습니다. 그동안 대토지를 소유한 양반이나 겨우 입에 풀칠할 정도의 땅을 가지고 있던 농민이나 똑같은 양의 공물을 부담했는데, 이제 소유한 땅 면적을 기준으로 공납을 부과하겠다는 것입니다. 이는 고려 말 과전법의 실시에 버금가는 개혁이라 할 만했습니다. 작은 마을과 큰 마을의 구분 없이 똑같은 양으로 매겨지던 방식도 면적 단위로 하면서 공평해졌습니다. 한마디로 작미법은 재산의 많고 적음에 따라 세금을 매기게 한 제도였습니다.

자신들의 이익이 침해된다고 생각한 양반 사대부들은 전란의 와중에도 격렬하게 반대했습니다. 그러나 유성룡은 반대를 물리치고 개혁 입법을 추진했습니다. 이렇게 해서 시행된 개혁 입법은 의병의 활동을 더욱 촉진하고, 나아가서는 정규군과 의병을 통합하는 역할까지 해냅니다. 전쟁을 수행할 수 있는 재원이 마련된 것은 물론이고 궁극적으로 군사력이 강화된 것이죠.

유성룡이 개혁 입법을 시행하는 와중에도 명과 왜는 지속적으로 협상을 도모하였지만, 합의에 이르지는 못하고 있었습니다. 그런데 이때 선조는 이순신을 제거하려는 왜군의 기만전술에 편승하여 이순신을 삭탈관직하고 체포하여 한양으로 압송했습니다. 조선은 이제 겨우 망국의 위기를 넘긴 상황이었습니다. 전쟁을 승리로 이끌어야 할 더 중요한 과제가 남은 상태였죠. 그러나 선조는 이순신을 모함하는 자들의 청을 받아들여 27일간이나 무자비하게 국문했습니다. 결국 이순신은 죽음 일보 직전까지 내몰렸습니다. 1597년 3월 13일, 선조는 이렇게 말합니다. "조정을 속이고 임금을 업신여긴 죄, 적을 놓아주어 국가를 위태롭게 한 죄, 남의 공을 가로채 함정에 빠뜨린 죄, 방자하기 이를 데 없고 꺼리는 바가 없는 죄를 지었으니 이순신은 마땅히 법에 따라 죽여야 한다."고 말입니다. 이순신은 유성룡 등의 탄원으로 겨우 목숨만 부지한 채 백의종군하게 되었습니다. 이순신 대신 삼도수군통제사에 오른 자는 이순신의 공을 시기했던 원균이었습니다. 당시는 정유재란이 막 시작된 때였습니다. 명과 왜의 협상이 전혀 진전이 없자 도요토미가 대규모 지원군을 보내 다시 조선을 침략한 것이죠. 조선 수군을 격파하지 못하면 전쟁에서 승리하는 것이 불가능하다는 것을 알게 된 왜군은 유인 전술을 폈습니다. 원균은 왜군의 유인 전술에 속아 넘어갔습니다. 거제의 칠천량에서 벌어진 해전에서 원균이 지휘하는 조선의 수군은 처절한 패배를 당했습니다. 임진왜란 중 벌어진 해전 중 조선 수군 최초이자 유일한 패전이었습니다. 이 한 번의 패전으로 조선 수군은 완전히 무너졌습니다. 2백여 척의 전선을 보유했던 수군이 이제 열두 척 규모로 와해된 것입니다.

수군의 와해는 왜군에게 곡창지대 호남을 장악할 수 있는 절호의 기회를 제공했습니다. 왜군은 남원에 이어 전주를 함락시켰습니다. 그들의 바람은 이제 현실이 되는 것 같았습니다. 이제 왜군은 잘만 하면 조선의 남부를 완전히 장악할 수 있게 되었습니다. 협상에서 유리한 고지를 점령하는 것은 물론 더 나아가 다시 한 번 조선 전역을 노릴 수 있을지도 모를 일이었습니다.

하지만 육상에서의 조선군의 전력은 예전과는 달랐습니다. 유성룡의 개혁에 힘입어 탄탄해진 전력에 전투 경험까지 더해진 육군은 초기의 패배를 즉각 만회할 수 있었죠. 명군까지 합세한 반격에 왜군은 밀려나게 됩니다. 그리고 그해 9월 16일, 삼도수군통제사로 복귀한 이순신의 지휘하에 명량해전이 벌어집니다. 남은 열두 척에 한 척이 보태진 열세 척으로 전투에 나선 이순신의 수군이 적선 330척을 상대했습니다. 전력만으로 보면 상대도 되지 않는 이 해전에서 이순신은 왜군에게 충격적인 패배를 안겼습니다. 이제 왜의 수군은 더 이상 조선의 바다를 넘보지 못하게 됐습니다. 한산 대첩이 임진왜란 초기에 제해권을 지켜 조선의 멸망을 막은 싸움이었다면, 이 명량해전은 조선 남부를 왜로부터 지켜내고 전쟁을 종결시키게 만든 전투였습니다.

명량해전 이후 왜군은 경상도로 후퇴하여 명 장수들에게 뇌물 공세를 퍼부었습니다. 유일하게 남은 방법인 명과의 협상을 통해 전쟁을 마무리하려고 한 것이죠. 그런데 1598년 8월 18일, 7년간에 걸친 전쟁의 원흉 도요토미 히데요시가 죽었습니다. 왜군은 어쩔 수 없이 철군하기 시작했습니다. 1598년 11월 18일부터 19일에 걸쳐 5백여 척의 배에 나뉘 타고 도주하는 왜군을 이순신은 85척의 배로 공격했습니다. 이것이 노량해전입니다. 적선 2백여 척을 파괴한 이 노량해전을 끝으로 임진왜란이 끝났습니다. 그리고 이순신은 노량해전을 지휘한 뱃머리에서 왜의 총탄을 맞고 전사했습니다.

4_ 병자호란, 인조반정으로
갈 길을 잃은 조선에 몰아닥친 비극

선조나 선조를 따라 도피 생활을 했던 대부분의 고위 관료들은 전쟁이 끝나가자 유성룡의 전시 개혁 입법을 빌미로 유성룡을 탄핵했습니다. 그중에서도 면천법과 작미법이 주된 공격의 대상이었죠. 두 조치가 없었다면 조선은 끝내 임진왜란을 극복하지 못할 수도 있었습니다. 그럼에도 불구하고 전쟁 와중에는 도리 없이 눈치만 보던 이들이 전쟁이 끝나가자 본색을 드러낸 것입니다.

이순신이 노량해전에서 왜적의 총탄을 맞고 전사한 날이 바로 유성룡이 탄핵당한 날이었습니다. 게다가 선조는 "수군이 대승리를 거두었다는 이야기는 과장된 듯하다."며 노량해전의 대승을 평가절하했습니다. 모든 사람이 '죽은 이순신이 산 왜적을 물리쳤다.'라며 이순신을 칭송하는 한편 그의 죽음을 애석해하는 와중에 말입니다. 선조에게 전쟁에서 큰 공을 세운 이순신의 죽음은 안타까운 일이 아니라 오히려 다행스러운 것이었을지도 모릅니다. 이순신을 적대시한 관료들도 이순신처럼 전쟁을 승리로 이끈 인물이 살아남아 백성들의 칭송을 받는 일이 없기를 바랐을 것입니다. 그래야 자신들에게 퍼부어지는 차가운 눈초리와 이순신을 향한 칭송이 극단적으로 대비되지 않을 테니 말입니다.

전쟁이 끝난 후 6년 만에, 우여곡절 끝에 결정된 공신 명단이 발표됐습니다. 호성공신에 86명, 선무공신에는 18명이 이름을 올렸습니다. 호성(扈聖)은 임금을 모시고 따라다녔다는 말입니다. 호성공신의 대부분은 선조의 피난길에 동행한 관료들 외에 내시 24명, 선조의 말을 관리한 이마(理馬) 6명으로 구성되었습니다. 유성룡은 2등 공신으로 명단에 올랐습니다. 그러나 탄핵당한 후 낙향한 유성룡은 공신록 명단에서 자신을 빼달라고 요구하며 공신 책봉을 거부했습니다. 직접 적과 맞붙은 무신 중 공신이 된 자는 총 18명에 불과했습니다. 문신에 비해 턱없이 적은 숫자이기도 했지만 더 희한한 일은 따로 있었습니다. 선조가 우격다짐으로 원균을 이순신·권율과 같은 1등 공신으로 올린 것입니다. 수많은 의병장들 역시 홀대받았습니다. 대다수는 전란 중 죽었지만 죽지 않은 이들 또한 제대로 대접받지 못하고 선조에게 버림받았습니다. 선조는 이후로도 계속 명나라만이 전쟁을 승리로 이끈 유일한 힘이었다고 강변했습니다. 이것이 조선의 국왕 선조가 이 전쟁에 대해 내린 평가이자 권력을 유지하는 방식이었습니다.

한편 전쟁 당시 왕세자의 신분으로 전장을 누비며 활약했던 광해군은 전쟁 후 선조의 계속되는 견제에 시달리게 되었습니다. 애초에 선조는 광해군에게 왕위를 물려줄 마음이 없었습니다. 전쟁이라는 급박한 상황을 맞아 다른 대안이 없었기 때문에 광해군을 세자로 책봉했던 것뿐이죠. 광해군은 국난을 맞아 도망치기에 여념 없던 선조, 포악한 형 임해군을 대신해 왕실에서는 유일하게 전쟁 승리를 위해 동분서주했습니다. 하지만 선조는 전쟁을 승리로 이끈 데 공로가 큰 광해군을 질시했습니다. 이러한 푸대접은 이순신과 의병장에게 했던 것과 일맥상통합니다.

1606년에 선조의 후비인 인목왕후가 영창대군을 낳자, 서른이 된 세자를 흔드는 무리가 더욱 늘어났습니다. 광해군은 왕후가 아닌 빈의 둘째 아들에 불과했기 때문입니다. 그가 임진왜란에서 아무리 큰 공을 세웠어도 적통 앞에서는 아무런 소용이 없는 것처럼 보였습니다. 하지만 영창대군이 겨우 세 살 때인 1608년에 선조가 사망하자, 광해군이 왕위에 오르는 것을 막을 자는 없었습니다.

광해군이 왕위에 오른 1608년은 여진족이 점점 더 세력을 키워 나가고 있던 때였습니다. 명 내부의 혼란과 임진왜란으로 명의 국력이 쇠퇴한 틈을 타 누르하치가 여진족을 통일해 나간 것입니다. 이후 8년 뒤인 1616년 누르하치는 여진족을 통일하고 후금을 세웁니다. 일본에서는 도요토미 히데요시가 죽고 난 뒤 정권을 장악한 도쿠가와 이에야스가 1603년, 에도 막부를 세우고 내부를 추스르고 있었습니다. 한편 조선은 임진왜란 과정에서 전 국토가 전쟁터로 바뀌어 막심한 피해를 입은 상태였죠.

이런 상황에서 조선이 안정과 활력을 되찾기 위해서는 개혁이 필수적이었습니다. 그리고 이를 위한 시간이 절대적으로 필요했습니다. 광해군은 이런 현실을 직시한 왕이었습니다.

광해군은 남인 이원익을 영의정으로, 서인 이항복을 좌의정으로 발탁하였습니다. 그리고 의병을 대거 배출한 공로로 집권한 북인과 함께 연립 정권을 구성하게 했습니다. 세력 균형을 통해 국정을 안정시켜 개혁을 추진할 동력을 마련하기 위한 것이었죠. 또 광해군은 즉위 직후 경기도에 '대동법'을 실시했습니다. 임진왜란 후 폐기된 유성룡의 작미법이 광해군에 의해 대동법이라는 이름으로 다시 부활한 것입니다. 대동법은 공납을 쌀로 단일화하고 토지 면적에 따라 징수하는 제도로 백성의 생활을 안정시키는 효과가 있죠. 1611년에는 양전 사업을 벌였습니다. 이에 따라 황폐해진 토지를 복구하고 재정을 확충할 수 있는 기반이 마련됐습니다. 또한 허준에게 《동의보감》을 간행하게 해서 전란 중 만연한 질병을 다스리도록 했습니다. 광해군은 화포 주조를 통해 전쟁에 대비하기도 했습니다. 대외적으로는 1609년에 일본과 기유약조를 맺어 외교 관계를 복원하고, 명과 청 사이에서는 등거리 외교를 추구했습니다.

광해군이 명·청 사이에 취한 등거리 외교의 예로 1618년의 사건을 들 수 있습니다. 후금 건국 후 위기감을 느낀 명은 여진을 토벌하겠다는 구실을 들어 조선에 지원군을 요청했습니다. 광해군은 강홍립을 파견하여 명과 후금의 허실을 파악하는 계기로 활용하고자 했습니다. 그리고 이미 명을 압도할 정도로 세력을 키운 후금을 자극하지 않기 위해 강홍립에게 몇 번의 의례적인 전투 후 후금에 항복할 것을 주문했습니다. 외교는 이념이나 명분으로 포장하더라도 결국 실리를 추구해야 한다는 말에 딱 어울리는 계책이었습니다. 당시 조선은 국력을 쌓기 위해 무슨 수를 써서라도 시간을 벌어야 했으니까요.

그러나 광해군이 당쟁에 흔들리면서 조선의 역사는 다시 한번 비극을 맞게 됩니다. 공자를 모시는 문묘에 누구를 함께 모실 것인지를 두고 벌어진 당쟁 과정에서 연립 정권이 흔들리게 된 것입니다. 게다가 집권당이던 북인의 주도하에 벌어진 1614년의 영창대군 살해와 1618년의 인목대비 폐모를 거치면서 광해군의 국내 정치 장악력은 급속도로 무너졌습니다. 결국 1623년, 서인이 주도한 인조반정으로 광해군은 밀려나게 되었습니다.

광해군 시절 북인은 정권을 잡긴 했지만, 서인이나 남인에 비해 세력이 약했습니다. 그럼에도 북인은 연립 정권을 유지하기 위해 애쓰기는 커녕 조선을 당쟁의 소용돌이로 몰고 갔고, 서인은 그 틈을 비집고 들어와 반정을 일으켰습니다. 권력을 되찾기 위해서였죠. 하지만 서인에게는 반정의 명분이 부족했습니다. 반정을 일으키기에는 영창대군 살해나 인목대비 폐비보다 확실한 명분이 필요했습니다. 그들이 모자란 명분을 채우기 위해 찾은 핑곗거리가 바로 '친명 사대'였습니다.

없는 명분을 지어내 벌인 인조반정은 피의 보복을 불러왔습니다. 사형당한 이만 80명에 달했죠. 광해군의 궁녀·상궁·후궁들까지도 인목대비의 요구에 따라 목숨을 잃었습니다. 더구나 반정공신 이괄은 반정에 따른 논공행상을 다투던 중, 불만을 품고 난을 일으키기도 했습니다. 이때 난과 무관하게 옥에 갇혀 있던 37명이 또 목숨을 잃었습니다. 이후로도 광해군 폐출에 반대한 인물들이 끊임없이 목숨을 내놓아야만 했습니다.

인조반정은 조선을 혼란의 소용돌이로 내던지는 것으로 끝나지 않았습니다. 우선 광해군이 건설한 실리 중심의 외교 관계가 송두리째 부정되었습니다. 반정 세력은 부족한 쿠데

세검정 | 인조반정 때 주도 세력이 이곳에서 반정을 모의하고 칼을 씻었다는 이야기가 전해져 온다.

타의 명분을 채우기 위해, 명 황제에 대한 광해군의 불충을 이유로 내세웠죠. 그러니 이들이 '친명반청'을 표방한 것은 당연한 수순이었습니다. 조선 국왕과 양반들의 충성 대상이 명 황제가 되어야 한다는 어처구니없는 주장이었죠. 그러나 이들은 친명 사대를 거부한 조선의 국왕이 신하들에 의해 교체되었음을 자랑했습니다.

이들의 사대 주장은 명의 도움이 임진왜란을 승리로 이끈 유일한 힘이었다고 평가한 선조의 인식과 일맥상통합니다. 명은 임진왜란에 원군을 파견했던 것을 내세워 광해군의 세자 책봉에 반대했습니다. 특별한 이유가 있던 것이 아니었습니다. 광해군의 세자 책봉이 명에 불리하다고 판단한 것도 아니었습니다. 단지 조선의 국정에 영향력을 행사하려는 의도였습니다.

마지못해 왕위를 물려준 선조와 광해군의 세자 책봉에 대한 명의 반대가 결과적으로 광해군의 권위를 흔들었습니다. 이로부터 광해군을 왕으로 인정하려 하지 않는 세력이 커나갔습니다. 인조반정은 이러한 여

러 작용이 혼재된 결과였습니다. 결국 정통성을 갖고 왕위를 계승한 왕을 명분 없는 쿠데타로 몰아냄으로써, 인조반정은 왕권을 약화시키는 계기가 되었습니다. 이때부터 일부 집단에 의한 권력의 사유화가 본격화됐죠.

한편 조선은 친명반청의 혹독한 대가를 정묘호란과 병자호란으로 치러야 했습니다. 광해군 시절인 1622년에 명나라 장수 모문룡이 후금에 쫓겨 조선 영내로 들어온 적이 있습니다. 인조는 군마와 식량을 대주며 반정 이후에도 여전히 조선 영내에 머물던 모문룡을 감싸 안았습니다. 이에 조선과 명의 연계를 우려한 후금이 그 고리를 끊기 위해 조선을 침략한 것이 정묘호란입니다. 이때가 1627년, 임진왜란 후 30년이 채 지나지 않은 상황이었습니다. 전쟁 준비가 전혀 되어 있지 않던 조선군은 광해군의 복수를 하겠다며 침공한 후금의 상대가 되지 않았습니다. 후금의 침공 후 두 달이 채 지나지 않아 조선과 후금은 정묘조약을 체결했습니다. 조선은 후금과 형제국 관계를 맺고 왕자를 인질로 보내는 것에 합의했습니다. 명을 아직 정벌하지 못한 후금의 입장에서 조선과 전면전은 부담스러웠기 때문에 상황은 이 정도로 일단락되었습니다. 조선은 후금과의 관계가 계속 악화되면 그 결말이 어떨지 이 경험을 통해 알아야만 했습니다. 조선의 입장에서는 명과의 관계를 끊고 외교적으로 중립을 유지하는 것이 현명한 판단이었죠. 하지만 인조의 조선은 그런 노력을 전혀 기울이지 않았습니다. 아니 그럴 수가 없었습니다. 친명을 포기하는 순간, 반정을 일으켜 광해군을 몰아낸 명분이 사라지기 때문이었습니다.

정묘호란이 일어난 지 9년 만인 1636년, 국호를 청으로 고친 후금은 조선에 완전한 항복을 요구했습니다. 형제 관계를 군신 관계로 변경할 것을 요구한 것입니다. 아울러 황금과 백금 1만 냥, 군마 3천 필, 3만의 지원군을 요구했습니다. 게다가 조선의 왕자와 주전론을 주장하는 대신들을 볼모로 보낼 것도 요구했습니다. 조선은 이를 묵살했습니다. 인조는 명을 향한 대의를 위해 청과의 화평을 끊는다고 선언하였습니다. 이제 남은 것은 전면전뿐이었습니다.

1636년 12월, 청 태종이 12만의 대군을 이끌고 압록강을 건넜습니다. 조선은 완전히 항복하고 말았습니다. 혹한의 추위 속에서 남한산성에서 40일간 농성하던 인조는 결국 무릎을 꿇었습니다. 그리고 삼전도조약을 맺었습니다. 이를 일컬어 후세 사람들은 '삼전도의 치욕'이라고 합니다.

지금의 서울 송파구에 있는 삼전도에서 인조는 청 태종 앞에 나아가 신하가 될 것을 맹약하는 '삼배구고두례'를 행합니다. 이는 세 번 절하고 아홉 번 머리를 조아리는 것을 의미합니다. 그리고 세자 및 왕자, 여러 대신의 자제를 인질로 보내기로 약속했습니다. 성을 새로 짓거나 보수해서도 안 되고 매년 공물을 보낼 것도 수용하는 등 정묘호란 후와는 비교도 되지 않는 가혹한 조건을 받아들여야 했습니다. 심지어 명나라를 칠 때 군사를 보내라는 요구도 받아들여야 했습니다. 친명사대를 일삼던 인조가 말이죠.

광해군 시절의 실리 외교를 내던지고 쿠데타를 감행한 인조는 결국 조선에 치욕만을 안겨 주었습니다. 그리고 그로부터 7년 뒤 청은 명을 멸망시키고 중국을 완전히 장악합니다.

●●● 광해군은 왜 인조반정을 막지 못했나?

광해군의 몰락은 영창대군의 어머니이자 자신의 서모인 인목대비를 폐출하면서 시작되었다. 서인들이 이를 빌미로 정권 찬탈을 본격화했기 때문이다. 당시 집권당이었던 북인은 수적으로 우세한 서인과 남인을 연합 정권으로 끌어들이지 못하고 지속적으로 배척하는 정책을 폈다. 광해군 역시 당파를 조화시키는 대신 북인에 휘둘린 감이 없지 않다. 광해군은 대외 관계나 국내 정책에서는 현실적이고 합리적인 태도를 보였으나 정치 문제를 처리하는 데는 지혜롭지 못했던 것이다. 결국 광해군과 북인은 고립되었고, 이를 빌미로 서인과 일부 남인이 권력욕에 휩싸인 능양군을 앞세워 반정을 일으켰다. 능양군, 즉 인조는 광해군의 이복형제인 정원군의 아들이었다. 정원군은 임진왜란 때 왜군과 내통해 이익을 얻던 자로 정권 근처에 얼씬하지도 못했다. 그래서일까, 광해군은 능양군을 앞세워 반정이 일어날 가능성에 대해서는 전혀 생각하지 못한 것 같다. 반정의 주역인 이귀가 인조반정 전년에 거병했다가 발각되었음에도 인목대비에게 해가 갈까 우려한 북인 일부가 쉬쉬하고 넘어가자 별다른 조치를 취하지 않았다. 반정 당일에도 역모를 고한 사람이 나타났으나 광해군은 연회에 빠져 사태를 제대로 파악하지 못했다고 한다. 이처럼 조선의 역사를 수렁으로 몰고 간 인조반정은 능양군의 야욕과 서인들의 정권욕을 광해군이 간파하지 못했기 때문에 벌어진 일이었다.

광해군 묘 | 광해군과 그의 부인 문화 유씨의 묘소로 경기도 남양주 시에 있다.

5_ 소현세자와 효종, 개혁이냐 복수냐

역사를 통해 교훈을 얻고 더 나은 미래를 준비하는 것은 예나 지금이나 마찬가지입니다. 특히 수치스러운 사건을 겪은 후라면 더욱 그래야 하죠. 당시의 조선이 그런 상황이었습니다. 임진왜란에 이어 정묘호란과 병자호란을 겪은 조선은 그로부터 교훈을 얻어야 했습니다. 현실을 직시하고 세상의 변화를 수용하지 않으면 안 된다는 사실을 말입니다.

새로운 시대에는 새로운 사상과 이념이 필요합니다. 16-17세기 서양에서는 코페르니쿠스·케플러·갈릴레이 갈릴레오·존 로크·아이작 뉴턴 등이 그 역할을 해내고 있었습니다. 일본도 포르투갈과 네덜란드 상인을 통해 제한적이나마 유럽의 문물을 접하고 있었습니다. 1649년에서 1651년 일본에 체류한 샴베르거라는 의사를 통해서 서양 의학의 장점도 알게 되었습니다. 이런 움직임들이 훗날 일본의 난학(蘭學), 즉 네덜란드 학문 발전의 발판이 되기도 했습니다. 조선 역시 명·청 교체기라는 현실 속에서 기존의 신분 질서에 매달리는 낡은 성리학을 벗어나야 했습니다. 그리고 새로운 길을 모색해야만 했습니다.

역설적이게도 인질로 끌려간 소현세자가 이 역할을 하게 되었습니다. 병자호란으로 청에 볼모로 끌려간 소현세자는 당시 청의 수도였던 심양에 살고 있었죠. 그는 심양 근처에 농장을 만들고 조선 사람들을 그 농장에서 일하게 했습니다. 이 조선인들은 병자호란 때 청으로 끌려와 노예로 팔릴 위기에 처했던 사람들이었는데, 소현세자가 구출해 낸 것입니다. 또 농장에서 수확한 곡물로 장사를 해서 상당한 재물을 얻었습니다. 이는 조선에서라면 상상도 못할 일들이었죠. 소현세자는 이런 체험을 통해서 상업의 역할에 눈을 뜨게 됐습니다.

또한 소현세자는 청나라 고관들과 접촉하면서 친분을 쌓았습니다. 그 과정에서 얻은 고급 정보를 몰래 인조에게 알려 주기도 했습니다. 청나라에 끌려온 수많은 조선인들의 목숨을 살려 내기도 했죠. 1644년에는 북경을 점령한 청나라 군대를 따라 들어가 그곳에 잠시 머물렀습니다. 명이 망하는 현장을 지켜보게 된 셈이죠.

북경에서 독일 출신 예수회 선교사인 아담 샬을 만나기도 했습니다. 이 만남을 통해 그는 서양 문물에 대해서도 깊이 이해하게 되었습니다. 아담 샬은 1622년에 중국으로 건너온 예수회 신부였습니다. 그는 천문·역학 등에 뛰어나 청 초기인 1644년에 태음태양력인 《시헌력(時憲曆)》을 편찬했고, 베이징 천문대 책임자로 임명되기도 했습니다. 아담 샬에게서 서양 문물을 접한 소현세자는 성리학적인 세계관이 더 이상 조선을 이끌지 못한다는 확신을 가지게 되었습니다.

1645년에 그는 8년 동안의 인질 생활을 마치고 드디어 귀국하게 되었습니다. 그러나 인조와 집권 세력이었던 서인은 소현세자를 반기지 않았습니다. 반기지 않은 정도가 아니라 오히려 증오하였습니다. 인질 생활 동안 소현세자가 보인 개방적인 모습이 그들에게는 성리학적 세계관을 부정하는 것으로 비춰졌기 때문입니다. 게다가 인조는 청이 세자인 소현세자를 내세워 자신의 왕위를 빼앗을지도 모른다는 의심까지 하는 상황이었습니다.

귀국한 지 두 달 후 소현세자는 의문의 죽음을 맞이했습니다. 《인조실록》에 기록된 시신을 본 사람의 표현에 따르면 '온몸이 전부 검은 빛이었고, 이목구비의 일곱 구멍에서는 모두 선혈이 흘러나오므로, 검은 천으로 얼굴 반쪽만 덮어 놓았으나 곁에 있는 사람도 그 얼굴빛을 분별할 수 없어서 마치 약물에 중독되어 죽은 사람과 같았다.'라고 합니다. 이때 그의 나이는 34세였습니다. 소현세자의 죽음은 당시에도 독살설이 돌 정도로 이례적이었습니다. 현실을 직시했던 소현세자의 급작스럽고도 비극적인 죽음으로 조선 사회의 변화를 이끌 수도 있었던 인물이 사라져 버렸습니다.

소현세자의 죽음 뒤, 인조는 세자의 아들인 세손 대신 소현세자의 아우인 봉림대군을 세자로 책봉합니다. 인조의 소현세자에 대한 미움은 여기서 끝나지 않았습니다. 세자빈과 그 가족을 죽이고 소현세자의 세 아들은 제주로 귀양 보내 버렸습니다. 그 중 둘은 제주에서 죽음을 맞이했습니다.

봉림대군은 훗날의 효종으로, 소현세자와 함께 인질로 청나라에 갔던 인물입니다. 하지만 소현세자와는 다른 인식을 가졌죠. 그는 청에 대한 복수를 마음 깊숙이 다지고 있었습니다. 북벌에 대한 열망을 죽을 때까지 가슴속에 담아 두었던 인물이죠.

소현세자의 사망 후 인질에서 풀려나 귀국한 봉림대군은 1649년 인조 사망 후 왕위에 올랐습니다. 그리고 북벌을 추진하기 위해 끊임없이 노력했습니다. 효종의 북벌 의지는 그저 말로만 그친 게 아니었습니다. 그렇다고 현실을 도외시한 정책도 아니었죠.

효종은 즉위 초부터 구언(求言) 정책을 펼쳤습니다. 구언이란 왕이 모든 신하들에게 바른 말을 널리 구한다는 의미입니다. 즉 서인 세력에만 의존하지는 않겠다는 효종의 의지가 드러난 정책이라고 볼 수 있습니다. 그 성과 중 가장 대표적인 것이 대동법입니다. 효종은 김육 등의 건의를 받아들여 경기도에서만 실시되던 대동법을 차례로 확대했습니다. 1651년에는 충청도, 1658년에는 전라도 연해안 각 고을에서 대동법을 실시했습니다. 또 효종은 백성들의 고충을 살필 줄 아는 왕이었습니다. 서산과 태안의 철물·소금 생산자에게 부과되던 세금을 탕감해 주어 생산을 계속할 수 있게 한 적도 있습니다.

군사력 강화 역시 추진되었습니다. 성을 수리하고 임진왜란 때 도입된 속오군을 지휘할 장수를 각 지방에 파견했습니다. 효종 4년인 1653년에는 제주에 네덜란드인 하멜이 표류해 오자 그를 훈련도감에 배속시키고 조총을 제작하게 했습니다. 그리고 이완과 유혁연 등의 무장을 중용하여 군사력을 강화하는 책임을 맡겼습니다. 그 결과 어느 정도 성과를 거두기도 했습니다. 러시아와의 전투에서 이를 확인할 수 있죠. 당시 동쪽으로 영토를 넓혀 나가던 러시아는 청과 영토 분쟁을 벌였습니다. 이에 청은 1654년과 1658년, 두 차례에 걸쳐 조선에 지원군을 요청했습니다. 지원군으로 파견된 조선군은 러시아군에 승리를 거두었습니다. 비록 전면적인 전쟁은 아니었지만 이를 통해 강화된 군사력을 확인할 수 있었습니다.

하지만 효종의 북벌은 실제로 이루어지지 않았습니다. 당시 전성기를 누리고 있던 청을 상대해서 전쟁을 일으키는 것은 화약을 지고 불속으로 뛰어드는 것처럼 무모한 일이었습니다. 게다가 효종의 재위 기간은 겨우 10년으로, 북벌을 실행하기에는 너무 짧은 기간이었죠.

게다가 북벌을 추진하기 위해 효종이 등용한 송시열 등은 입으로만 북벌을 부르짖을 뿐, 대동법의 실시나 군사력 양성 등 실제적인 대책에는 반대하고 나섰습니다. 말로는 북벌을 주장했지만 그들이 내건 북벌의 전제 조건은 터무니없는 것이었습니다. 송시열은 '왕이 성리학을 받들고 사대부를 중용하고 검소한 생활을 하는 것이야말로 가장 중요한 북벌의 전제 조건'이라고 했습니다. 게다가 그들이 북벌을 외치는 이유는 조선 왕실과 백성이 겪은 치욕과 수난에 대한 복수가 아니라 이미 멸망한 명나라를 위한 복수 때문이었습니다. 결국 효종의 갑작스런 죽음과 함께 북벌은 실질적으로 종결되었습니다.

북벌이 실제로 가능한 일이었는지에 대해서는 평가가 엇갈립니다. 1674년부터 1681년까지는 청나라에 '삼번의 난'이 발생한 때였습니다. 꽤 오랜 기간 동안 혼란이 지속되었던 시기였죠. 제대로 준비했다면 이 시기가 북벌의 좋은 기회가 되었을 것이라는 주장도 있긴 합니다. 하지만 실제로 '제대로 된 준비'가 가능했을지는 의문입니다. 백여 년이 지난 후 박지원은 '조선의 양반들이 치욕을 씻기 위해 북벌을 다짐하고도

무를 천시하는 점, 병력을 양성하지 않는 점, 전쟁에 필요한 물자를 조달하지 않는 점, 당쟁에 여념이 없고 음모로써 상대 정파를 죽이고 학살하는 점을 볼 때 북벌론은 의미 없는 말장난에 불과하다.'라고 비판했습니다.

결국 조선이 취했어야 할 길은 부국강병을 위한 실질적인 길이었습니다. 북벌을 주장하든 개방을 주장하든 그 목적은 부국강병이었어야 한다는 것이죠. 부국강병, 그것 없이는 북벌도 나라를 지키는 것도 불가능한 일이었기 때문입니다.

●●●● 동아시아의 역사는 정화 함대의 대항해가 중단되면서 바뀌었다

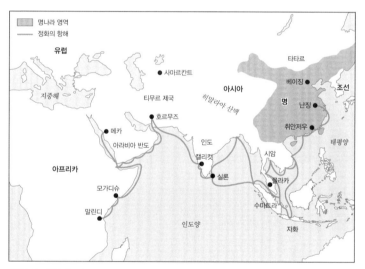

정화의 대항해 경로

명나라 정화의 대항해는 62척의 배와 2만8천 명가량의 인원으로 시작된 1405년의 1차 항해 이후, 1433년까지 일곱 차례에 걸쳐 이루어졌다. 인도와 아라비아는 물론 아프리카까지 나아갈 정도로 정화의 대항해는 거침이 없었다. 6차 원정에서는 아메리카 대륙까지 진출했다는 주장도 있다. 콜럼버스가 아메리카에 도착한 것이 1492년이니 그보다 거의 백 년이나 앞선 것이다. 정화 함대의 배는 길이가 140미터, 폭이 60미터였 다고 한다. 반면에 콜럼버스의 배는 길이가 23미터, 폭은 7.5미터였다. 당시 동아시아의 기술력이 얼마나 대단했는지를 알 수 있다. 하지만 이 후 명나라는 국력 소모를 이유로 해금 정책을 폈다. 바닷길을 막아 버린 것이다. 동아시아의 바닷길 개척은 중단되었다. 이는 세계 역사의 중요 한 분기점이다. 이후 바다는 시기적으로도 늦었고 기술적으로도 보잘 것 없었던 유럽 열강이 장악한다.

6_ 노론, 조선의 권력을 틀어쥐다

효종 사후 예상치 못한 논쟁이 벌어졌습니다. 효종 사망 당시 인조의 계비 자의대비가 살아 있었는데, 효종보다 어린 나이었죠. 이 자의대비가 효종의 국상에 몇 년간 복상(상복을 입는 일)을 해야 하는지가 쟁점이었습니다. 나이는 어리지만 어머니이기도 한 대비가 상복을 몇 년 입어야 하냐는 것입니다.

지금의 기준으로 보면 쓸데없어 보이는 논쟁이죠. 그런데 당시의 기준에서는 중요한 문제였습니다. 게다가 이 논쟁은 왕과 신하와의 관계를 집권당인 서인이 어떻게 보고 있는지를 적나라하게 드러내기 때문에 알아 둘 필요가 있습니다.

송시열을 중심으로 하는 서인은 1년 복을 주장했습니다. 이 말은 1년

간만 상복을 입어야 한다는 뜻입니다. 효종이 장자가 아닌 차자라는 이유를 들어서입니다. 하지만 윤휴가 중심이 된 남인은 다른 주장을 했습니다. 장자가 사망한 상황에서 적장자의 자리를 이어받은 효종은 장자와 동일한 대우를 받아야 한다고 말이죠. 게다가 효종은 국왕이었습니다. 차자였다는 이유만으로 국왕이 일반 사대부와 동일한 대접을 받는다면 효종 즉위의 정당성은 부정되는 것이라고 보았습니다. 이들은 중국의 옛 관례에 따른 3년 복을 주장했습니다. 하지만 1년 복을 주장한 송시열 등 서인의 힘을 이길 수는 없었습니다. 복상에 있어서 장자와 차자의 구분을 두지 않은 《경국대전》의 조항을 근거로 든 송시열 등에 의해 자의대비의 복상 기간은 1년으로 결론이 났습니다. 이것이 1차 예송 논쟁인 '기해예송'입니다.

하지만 15년 뒤인 1674년에 문제가 다시 불거졌습니다. 효종의 왕비이자 효종의 뒤를 이은 현종의 어머니인 인선왕후가 사망한 것입니다. 이때도 여전히 자의대비는 살아 있었습니다. 자의대비 입장에서는 며느리가 죽은 것이죠. 서인의 주장대로 자의대비의 복상 기간은 9개월로 결정되었습니다. 그러나 한 유생의 강력한 항의성 상소로 인해 논란이 다시 불붙었습니다.

《경국대전》에 따르면 아들의 경우는 장자와 차자를 구분하지 않고 복상 기간이 1년입니다. 반면에 며느리의 경우는 장자의 경우 1년, 차자의 경우는 9개월로 구분됩니다. 서인이 9개월 간의 복상을 주장했다는 것은 다시 말해 효종을 일반 사대부와 같이 차자로 취급했다는 것입니다. 이로 인해 15년 전 기해예송 때 자의대비의 복상을 1년으로 밀어붙였던 서인들의 주장까지 다시 문제가 되었습니다. 효종을 차자로 취급했으면서도 아닌 척한 게 들통난 것입니다. 이것이 2차 예송 논쟁인 '갑인예송'입니다. 서인들이 효종의 정통을 부정했다는 것을 마침내 인식하게 된 현종은 서인들을 몰아내고 남인을 대거 등용했습니다. 이로써 두 차례에 걸친 예송 논쟁은 남인들의 승리로 귀결되었습니다.

예송 논쟁은 이로써 일단락되었지만 그 영향은 자못 심각한 것이었습니다. 인조반정 이후 서인들은 조선의 국왕을 이미 사라진 명나라의 황제에 충성을 바쳐야 하는 제1사대부에 불과한 존재로 낮춰 보고 있었습니다. 이에 반해 남인은 국왕이 사대부와는 다른 신분임을 인정하고자 했습니다. 따라서 두 차례에 걸친 예송 논쟁은 단순히 논쟁에서 그치는 것이 아니었습니다. 이는 조선의 국왕을 그저 명에 충성하는 사대부의 대표 정도로 취급하는 서인의 민낯이 완벽하게 드러나는 과정이었습니다.

그런데 예송 논쟁 한 달여 후 현종이 급사했습니다. 몇 번이나 반복된 왕의 급작스러운 죽음이 또 발생한 것입니다. 그리고 그 뒤를 이어 숙종이 열세 살의 어린 나이로 왕위에 올랐습니다. 일시적으로 정권을 잡은 남인과 다시 권력을 쥐려는 서인은 갈수록 날을 세웠습니다. 더욱이 숙종이 당쟁을 자신의 권력 강화 수단으로 활용하면서 이들의 권력 투쟁은 도를 더해 갔습니다.

숙종은 45년 10개월 동안 왕위를 지킨 왕입니다. 영조의 51년 7개월에 이어 두 번째로 재위 기간이 길죠. 숙종은 강력한 왕권을 휘둘렀다고 합니다. 그러나 당쟁을 현실적인 정책 논쟁으로 유도하는 대신 자신의 권력을 강화하기 위한 수단으로 만든 왕이기도 합니다. 집권 당파의 세력이 커지면 인위적으로 정국을 뒤집어, 반대 당파에 정권을 주는 방식으로 권력을 유지한 것입니다. 이런 숙종의 정치 형태를 '환국(換局) 정치'라고 합니다. 환국이란 정세를 뒤바꾼다는 뜻입니다. 숙종의 환국 정치에 이용된 주요 수단은 역모 사건 만들기입니다. 때로는 미인계가 동원되기도 했죠. 우리가 잘 알고 있는 장희빈이 대표적인 사례입니다. 숙종의 변덕으로 하루가 멀다 하고 벌어진 환국 과정에서 숱한 피가 뿌려졌습니다. 권력을 잃은 상대 당파에 대해 잘잘못을 따지지도 않고 무자비한 복수가 자행되었기 때문이죠. 이것이 숙종 시대 왕권 강화의 실체였습니다.

숙종 6년인 1680년에 벌어졌던 '경신환국'으로 서인은 남인을 몰아내고 다시 집권했습니다. 서인 지도층은 조작까지 서슴지 않았고, 무리하게 옥사(獄事)를 키워 백여 명의 희생자를 냈습니다. 이 지나친 행위에 젊은 서인들까지 반발할 정도였습니다. 하지만 서인의 원로이자 영수였던 송시열은 당 수뇌부를 비호했죠. 젊은 서인들은 다시 송시열에 분노했습니다. 이로 인해 서인은 노론과 소론으로 갈리게 되었습니다. 말하자면 송시열을 우두머리로 한 서인 본류가 노론이 되고, 그에 반한 이들이 소론이 된 것입니다.

1689년에 벌어진 '기사환국'은 남인 가문에서 지지하는 장희빈이 낳은 아들(훗날의 경종)을 세자로 책봉하는 문제로 인해 벌어진 사건입니다. 이를 비판하던 송시열 등은 사사(賜死)됐고 서인이 내쳐지자 남인이 집권했습니다. 이때 왕비였던 인현왕후가 폐출되기까지 했죠. 하지만 남인의 집권은 이번에도 오래 가지 않았습니다.

장희빈에 대한 숙종의 애정이 노론 측인 숙빈 최 씨에게 옮아가자 서인이 재집권하는 '갑술환국'이 일어난 것입니다. 1694년의 일입니다. 그리고 장희빈은 7년 뒤 사사됩니다. 하지만 죽은 장희빈이 낳은 세자를 두고 정국이 한바탕 소용돌이에 휩싸이게 되었습니다. 이때 세자를 지지한 세력이 소론이고 숙빈 최 씨의 아들인 연잉군(훗날의 영조)을 지지한 것이 노론입니다. 결국 수많은 환국의 와중에 왕실이 당파 싸움의 최전선으로 내몰리게 된 것입니다.

숙종 43년, 숙종이 노론의 영수 이이명과 독대합니다. 사관을 물리치고 왕과 신하가 독대하는 것은 《경국대전》에서 엄격하게 금하는 행위였습니다. 모든 정치 행위는 공개되어야 한다는 원칙 때문이었죠. 왕이 공작 정치나 밀실 정치의 위험으로부터 벗어나 있어야 한다는 것이었습니다. 그래서 조선에서 임금과 신하의 독대는 흔한 일이 아니었습니다. 숙종의 독대는 세자를 몰아내고 연잉군을 세우기 위해서였습니다. 독대 직후 숙종이 세자의 대리청정을 발표한 것이 그 증거입니다. 아무 이유 없이 세자를 몰아내기 어려웠던 숙종과 노론은 대리청정을 활용하기로 했습니다. 세자가 대리청정하면서 문제가 생기면 그것을 빌미로 세자를 폐위하려고 했던 것이죠.

이처럼 환국 정치를 일삼던 숙종이 말년에 노론으로 완전하게 기울면서 조선은 노론이 지배하는 세상으로 변해 갔습니다. 하지만 경종은 왕세자 시절 대리청정을 하면서 특별한 흠을 잡히지 않았습니다. 따라서 1720년에 숙종이 사망하자 왕위를 이을 수 있었죠. 그러나 이미 강고해진 노론의 권력을 어찌할 수는 없었습니다.

경종 즉위 후 노론은 즉시 연잉군의 왕세제 책봉을 추진했습니다. 노론의 계략은 연잉군을 왕세제로 올리는 것으로 끝나지 않았습니다. 연잉군의 대리청정까지 주장하기에 이르렀죠. 특별한 경우가 아니라면 사례도 찾기 어려운 왕세제 책봉에 대리청정까지 요구한 것입니다. 이제 막 즉위한 경종의 나이는 한창 때인 33세였습니다. 결국 그들의 주장은 이복동생 연잉군에게 왕위를 넘기라는 압박과 마찬가지였습니다.

노론의 폭주는 거센 반발을 불러왔습니다. 연잉군의 대리청정을 반대하고 노론을 벌주라는 상소가 잇달아 올라오자 경종이 드디어 노론을 물리치고 소론을 대거 등용했습니다. 이것이 신축환국입니다. 이때가 경종 원년 12월이었죠. 그리고 다음 해, 노론이 경종을 살해하려 했다는 목호룡의 고발이 접수되었습니다. 이로 인해 왕세제 책봉을 주장한 노론 사대신을 포함해 60명에 달하는 사람이 죽음을 당하고 100명 이상이 유배를 가게 되었습니다. 또 한 번의 대규모 정치 보복이 발생한 것입니다. 임인옥사라고 불리는 사건입니다.

그런데 임인옥사 2년 뒤, 경종이 급사했습니다. 연잉군과 노론이 왕을 독살했다는 소문이 파다하게 번졌습니다. 그러나 아무 일도 없었다는 듯 연잉군은 왕위에 올랐습니다. 그가 바로 조선의 제21대 임금 영조입니다.

07

개혁을 향한
몸부림

1_ 김육의 대동법, 조선의 경제를 바꾸다

조선의 왕과 신하들은 17세기 내내 정치권력을 둘러싸고 인조반정·예송 논쟁·환국 정치 등 백성들의 생활과 무관한 수많은 사건을 벌였습니다. 한편 그 와중에도 조선 사회의 밑바닥에서는 경제생활과 신분제의 변동이 급격하게 벌어지고 있었습니다. 16세기 말, 임진왜란을 기점으로 전개된 이런 급격한 변화는 조선 사회의 성격을 근본적으로 바꿀 수도 있는 강력한 힘을 가지고 있었습니다. 그리고 그 변화의 계기는 광해군이 즉위한 1608년에 실시된 '대동법'이었습니다.

앞서 본 대로 대동법이란 특산물로 납부하던 '공물(공납으로 바치는 물품)'을 쌀로 단일화하고, 그 기준 역시 호구 단위가 아닌 토지 면적으로 바꾸는 것이었습니다. 유성룡이 임진왜란 당시 관철시켰지만 임진왜란 후

사대부들이 없애 버린 작미법이 대동법이라는 이름으로 되살아난 것입니다.

농업 사회인 조선에서 토지와 농사를 지어 살아가는 양민, 즉 자영농의 존재는 나라의 존립을 좌우하는 중요한 요소였습니다. 토지를 늘려 생산을 확대하고 양민을 늘려 세금을 제대로 거두는 것만이 왕조를 유지할 수 있는 조건이었습니다. 조선 초 세종은 "백성은 나라의 근본인데 백성은 먹는 것을 하늘로 삼는다."고 말할 정도였죠.

하지만 당시 조선의 상황은 거꾸로 가고 있었습니다. 임진왜란과 두 번의 호란을 거듭하며 토지는 황폐해졌고 세금을 낼 수 있는 양민의 숫자 역시 급격하게 감소하였습니다. 정상적인 경우라면 생산물의 10분의 1을 납부하는 전세, 즉 토지세가 국가 재정의 중요한 수단이 되어야 했습니다. 고려의 전시과, 조선의 과전법은 모두 이 전세를 중심으로 한 토지제도였죠. 그런데 이 토지제도가 무너져 버린 것입니다. 게다가 당시 국가 재정의 60퍼센트 이상을 차지할 만큼 비중이 컸던 공납의 폐해 역시 이루 말할 수 없었습니다. 공납이란 지역 특산물을 바치는 제도입니다. 특산물이란 이름 그대로 특정 지역에서만 나는 귀한 물품으로, 벼나 보리처럼 대량생산될 수 없는 것입니다.

조선 초기에는 토지 생산물에 대한 세금인 전세가 재정의 중심이었습니다. 그런데 임진왜란 이후에 와서는 공납의 비중이 비정상적으로 커져 버렸습니다. 토지와 그 생산물이 아닌 특산물에 대한 부담이 늘어나는 것은 어떤 사회에서든 말기적인 현상입니다. 그럼에도 불구하고 안타깝게도 공물을 둘러싸고 벌어지는 추태는 점점 도를 더해 갔습니다.

심지어 농민들이 공물을 직접 납부하지 못하게 하고 대신 납품하는 방납업자까지 생겨났습니다. '방납(防納)'이란 말 자체가 '공물 납부를 막는다.'는 뜻입니다. 관리와 양반사대부의 비호 없이는 불가능한 일이죠. 또 수령들이 방납업자와 짜고 공물의 등급을 낮게 매기는 현상도 공공연하게 일어났습니다. 지역에서 나지도 않는 특산물을 요구하기도 했습니다. 게다가 부유한 양반들과 가난한 농민, 또는 마을의 규모가 크고 작음을 구분하지 않고 동일한 분량의 공물이 부과됐죠. 방납업자는 자신이 대신 납품했다는 것을 이유로 농민들에게 수십 배의 대가를 받아 챙기곤 했습니다. 공물 납부를 빌미로 지방 유력자인 사대부들과 지방관, 방납업자가 한통속으로 뭉쳐 저지르는 부패가 당시 조선의 가장 큰 문제였습니다.

이런 상황에서 대동법이 실시된 것입니다. 대동법의 첫 시행에 결정적인 역할을 한 이는 광해군이 즉위할 당시 영의정으로 등용된 이원익

이었습니다. 그는 대동법의 실시를 주장하며 그 이유를 이렇게 들었습니다. '각 고을에서 진상하는 공물이 방납인들에 의해 중간에서 막혀, 물건 하나의 가격이 수 배 또는 수십 배, 수백 배가 되어 그 폐단이 이미 고질화'되었기 때문이라는 것이었죠. 공납의 폐단을 정확하게 지적한 것입니다. 결국 이원익의 주장대로 경기도에 대동법이 실시되었습니다. 자신의 이익만을 챙기던 양반사대부의 반발도 대동법을 실시하는 것

이원익(문화재청)

을 막지는 못하였습니다.

　물론 당시의 대동법은 여러 한계를 가지고 있었습니다. 우선 양반사대부들의 반발로 경기도에 한해 실시되었습니다. 당시 경기도의 경우 공물이 부과되는 토지의 면적이 전란 이전의 3분의 1에 미치지 못하는 상황이었습니다. 거듭된 전란으로 인해 조선 전역에 황폐해진 토지가 많았던 데다, 전쟁 후 토지조사가 미처 진행되지 않아 생겨난 현상이었죠. 하지만 이런 한계에도 불구하고 대동법은 농민들의 절대적인 지지를 받았습니다. 따라서 대동법의 전국적 실시는 피하기 어려운 시대적 과제가 되었습니다. 그중에서도 핵심 지역은 곡창 지대인 '하삼도' 즉 충청도·전라도·경상도였습니다. 조선의 경제력이 집중된 지역이었죠. 무너진 토지제도와 공납의 부담이 집중된 지역이기도 했습니다.

　대동법의 전국적 실시에 가장 결정적인 역할을 한 인물이 바로 김육입니다. 김육은 관료가 된 후 줄곧 농촌 경제 안정과 농민 생활 향상에 몰두했습니다. 10대에 임진왜란을 겪은 김육은 본격적으로 관료 생활을 시작한 40대에 정묘호란과 병자호란까지 겪었습니다. 대부분의 인물이 명분을 부르짖으며 현실과 동떨어진 문제에 집착하고 있던 당시, 김육은 현실적 시각을 지닌 몇 안 되는 인물 중 한 사람이었습니다. 김육은 농민 생활의 안정을 도모하고 국가 재정을 튼튼하게 하는 것만이 나라를 유지할 수 있는 길이라고 보았습니다.

　1649년에 즉위한 효종은 그해, 김육을 우의정으로 등용했습니다. 이에 그는 충청도와 전라도 지역의 대동법 시행을 조건으로 내걸었습니다. 경기도에 대동법을 실시한 것이 1608년입니다. 인조 원년인 1623년에는 강원도에서도 실시되었지만 핵심 지역인 충청도·전라도·경상도 지역은 그 대상에서 벗어나 있었죠. 효종이 즉위한 당시도 농민이 고향을 버리고 떠도는 건 여전했습니다. 호구를 파악할 수도 없고 세금을 매길 수도 없는 비상 상황이 계속되고 있었다는 이야기죠. 이전부터 김육은 대동법 실시를 주장하며 "가난한 농민은 다 도망가서 …(중략)… 타향에 떨어져 남의 땅을 빌려 먹고 사는 자가 얼마입니까? 지금 고을마다 타향에서 온 소작인이 태반을 차지하고 있는데 나라 전체가 다 그렇습니다."라고 현실을 개탄해 왔습니다. 이처럼 여러 차례 대동법의 확대를 주장해 왔던 김육이 드디어 자신의 생각을 실행에 옮길 기회를 가지게 된 것입니다.

그런데 당시 양반사대부를 좌지우지하고 있던 김집·송시열·송준길 등이 이를 반대했습니다. 대동법이 기존의 관습에 어긋나 모든 사람이 불편해 한다는 것입니다. 이들은 대동법을 반대하는 것에 그치지 않았습니다. 호패법을 강화해서 농민이 다른 지역에 도망가서 살 수 없게 만들려고 했습니다. 농민들의 고통은 무시하고 통제는 더욱 강화해야

대동법 시행 기념비 | 충청감사로 있던 김육이 충청도에 대동법을 시행하고 난 후 효종의 명에 의해 세운 기념비로 경기도 평택에 있다.

한다고 주장한 것입니다. 하지만 '불편해 하는 사람은 방납 모리배뿐'이라는 김육의 말대로 공납의 폐해를 이용해 축재를 일삼던 자들 외에는 모든 사람들이 대동법을 찬성하고 있었죠. 김육의 주장을 효종이 받아들인 결과, 1651년 충청도에서도 대동법이 시행되었습니다. 대동법이 최초로 시행된 후 43년이 지나서야 비로소 진정한 대동법의 시대가 열리게 된 것입니다.

1658년에 전라도 연안 지역까지 확대된 대동법은 현종 때는 전라도 내륙 지역에 이어 함경도로 확대되었습니다. 숙종 3년인 1677년에는 경상도에서도 대동법이 실시됩니다. 마지막으로 1708년, 숙종 34년에 황해도에서 대동법이 시행됨으로써 무려 백 년 만에 대동법이 전국에 적용되었습니다.

대동법 실시로 부담이 줄자 농민들이 부를 축적할 수 있는 여지가 많아졌습니다. 공납 즉 특산물 납부에 대한 부담이 덜어지자 일반 곡물 생산에 대한 욕구가 높아졌습니다. 그리고 땅이 많을수록 부를 축적할 가능성도 더 많아졌습니다. 그런 이유로 대동법의 실시는 전란 이후 황폐해진 토지가 적극적으로 개간되는 계기로도 작용했습니다. 더불어 '광작'이 성행하게 됩니다. 광작이란 요즘 말로 하면 경영형 부농이란 말인데, 농사를 지을 때 임금노동자를 고용하고 발전된 생산기술을 활용해서 넓은 토지를 경작하는 것을 말합니다. 광작이 성행하게 된 것은 대동법에 힘입은 바가 큽니다. 더 넓은 땅에 농사를 지으면 더 많은 이익을 낼 수 있는 제도적 기반을 마련해 주었기 때문입니다. 조선 후기에 성행하기 시작한 이앙법(모내기) 등 새로운 농사 기술도 광작을 뒷받침했죠. 또한 모내기는 벼와 보리의 이모작을 가능하게 했습니다. 모판에 벼의 모종을 기르는 동안 논에서 보리를 기를 수 있게 되었기 때문이죠. 정조 말기인 18세기 후반에 저수지의 개수가 6천여 개에 이를 정도로 많아진 것도 토지가 늘어난 데다 광범위하게 퍼진 모내기에 필요한 물을 저장하기 위해서였습니다.

대동법의 영향은 농업 생산력을 높이는 것에 그치지 않았습니다. 공납 물품이 수천 가지나 된다는 이야기는 이미 여러 번 했습니다. 게다가 각종 관청이나 왕실에서 사용하는 물건들인 만큼 그 규모가 대단했죠. 이것을 쌀로 납부하게 했으니 그 물건들을 사서 대신 납품하는 사람들이 필요해졌습니다. 이런 사람을 '공인'이라고 합니다. 공인이 활약하기 위해서는 '장시(시장)'가 필요하겠죠? 물건을 살 수 있는 곳이 있어야 하니까요. 18세기 중반 전국의 장시는 무려 천여 개 소나 되었다고 합니다. 지역 간에도 이런 물품들이 활발하게 거래됐습니다. 당연히 넓은 지역을 왕래하며 상업에 몰두하는 사람들이 늘어났죠. 거래와 왕래가 늘어나면 운송 수단에 대한 요구가 늘어나게 됩니다. 그동안 별로 사용되지 않았던 수레 제작이 늘어나는 것도 이 시기의 특징입니다.

또 왕실과 기관의 수요를 맞추기 위해서는 물품을 제때 확보해야 했기 때문에, 직접 생산할 필요가 발생하게 되었습니다. 공인들은 수공업자를 고용해서 미리 돈을 지급하고 물건을 생산하기도 했습니다. 마치 공장처럼 말이죠. 이 외에도 상업망이 늘어나면서 인삼·과일·담배·약재 등의 특용작물이 상업용으로 많이 재배되었습니다. 벼와 보리에 비해 이런 작물들은 높은 소득을 올릴 수 있었습니다. 또 상업이 발달하면서 물물교환이나, 쌀이나 베를 대금으로 이용하는 대신 화폐를 사용하는 경우가 많아졌습니다. 따라서 이 시기부터 화폐가 널리 쓰이게 되었습니다. 우리가 잘 알고 있는 상평통보가 바로 이 시기인 1678년에 발행되었습니다.

상평통보(국립중앙박물관) | 조선 후기 유통된 화폐로 대동법의 시행 이후 널리 유통되었다.

서양에서도 자본주의가 본격적으로 발전하기 직전 상업이 활발해지고 농업 생산력이 커졌죠. 그런데 이 시기 조선에서도 비슷한 현상이 일어난 것입니다. 물론 이 모든 것이 대동법 이후에야 나타난 현상은 아닙니다. 하지만 대동법이 실시되고 난 이후 이런 경향이 더욱 촉진된 것은 분명합니다. 그만큼 대동법이 조선 사회에 미친 영향은 크고 넓었습니다.

2_ 늘어나는 양반과 도망하는 노비, 신분제 흔들리다

효종 6년인 1655년, 각 기관에 소속된 공노비 중 도망간 노비를 붙잡아 원래 소속된 곳으로 돌려놓기 위해 전국적으로 '노비 추쇄 사업'을 실시한 적이 있습니다. 노비가 곧 재산이던 시절, 노비의 도망은 곧 재산을 잃는 것과 같았죠. 따라서 공노비든 사노비든 도망간 노비를 잡아들이는 일은 이전에도 빈번하게 있었습니다. 그러나 이때의 사업은 매우 이례적인 일이었습니다. 이처럼 유례없이 거창한 '사업'을 벌인 이유는 만성적인 적자 재정을 메우고, 부족한 군사의 수를 확보하기 위한 것이었습니다. 노비의 무상 노동을 사용하지 못하면 그만큼 재정이 지출되어야 하는 조선 사회 신분제의 일면을 잘 알 수 있는 사례죠. 당시 명부에 등록된 공노비의 숫자는 19만여 명인데 실제로 노역을 제공하는 숫자는 2만7천여 명에 불과했습니다.

하지만 노비 추쇄 사업의 성과는 좋지 않았습니다. 대대적으로 사업을 추진했지만 고작 1만8천여 명의 노비만을 찾아낼 수 있었습니다. 결국 14만여 명의 공노비는 어디론가 숨어 버렸다는 이야기입니다. 그들은 실질적인 양인으로 살아갈 수 있게 된 것입니다.

노비 추쇄 사업과 그 실패는 17세기 이후 조선 사회의 신분제 변동을 단적으로 보여 주는 예입니다. 신분제에 저항하는 움직임이 도망 노비라는 형태로 나타난 것이죠. 그리고 국가체계는 그것을 막을 능력이 없었습니다. 바로 이것이 당시의 현실이었습니다.

그렇다면 신분별 인구 구성은 조선 초기와 비교했을 때 어떻게 변했을까요? 조선 초기에는 전 인구의 3분의 1정도가 공·사노비 신분이었을 것으로 추정하고 있습니다. 하지만 18세기 후반, 정조 시기에 가서는 그 비중이 5퍼센트 내외로 떨어집니다. 양반의 비율도 17세기 중반 숙종 때까지는 10퍼센트가 되지 않았는데 정조 시기에 가면 40퍼센트 정도로 늘어납니다.

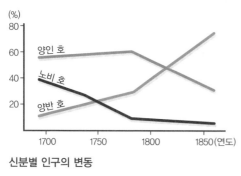

신분별 인구의 변동

대체 왜 이런 일이 벌어진 걸까요? 양인과 노비가 고향을 떠나 유랑하거나 다른 마을로 가서 신분을 속이고 사는 경우가 많았기 때문입니다. 16세기 말 이후 지속된 전란은 이런 현상을 더욱 부추겼습니다.

살던 집과 마을을 버리는 이유는 여러 가지였습니다. 앞서 살펴본 공납의 폐단도 그 이유 중의 하나였지만 군역 역시 중요한 요인이었습니다.

원래 조선은 국민개병제의 나라였습니다. 다시 말해 온 백성이 군역에 참가해야 하는 나라였습니다. 군역에서 빠질 수 있는 사람은 현역 관리인 양반과 나랏일에 노역을 제공하는 사람들뿐이었죠. 그러나 날이 갈수록 문무반뿐 아니라 그 가족과 가문까지도 양반으로 불리게 되면서 군역에서 배제되었습니다. 양반이 현직 관료라는 뜻에서 '특권을 가진 좋은 집안의 사람'이라는 의미로 변질된 것이죠. 다시 말해 지배 신분층을 의미하는 말로 바뀌어 버린 것입니다. 이들은 군역은 물론 공납 물품 배분 등에서 막대한 혜택을 보게 되었죠. 부담을 모두 짊어지게 된 양인과 노비는 무슨 수를 써서라도 양반이 되거나, 도망쳐서 자기를 알아볼 수 없는 곳에 가서 살려고 했습니다.

한편 임진왜란은 신분제를 흔드는 또 다른 계기를 제공했습니다. 물자와 군사를 준비하지 못해 패전을 거듭하던 조선의 입장에서는 양인과 노비를 총동원하는 것만이 유일한 살길이었습니다. 그런 이유로 공을 세우거나 군량을 제공한 노비와 양민들에게 천인의 신분에서 면제해 주거나 양반 신분을 제공해 주는 등의 정책을 썼습니다. 일종의 합법적인 신분 세탁이었죠.

그밖에도 흉년이 들어 온 나라가 굶주림에 시달리는 등의 문제가 발생하면 수시로 신분을 살 수 있는 기회를 제공했습니다. 정상적인 세금 제도를 통해 재정을 확충해 위기를 벗어나는 대신, 신분을 팔아 위기를 모면한 것이죠. 따라서 재산을 모은 사람은 모두 신분 상승을 꾀하게 되었습니다. 전 재산을 털어서라도 양반이 되기만 하면 군역의 의무를 지지 않게 되니 그럴 수밖에 없었죠. 대동법의 실시 전후 경제가 발전하면서 이러한 경향은 더욱 강화되었습니다.

양반은 급격하게 늘어나는데, 양민과 노비는 줄어드는 조선. 이제 조선은 지금까지의 조선과는 다른 사회로 변화하게 되었습니다. 그 결과 다음과 같은 일들이 벌어지게 되었죠. 우선 양반이 양극화되는 현상을 들 수 있습니다. 전통적인 양반 계층 중 생활 능력 없이 글 읽는 것만 재주로 알던 사람들은 자신들의 족보를 팔아서라도 생계를 유지해야 하는 지경이 되었습니다. 당쟁 과정에서 기반을 잃은 세력 중 이런 부류가 많았죠. 반면에 권력을 쥐고 토지를 지속적으로 늘린 일부 양반들은 늘어난 생산력을 기반으로 어마어마한 부를 축적했습니다.

특히 대동법 실시 이후 공물 대신 납부된 쌀과 왕실이나 관청에 납부하던 물품의 거래가 집중되었던 서울·경기 지방에 재벌 규모의 가문이 생겨났습니다. 이들은 막대한 부를 기반으로 조선 후기 권력투쟁에 뛰어들었습니다. 이렇게 숙종 말년에 권력을 완전히 장악한 노론은 영·정조 시대를 지나면서 세도정치의 당사자가 됩니다.

다음으로 중인과 양인들 중에서도 부를 쌓은 사람들이 생겨났습니다. 장사에 재주를 발휘하거나 광작을 한 사람들은 앞서 말한 대로 양반 신분을 얻어 군역의 부담에서 벗어나 재산을 모았죠. 특히 전문 기술을 바탕으로 하급 관리직을 수행하던 중인들 중에서 이런 사람들이 많이 나왔습니다. 이들은 몰락한 양반보다 훨씬 현실적인 힘을 가진 집단이 되었습니다. 그중 대표적인 예가 장현이라는 사람입니다. 역관의 신분으로 청 및 일본과의 삼각무역에 종사했던 장현은 엄청난 돈을 벌어들여 당대의 갑부라는 소리를 들었다고 합니다. 조선 사회에서 별 대접을 받지 못하던 역관이라는 신분이 무역을 하는 데는 오히려 큰 도움이 되었던 것입니다. 그의 사촌형 장형 역시 역관이었는데, 이 사람이 바로 장희빈의 아버지입니다. 역관 집안에서 태어나 왕비에 오른 이는 장희빈이 전무후무합니다.

반면 전 재산을 털어 겨우 양반을 산 정도이거나, 그런 능력도 없는 사람들은 대부분 소작농이 되었습니다. 그것도 아니면 땅을 잃고 고향을 떠나 임금노동자로서 일하는 신세가 되었죠. 노비 신세를 벗어난 사람들 역시 극소수를 제외하고는 이와 비슷한 길을 걸었습니다.

결과적으로 경제 발전의 혜택을 입은 소수의 양반·중인·양인은 막대한 부를 끌어모을 수 있었던 반면, 나머지는 평생 가난을 벗어날 수 없었던 것입니다. 가난한 백성들에게 대가를 받고 면천을 해 주거나 명목뿐인 양반 노릇을 할 수 있게 해 준 것이 그 모순을 키웠습니다. 그 과정에서 대부분의 사람들이 그나마 가지고 있던 재산조차 다

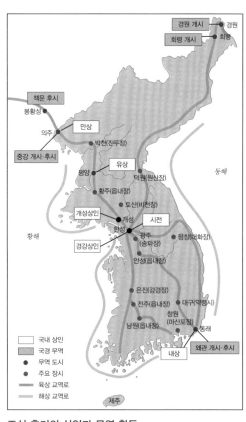

조선 후기의 상업과 무역 활동

날렸으니 말입니다. 게다가 양인의 수가 계속 줄어드니 국가 재정은 악순환을 거듭할 수밖에 없었습니다. 특권을 누리던 권세 있고 부유한 자들에게 부담을 분담시키지 못한 결과라고 봐야겠죠.

신분제가 흔들리고 양극화되어 가는 사회, 이것이 대동법 실시 전후 조선 사회의 모습이었습니다.

3_ 실학, 조선 개혁의 방향을 제시하다

격동하는 사회에는 수많은 사상가들이 등장하게 마련입니다. 중국에서는 춘추전국 시대에, 유럽에서는 중세에서 근대로 넘어가는 시기에 온갖 사상이 등장하여 논쟁했습니다. 한 사상의 발전과 실천은 또 다른 사상을 낳는 바탕이 되기도 했죠. 사회 변화가 극심하게 진행되고 있던 17-18세기의 조선도 비슷했습니다. 청나라를 통해 선진 문물 및 서학(천주교) 등이 알려지면서 기존의 성리학에 반기를 든 새로운 학문이 등장하기 시작했습니다. 그 대표적인 학문이 바로 실학입니다.

성리학은 12세기에 남송의 주자가 집대성한 유학의 한 흐름입니다. 유학은 어떻게 하면 어지러운 세상에 질서를 가져오고 세상을 조화롭게 만들 수 있을 것인지를 연구하는 학문이었습니다. 주자는 이런 유학의 가르침 중에서 예를 기반으로 하는 가족 중심의 혈연 공동체 윤리 규범과 국가 중심의 사회 공동체 윤리 규범을 제시하게 됩니다. 사회 윤리인 예를 강조하며 사람의 본성을 탐구하는 학문인 성리학은 도교와 불교를 실질이 없는 공허한 논리라며 배척했습니다. 공동체의 윤리 규범을 무너뜨리는 것으로 본 것입니다. 이 성리학을 받아들인 신진사대부들이 조선 왕조 수립에 참여하면서 조선은 유학을 숭상하고 불교를 억압하는 '숭유억불'의 나라가 되었습니다. 고려 말부터 조선 건국 초기에 이르는 동안 성리학자들은 향촌 공동체를 유지하기 위해 토지제도를 개선하는 등 현실적이고 개혁적인 모습을 보이기도 했습니다. 하지만 조선 중기 이후 사림파가 권력의 중심에 서게 되면서 성리학은 기존 질서만을 강조하는 경향을 나타냅니다. 양반사대부를 정점으로 하는 신분 질서의 유지에 집착하기 시작한 것이죠.

사림파는 조선 왕조 개창에 반대했던 고려 말 온건파 성리학자들의 후예입니다. 권력을 잡은 후부터 그들은 기존 신분 질서를 유지하는 데 필요한 예의·명분·의리 등에 지나치게 집착해, 실질적인 세상의 문제를 해결하는 데는 별 관심을 주지 않았습니다. 조선 초기의 개혁적인 모습을 완전히 벗어던진 것입니다. 그런 자세가 국제 관계에도 그대로 반영되었습니다. 명에 대한 도를 벗어난 사대가 단적인 예입니다. 내부적으로는 사농공상이라는 엄격한 신분 질서 유지에 대한 집착으로 나타났습니다. 게다가 성리학에서 조금이라도 벗어난 논리에 대해서는 사문난적이라고 비난을 퍼부어 죽음으로 몰고 갔습니다.

하지만 임진왜란과 병자호란을 거치면서 성리학에 집착한 왕실과 권력층의 무능력하고 파렴치한 모습이 잇따라 드러났습니다. 권력을 쥐락

펴락하던 그들이 정작 나라가 위기에 처하자 주어진 자리에 걸맞은 책임을 다하지 않았던 것이죠. 그런데도 그들은 자신들의 이익을 지키기 위해 기존 질서에 매달렸습니다. 그 질서를 유지하기 위한 수단이 바로 '예'를 강조하는 것이었고 그 극단적인 사례가 바로 앞서 살펴본 현종 때의 '예송 논쟁'입니다.

실학은 이에 대한 반성에서 출발한 학문이었습니다. 따라서 실학은 현실을 직시하고 사회 문제를 해결하는 실질적 대안을 찾는 학문이라고 말할 수 있습니다. 이들은 성리학의 관심 밖이던 사회·경제·정치 각 분야에 대한 연구를 통해 세상에 실질적으로 도움이 되는 학문을 하고자 했습니다. 그래서 이를 '실학'이라고 하죠. 실학자들은 청나라를 현실로 인정하고, 청나라를 통해 전해지는 선진 문물과 과학기술, 학문에 대해 개방적인 태도를 취했습니다. 조선 후기에 양명학·서학·고증학 등이 널리 퍼지게 된 것은 실학자들이 가진 개방성과 실용성의 증거라고 볼 수 있습니다.

이러한 점을 특징으로 하는 실학은 남인은 물론, 노론 가문이지만 조선의 현실을 걱정하는 사람들 사이에서도 수용되어 널리 퍼졌습니다. 따라서 실학이라고 통칭되기는 하지만, 사실 실학이라는 학문 안에는 다양한 흐름이 포함되어 있습니다. 이를 대표적인 두 학파로 나누면 다음과 같습니다. 하나는 '경세치용' 학파이고 또 다른 하나는 '이용후생' 학파입니다.

17–18세기 경제생활과 신분제에서 조선 사회의 큰 변화가 벌어지고 있었다는 것은 앞에서 이야기했습니다. 농업 생산력이 늘어났고 수공업과 상업이 발전했으며, 신분제는 무너지고 있었지만 빈부의 격차가 심

하게 벌어지고 있었죠.

경세치용 학파는 그중 농촌 문제에 관심을 갖고 농업 개혁을 주장한 학자들을 이르는 말입니다. 이들 중에는 권력에서 밀려나 농촌에 살면서 농촌의 실상을 깊이 들여다본 남인 출신들이 많습니다. 유형원·이익·정약용 등이 대표적인 경세치용 학파입니다. 사실 이들의 저지는 일반 백성들과 별반 다르지 않았습니다. 이익이 자신을 가리켜 '가난이 날로 심해져 송곳을 꽂을 땅도 없는 지경'이라고 말할 정도였습니다.

다산 초당 | 정조 사후 신유사옥에 연루되어 정약용이 유배 생활을 한 곳으로 전남 강진에 있다. 《목민심서》 등을 저술하여 자신의 실학을 집대성한 곳이다.

농촌의 궁핍한 생활을 경험한 이들은 농민들이 어려운 생활을 하게 된 이유가 토지 소유의 불균형 때문이라고 보았습니다. 따라서 토지 소유를 제한하거나 재분배해야 한다고 했죠. 마을 단위로 토지를 공동 경작하여 나눠 갖고 그중 일부를 세금으로 납부하는 방안을 제시하기도 했습니다. 경세치용 학파는 조선 사회의 가장 커다란 문제가 농촌 사회의 붕괴 때문이라고 보고, 이를 해결하기 위해서는 자영농을 양성해서 농촌을 재건해야 한다고 생각했습니다.

반면 흔히 '북학파'라고도 하는 이용후생 학파는 집권 노론 출신들이 많았습니다. 권력층에 가까운 사람들이다 보니 아무래도 다른 나라를 경험할 기회가 많았겠죠. 북학파의 대표적 인물인 박지원이 청나라 방문 후《열하일기》를 짓고 열렬한 실학자가 된 것처럼, 북학파의 중요 인물들인 박제가나 홍대용 역시 청나라에 가서 신문물을 접한 적이 있습니다. 조선과 달리 새로운 문물로 활기가 넘치는 청나라를 보면서 조선의 개혁이 반드시 필요하다는 것을 깨닫게 된 것입니다. 이런 경험을 통해 이들은 상업·공업·기술의 발전에 주목하게 되었죠. 이들은 상공업이 발전하기 위해서는 과학기술이 필요하고, 수레나 선박 같은 운송 수단을 늘려야 한다고 했습니다. 화폐의 사용 역시 상거래에 꼭 필요한 요소로 꼽았죠. 특히 북학파는 서양 문물을 적극 도입해서 조선이 부국강병으로 가는 길을 열어야 한다고 했습니다.

이런 차이에도 불구하고 그들의 주장이 서로 모순되는 것은 아닙니다. 각자의 입장에서 조선 개혁의 방향을 제시했을 뿐이죠. 예를 들어 정약용은 주교(배다리)를 설치하고, 화성(수원성)을 설계하고, 거중기를 제작하는 등 과학기술에 대한 관심을 놓지 않았죠. 또 북학파와 마찬가지로 상공업의 중요성을 인정했습니다. 농업 문제의 해결과 상공업의 발전이 동시에 필요한 것으로 인식한 것입니다.

따라서 우리는 그들의 차이보다는 그들이 공통적으로 지향했던 것이 무엇이었는지를 알아야 할 필요가 있습니다. 당시 실학자들은 급격한 변화의 시기를 맞이해 근본적 개혁이 필요하다는 점을 예외 없이 인정했습니다. 다시 말해 실학자들은 누구나 할 것 없이 양반 문벌제도와 노비 제도로 대표되는 신분제의 모순을 지적했습니다. 그리고 실용적인 정책 연구 대신 성리학적인 소양만을 중시하는 과거제 등이 조선을 망치는 요인이라고 보았습니다. 이와 같은 의식에서 신분제와 인재 등용

방법의 철폐 또는 개선을 주장했습니다.

박지원의 《열하일기》 여행 경로 | 박지원이 청나라를 여행한 후 지은 책이다. 유명한 〈호질〉, 〈허생전〉 등이 실려 있으며, 당시의 사회 문제를 제대로 꼬집고 있다.

 정약용은 농사를 짓지 않는 사람은 토지를 소유하지 말아야 한다고까지 했습니다. 또 양반사대부들이 이용후생을 위한 기술 연구에 종사하는 것을 높이 평가했습니다. 말하자면 사농공상의 차별을 두지 말고, 직업 간에 불평등을 없애자는 것이었습니다. 박지원은 〈양반전〉·〈허생전〉·〈호질〉 등의 소설을 통해 신분 질서에 얽매인 양반층을 비판했습니다. 또 상공업의 중요성을 강조했죠. 박제가는 '양반도 일을 해야 하며 놀고먹는 자는 처벌해야 한다.'라거나 '장사와 교역에 양반사대부들이 참가해야 한다.'며 당시로서는 파격적인 주장을 하기도 했습니다. 이처럼 실학자들은 농업 생산력 증대와 농촌 개혁, 상공업과 기술의 발전을 위해 조선의 시스템을 개혁해야 한다고 생각했습니다. 이는 백성들의 안정적인 경제생활을 위해서도 반드시 필요한 조치였습니다.

●●● 세계에 대한 인식을 넓혀준 마테오 리치의 〈곤여만국전도〉

1602년에 이탈리아인 예수회 선교사 마테오 리치와 명나라 관리 이지조가 베이징에서 제작한 것을 1708년(숙종 34년) 조선에서 모사한 서양식 세계지도이다. 이 지도를 보면 오스트레일리아와 남극이 분리되지 않았고 남북 아메리카도 상당히 부정확하다는 것을 알 수 있다. 한국에 대해서는 정보의 부족으로 간단하게 처리되어 있다. 하지만 〈곤여만국전도〉는 당시 중국·한국 등 동양의 지식인에게 서양의 지리학과 지도 제작 수준, 서양 세계에 대한 정확한 정보, 지구 구체설(球體說) 등을 알리는 데 큰 역할을 하였다. 그 외에 지도의 여백에는 적도·북반구·남반구, 천체의 구조, 일식, 월식 등의 그림과 해설 등 지구와 천문에 관한 지식들이 설명되어 있다. 이런 지도들은 중국 중심의 세계관을 바꾸는 계기로 작용하였다.

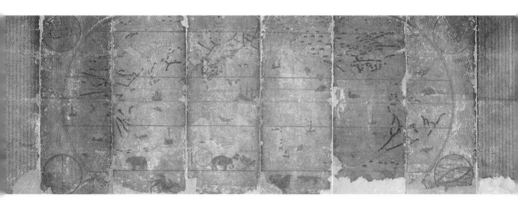

곤여만국전도(문화재청)

●●● 지도는 그 사회의 경제·문화적 수준을 나타내는 지표이다

〈혼일강리역대국도지도〉는 1402년 태종 때 제작된 세계지도이다. 당

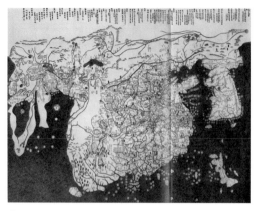

혼일강리역대국도지도

시로서는 가장 훌륭한 세계지도였다. 우리나라는 물론 중국·아랍·일본 등에서 만들어진 지도를 참조하여 만들었다. 당시의 세계에 대한 모든 지식을 망라한 지도인 것이다. 아시아는 물론 유럽과 아

프리카의 지명까지 기록해 놓았다. 특히 아프리카를 묘사한 부분은 놀라움을 금치 못한다. 아프리카의 모습을 제대로 그려낸 유럽의 지도는 백년 뒤에나 나왔기 때문이다.

〈대동여지도〉는 1861년에 제작되었다. 〈대동여지도〉는 김정호가 비변사나 규장각에 소장된 지도와 민간 소장 지도 및 여러 지리지 등을 섭렵하여 만들었다고 보고 있다. 이전부터 여러 종류의 지도가 있었다는 이야기이다. 〈대동여지도〉는 정확하고 체계적인 지도로 그 정확도는 현재의 지도와 크게 다르지 않다. 또 〈대동여지도〉는 목판에 새

대동여지도(문화재청)

겨져 있다. 대량생산을 염두에 둔 결정이었을 것이다. 김정호는 이외에도 〈수선전도(서울 지도)〉·〈청구도〉 등 다양한 지도를 만들었다.

"지도를 보고 지역의 멀고 가까움을 아는 것은 천하를 다스리는 데 보탬이 되는 법이다."〈혼일강리역대국도지도〉의 발문을 쓴 권근의 말

수선전도 목판(문화재청)

이다. 세계에 대한 이해가 높은 사회의 경제·문화적 수준은 높을 수밖에 없는 것이다.

4_ 영조와 정조, 개혁의 깃발을 올리다

앞서 본 바와 같이 18세기 초반의 조선 사회는 급격한 변화로 인해 몸살을 앓고 있었습니다. 다시 말해 조선이 농업 사회에서 산업 사회로, 사대부 중심 사회에서 서민 중심 사회로 넘어가는 갈림길에 서 있었던 것이죠. 그리고 실학자들은 조선이 나아갈 길에 대한 새로운 생각을 앞다퉈 제시하고 있었습니다.

영조가 왕위에 오른 1724년은 바로 이런 시기였습니다. 영조에게 조선의 개혁이라는 무거운 과제가 주어진 셈입니다. 게다가 당시 왕의 권위는 바닥에 떨어진 상태였습니다. 그간 조선에서는 훈구파와 사림파가 정권을 놓고 대결하였고, 사림이 집권한 후에도 각종 당쟁이 끊이지 않고 벌어지는 등 수많은 정치적 사건들이 있었습니다. 하지만 인조반정

이전까지만 해도 왕이란 당파를 떠난 존재였습니다. 모든 당파들이 그 사실만은 부정하지 않았습니다. 그러나 인조반정 이후 예송 논쟁과 숙종의 환국 정치를 거치면서, 이러한 인식은 달라졌습니다. 왕조차도 당파의 일부분으로 취급되었죠. 그 결과가 바로 노론을 등에 업은 영조의 즉위였습니다.

따라서 영조는 노론에 휘둘려 형식적인 국왕 노릇을 하거나 아니면 왕권을 강화해 노론 독점의 뒤틀린 정치를 바로잡는 둘 중의 하나를 선택해야만 했습니다. 이것은 영조만이 아니라 조선의 미래를 위해서도 매우 중요한 선택이었습니다. 기존 질서를 고수하는 노론의 존재는 개혁에 큰 장애물이었으니까요.

영조는 왕권 강화를 선택했습니다. 그 수단으로써 탕평책을 천명했죠. '탕평'이란 싸움이나 시비, 논쟁에서 어느 쪽에도 치우치지 않는다는 뜻입니다. 영조는 탕평 정치를 내세우면서 인재를 고르게 등용하여 당파 간의 세력균형을 꾀하였습니다.

영조는 군주와 신하, 백성들의 관계를 '위치가 변하지 않는 북극성 같은 군주와 그 주위를 회전하는 뭇별 같은 신하와 백성들'이라고 표현하며, 이를 탕평 정치의 근거로 제시했습니다. 군주의 입장에서 보면 신하와 백성은 같은 존재라는 것이죠. 또한 '백성을 위해 임금이 있는 것이지 임금을 위해 백성이 있는 것이 아니'라며 백성이 편안하게 자신의 땅에 머물러 살 때는 천명이 보존되지만 백성이 곤궁해지게 되면 천명 역시 떠난다고 했습니다. 임금은 백성을 위해 존재하는 것이며, 백성의 뜻을 저버린 왕은 존재 가치가 없다는 의미였습니다. 영조의 이 말은 집권 노론으로 대표되는 양반사대부들이 백성들의 뜻을 대변하지 못하고 있는 현실을 강하게 비판한 것이기도 했죠.

이런 논리로 영조는 왕과 백성과의 관계를 긴밀히 하여 왕권을 강화함으로써, 노론 일색의 상황에서는 불가능했을 여러 정책을 펼쳐 많은 업적을 쌓았습니다.

영조는 재정을 보충하고 환곡의 폐단을 방지하는 데 힘을 기울였습니다. 또 조총 훈련을 실시하고, 화차 및 총기를 제작하는 한편 토성을 수리하는 등 국방에도 힘을 쏟았습니다. 그리고 가혹한 고문인 압슬형 등을 폐지하고 사형수에 대해서는 삼심제도를 반드시 지키도록 했습니다. 신문고 제도도 부활했습니다. 배고픈 민중들의 실태를 조사하여 그들을 구제하는 일도 게을리 하지 않았죠. 그뿐만 아니라 스스로가 소식하고 물자를 절약함으로써 모범을 보였다고 합니다. 영조가 조선 사회를 개혁한 계몽 군주라는 이야기를 듣는 까닭은 바로 이런 점들 때문이겠죠.

영조의 많은 업적 중에서도 특히 기억해야 할 것은 '균역법'의 실시입니다. 18세기 이후 조선의 재정을 채우던 3대 요소를 '삼정'이라고 합니다. 전정·군정·환정의 세 가지를 이르는 말입니다. 전정이란 토지에 세금을 매기는 것을 말하고 군정은 군역을 부과하기 위한 군 행정과 군 재정을 의미합니다. 환정은 춘궁기에 백성에게 곡식을 빌려주었다가 추수 후 되돌려 받는 환곡 제도였죠.

균역법은 삼정 중 군정, 즉 군역에 관한 법입니다. 군역은 16~60세의 남성에게 지우던 부담입니다. 하지만 앞서 이야기했듯이 조선 초기의 국민개병제 원칙이 점점 무너지면서 군역의 부담이 힘없는 양인들만의 몫으로 가중되었죠.

군역의 폐해를 단적으로 알려주는 용어들이 있습니다. '백골징포'는 죽은 자에게 군포를 걷는 것이고, '황구첨정'은 갓난아이에게 군포를 매기는 것, '족징'과 '인징'은 친족과 이웃에게 도망간 사람의 몫을 대신 내게 하는 것입니다. 도망가지도 못하고 꼼짝없이 군역을 부담하던 백성들에게 애초 군역의 대상도 아닌 죽은 사람과 이제 막 태어난 아기, 견디다 못해 도망간 사람 몫까지 부담하게 한 것이죠. 죽지 못해 산다는 말이 나올 수밖에 없었습니다. 이는 국가의 안정성을 해치는 주요 요인으로 작용하고 있었기 때문에 어떻게든 개선책을 마련해야 했습니다.

이 문제를 해결하기 위한 가장 좋은 방법은 양반들에게도 군역을 부과하는 것이었습니다. 국민개병제의 원칙으로 돌아가, 신분을 막론하고 군역을 지우면 군사 재정 문제는 자연스럽게 해결되는 것이었죠. 영조는 자신도 임금이 되지 않았으면 군포를 냈을 텐데, 사대부라고 군포를 내지 않겠다는 것은 말이 되지 않는다며 화를 내기도 했습니다. 또 직접 유생들을 만나 호소하기도 했죠. 이렇게 국민개병제의 원칙을 관철하기 위해 다양한 방법을 동원했지만 끝내 실패했습니다.

결국 1752년, 영조 28년에 애초의 기대에 미치지 못하는 수준에서 균역법이 실시됩니다. 그동안 세금으로 내던 포목을 두 필에서 한 필로 줄이는 내용이었습니다. 부담이 반으로 줄었으니 좋아할 만했죠. 하지만 양반들은 다시 한 번 국민개병제의 원칙에서 제외되었습니다.

균역법은 영조의 개혁 노력이 결실을 맺은 것이긴 했지만 그 한계가 너무 뚜렷한 제도였습니다. 신분제가 무너져 가는 당시의 상황에 비춰 볼 때 더욱 그랬죠. 양반의 특권처럼 되어 버린 군역 회피가 공인되어 버린 것이니까요. 게다가 줄어든 재정 수입을 양인에게서 다시 벌충하

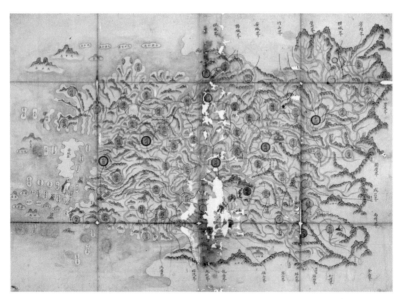

호서지도(문화재청) | 영조 때 제작된 비변사 지도 중 충청도 지역의 지도이다. 서울과의 거리·인구·논과 밭·군역 가능 인구·창고·역참 등의 정보를 기록해 놓았다. 비변사 지도는 중앙정부에서 지방의 실정을 파악하고자 만든 것이다.

는 데는 그다지 오랜 시간이 걸리지 않았습니다.

균역법 이후 영조의 탕평 정치 역시 빛을 잃어 갑니다. 탕평 정치를 표방하던 와중에도 영조는 경종 시절의 무리한 왕세제 책봉, 대리청정 시도, 경종 독살설 등 과거의 굴레로부터 빠져나오기 위해 애를 썼습니다. 그럴수록 자신을 왕위에 올린 노론을 가까이하고, 소론 등 다른 당파를 배척할 수밖에 없었죠. 그러던 영조 31년, 전라도 나주 객사에 '간신이 조정에 가득해 백성이 도탄에 빠졌다.'는 내용의 격문이 내걸렸습니다. '나주 벽서 사건'으로 불리는 이 사건은 기회를 엿보던 노론에게 반격의 기회를 제공했습니다. 노론은 폭발한 영조의 분노를 무기로 삼아 소론을 무차별 공격했습니다. 이 와중에 소론 강경파 5백여 명이 처형당하고 온건파는 조정에서 완전히 쫓겨났습니다. 노론의 독주가 시작된 것입니다.

노론의 독주는 송시열·송준길의 문묘 종사로 이어졌습니다. 문묘 종사란 문묘에 유학의 시조인 공자와 함께 위패를 모셔 놓고 제사 지내는 것을 말합니다. 문묘에 위패가 올라가는 것은 최고의 유학자로 모신다는 뜻이었습니다. 노론의 영수였던 송시열·송준길을 문묘 종사한다는 것은 결국 노론이 조선을 장악했다는 의미이기도 했죠.

노론은 사도세자를 죽음으로 몰아간 후 사도세자의 아들인 왕세손(훗날의 정조)의 폐출까지 시도했습니다. 그들은 '죄인의 아들은 임금이 될 수 없다.'는 말을 조직적으로 유포시키며 정조의 즉위를 방해했습니다. 그러나 영조가 세손만은 보호해 주었죠. 결국 1776년, 52년 동안 왕위를 지킨 영조가 죽고 조선 후기 마지막 개혁 군주, 정조가 스물셋의 나이로 왕위에 올랐습니다.

비록 왕위에 오르긴 했지만 정조는 사방의 적들에 둘러싸여 있었습니다. 왕세손 시절부터 옷을 벗고 편히 잠들지 못했다고 할 만큼 살해 위협에 시달려 왔죠. 즉위 후라고 별반 달라진 점은 없었습니다. 영조가 탕평 정치를 표방하면서도 결정적인 상황에서는 언제나 노론에 의지했고, 외척 가문의 정치 관여를 막지 못한 것이 가장 심각한 문제였습니다. 실제로 즉위 다음 해, 궁궐 지붕을 타고 자객이 침입해 암살을 시도한 적도 있었습니다.

하지만 정조는 굴하지 않았습니다. 즉위 후 꺼낸 첫마디가 바로 '나는 사도세자의 아들이다.'라는 놀라운 이야기였죠. 사도세자는 노론에 반대하다 노론과 영조에 의해 뒤주에 갇혀 죽은 인물입니다. 따라서 정조의 이 선언은 노론 일당의 권력 독점을 거부하고 탕평 정치를 더욱 강화하겠다는 것이었습니다.

하지만 노론의 권력 독점에 대항하여 개혁을 추진하는 것은 왕 혼자의 힘으로는 불가능한 일이었죠. 그 일을 해낼 수 있는 세력이 있어야만 했습니다. 실학자들은 영조가 펼친 탕평 정치의 영향으로 두각을 나타냈지만 권력의 핵심부에 자리 잡지는 못했었습니다. 이들을 하나의 세력으로 만들지 못하면 정조의 생각은 빛을 발할 수가 없었습니다.

이 문제를 해결하기 위해 정조는 즉위한 해에 규장각을 국왕 직속 기관으로 설치했습니다. 형식은 왕실 도서관입니다만, 사실은 정조의 개혁을 뒷받침할 인재를 길러 내는 기관이었습니다. 정조는 '왕이 의도하는 혁신 정치의 중추로서 규장각을 만든다.'고 스스로 밝힘으로써, 노론이 지배하는 기존의 기구를 대체하겠다는 뜻을 분명하게 나타냈습니다.

정조는 박제가·이덕무·유득공과 같은 서얼 출신 실학자들을 규장각에 대거 등용함으로써 기존의 관념에서 벗어난 인재를 등용하겠다는 의지를 드러냈습니다. 또 규장각에서 왕이 직접 관장하여 진행된 우수 신임 관료의 재교육 과정을 통해 정약용 같은 대학자들을 발굴했습니다. 이 과정을 거쳐 등용된 신임 관료들은 정조가 추진하는 개혁 정책의 선봉에서 정조를 든든하게 뒷받침하는 세력이 되었습니다.

이외에도 정조는 왕권 강화에 동의하고 개혁의 필요성을 인정한 많은 인물들과 함께 수많은 개혁 조치들을 실시했습니다. 그 핵심은 역시 '백성을 위한 정치'였습니다.

우선 (암행)어사 제도를 대폭 강화했습니다. 주로 규장각 출신을 어사로 삼아 113회나 파견했죠. 당시는 지방 수령과 유력자들이 작당해서 백성을 괴롭히는 일이 잦았는데, 이를 바로잡기 위해서였습니다. 국왕이 백성과 직접 소통하는 기회를 갖기 위해 '상언'과 '격쟁'이라는 제도 역시 적극 강화했습니다. 두 제도는 국왕의 행차에서 백성들이 직접 자기의 억울한 사연을 알리는 제도였습니다. '상언'은 글로 써서 올리는 것이고 '격쟁'은 꽹과리를 쳐서 말로 알리는 것이었습니다. 특히 '격쟁'은 글을 모르는 이에게도 기회가 주어졌다는 데 의의가 있습니다. 정조가 직접 판결한 민원이 상언 3092건, 격쟁 1335건이나 되었다는 기록을 보면 정조가 백성들과 직접 소통하고 그들의 민원을 해결하기 위해 얼마나 노력했는지 알 수 있습니다.

이처럼 정조는 규장각을 통해 개혁에 필요한 새로운 세력을 길러 내고 백성과의 직접 대면을 통해 조선이 당면한 문제를 풀고자 했습니다. 그중에서도 정조의 구상이 집약적으로 드러난 것은 뭐니 뭐니 해도 '신해통공'과 '화성 건설'입니다.

신해통공은 정조가 숱한 반대를 물리치고 우의정으로 등용한 남인 출신 정승, 채제공의 건의로 1791년에 실시한 상업 개혁입니다. 당시에는 서울의 육의전과 지방의 시전 상인을 제외한 일반 상인들의 상행위가 공식적으로 금지되어 있었습니다. 이것을 '금난전권'이라고 합니다. 이 시전 상인의 독점권을 없애고 모든 상인들의 활동을 허용한 것이 바로 신해통공입니다.

금난전권은 일부 세력이 상업을 독점함으로써 물가 상승을 초래하고 영세상인 및 수공업자, 도시 빈민층의 생계를 위협하는 주범이었습니다. 게다가 금난전권을 소유한 특권 상인들은 노론 계열의 유력 가문과 연결되어 있었습니다. 특권 상인은 노론 가문의 경제적 후원자 역할을 했습니다. 따라서 신해통공은 도시 빈민층과 영세상인 및 소생산자를 보호함과 동시에 상공업을 증진하기 위해 추진한 정책이었습니다. 그리고 탕평책을 성공시키기 위해서도 반드시 필요한 정책이었죠.

1794년부터 시작된 화성(지금의 수원) 건설은 정조가 그간 추구해 왔던 각종 개혁 성과의 집약체였습니다. 토지·군사·상공업 발전·새로운 세력의 형성까지 거시적 안목에서 도모한 사업이었죠.

우선 화성 건설에는 백성들의 강제 부역을 일절 동원하지 않았습니다. 대신 모든 노역을 임금노동으로 대체했습니다. 토지를 잃은 사람들을 돈을 주고 임금노동자로 고용함으로써 생활의 방편을 마련해 준 것입니다. 임금노동 증가라는 시대의 흐름을 고려한 획기적인 조치였습니다. 임금노동자 가운데 많은 수가 도망친 노비였습니다. 정조는 더 이상 조선에 노비 제도가 불가능함을 깨닫고 있었던 것입니다. 실제로 정조는 도망간 노비를 잡기 위해 존재하던 '노비 추쇄법'을 양반사대부들의 반발을 무릅쓰고 폐지하기도 했습니다.

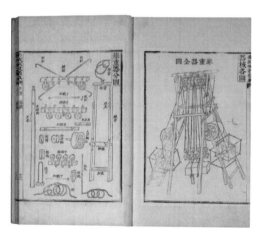

화성성역의궤(국립중앙박물관) | 화성 건설에 관한 내용을 남긴 책으로 거중기와 관련된 부분이다. 거중기는 정약용이 고안한 기계로 무거운 물건을 들어 올리기 위해 도르래의 원리를 이용해 제작했다. 정조는 이에 대해 "거중기를 써서 4만 냥의 돈을 절약하였다."라고 칭찬했다.

그리고 화성 건설과 함께 주변의 토지를 개간해서 둔전을 마련했습니다. 둔전이란 병사가 직접 농사를 지어 경비 및 군량을 확보하도록 제공하는 토지로 병농일치를 추구하는 수단이었죠. 재정을 낭비하지 않고도 군사력을 유지할 수 있는 방법을 모색한 결과였습니다. 화성 건설 1년 전 수원에 두었던 둔전 역시 정조의 국방 강화책이자 왕권 수호를 위한 주요 수단이었습니다.

그리고 개간한 토지 중 3분의 1은 수원 인근 농민들에게 분배해 자영농민을 길러 냈습니다. 집권 세력의 토지 몰수라는 요원한 정책을 채택하는 대신 토지를 창출해 토지 문제를 해결하려 했던 것이죠.

신도시에 사람이 몰리면 당연히 상공업 수요가 늘어나게 됩니다. 정조는 화성에 각종 시전을 열어 상업의 발전을 꾀했습니다. 대로 주위에 각종 점포가 늘어선 상업 도시를 만드는 것은 화성 건설의 목표 중 하나였습니다.

새로운 나라가 들어서면 대개 새로운 수도를 건설합니다. 화성 건설은 이와는 다른 차원의 사업이긴 합니다만, 정조가 꿈꾸던 새로운 세상이 어떤 모습인지를 보여 줍니다. 안정적인 토지제도를 기반으로 하여 과학기술과 상공업이 발전하는 나라, 왕권의 강화와 국방력의 증대를

만석거 | 화성의 동서남북에 만든 저수지의 하나이다. 화성의 둔전에 물을 대기 위해 만들었다. 지금도 사용되고 있다.

통해 부국강병으로 나
아 가는 나라, 정조가
희망하는 조선의 축소
판을 화성을 통해 보여
주려 했던 것입니다.

그러나 화성 건설이   **화성** | 당시 조선의 기술과 이상이 집약되어 있다.

완료되고 그 성과가 결실을 거두려던 1800년, 정조는 세상을 떠나고 말
았습니다. 시대의 흐름을 직시하여 새로운 세력을 양성하기 위해 분투
하며 각종 개혁의 길을 열어 나가던 그가 재위 24년 만에 갑작스러운
죽음을 맞이한 것입니다.

●●● 정조는 왜 66회나 궁궐 밖으로 나섰나?

정조는 뒤주에 갇혀 비참하게 목숨을 잃은 사도세자의 능(융릉)에 자주
들렀다. 사도세자의 무덤은 지금의 경기도 화성시에 있다. 때로는 장용
영을 앞세워 장엄한 광경을 연출하기도 했다. 장용영은 왕권 강화를 위
해 정조가 창설한 국왕 호위 부대였다. 장용영 군사들을 앞세운 것은 즉
위 전부터 자신을 제거하려 한 노론을 견제하는 군사적 시위의 성격이
짙었다. 능행에 앞장선 장용영의 모습에 노론 인사들은 두려움을 느꼈
을 것이다. 반면 백성들에게는 임금의 행차가 무엇보다 더한 장관이었을
것이다. 게다가 정조는 백성들과 기꺼이 대면하고자 했던 왕이었다. 백
성의 목소리를 직접 듣고자 했던 정조는 더욱 자주 대궐을 나섰다. 특히
영조를 등에 업은 노론에 의해 죽임을 당한 사도세자의 무덤에 행차하
는 일은 아버지를 기린다는 측면과 노론을 견제한다는 의미를 동시에 띠

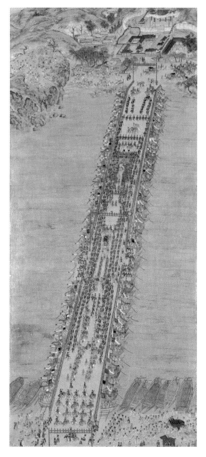

는 효과적인 정치적 행위였다. 정조는 융릉이 조성된 후 한 해도 거르지 않고 매년 행차에 나섰다. 그 길에서 백성들은 누구든 징을 울려 정조의 행차를 막고 자신의 억울함을 호소할 수 있었다. 융릉으로의 능행과 신도시 화성 건설, 백성들의 격쟁 허용은 노론이 지배하는 조선을 개혁하고자 하는 정조의 열망을 상징하는 것이다.

화성능행도(국립중앙박물관) | 정조가 화성의 사도세자 묘에 참배하러 가는 것을 묘사한 그림의 일부로 배다리를 만들어 한강을 건너는 장면을 묘사한 부분이다.

08

흔들리는 조선
그 끝은
어디인가?

1_ 세도정치, 민란과 마주치다

정조 사후, 조선의 시간은 거꾸로 흘러갔습니다. 정조의 개혁에 저항해 온 노론과 왕실 외척에게 정조의 죽음은 그동안 진행된 개혁 조치들을 무화시키고 다시금 권력을 손에 쥘 절호의 기회였습니다.

당시 정순왕후는 어린 순조를 대신해서 수렴청정하고 있었습니다. 정순왕후는 영조 35년이던 1759년에 열다섯 살의 나이로 60대 중반이던 영조의 계비가 된 인물입니다. 정조보다 겨우 여덟 살 많은 할머니였죠. 사도세자를 죽음에 이르게 한 친정 가문과 함께, 정조를 몰아내려는 오직 한 가지 목표만을 위해 살아온 사람입니다. 정순왕후가 정조의 유업을 파괴하기 위해 동원한 수단은 천주교 탄압이었습니다. 정순왕후는 서학, 즉 천주교를 반역죄로 다스릴 것을 천명했습니다.

그 첫 번째 사건이 정조 사후 6개월 만인 1801년에 벌어진 '신유박해'입니다. 정조는 서학을 받아들이지는 않았지만 유화적인 태도를 취했었죠. 그래서 남인들 중에는 천주교를 신앙으로 믿거나 새로운 사상 또는 학문과 과학기술의 창구로서 연구하는 사람들이 많았습니다. 정조에 협조적인 노론 일부도 천주교에 기울어진 사람들이 있었습니다. 정순왕후와 노론의 입장에서 이들은 기존 질서를 파괴하려는 세력이었습니다. 이들을 제거하는 것이 구질서를 회복하는 길이라고 본 것이죠. 정순왕후는 목적을 달성하기 위해 오가작통법을 동원했습니다. 이는 다섯 가구를 한 통으로 묶어 범법 행위를 감시하고 규제하던 제도인데, 이것을 천주교도 색출에 사용한 것입니다. 다섯 가구 중 한 집이라도 신자가 나오면 다섯 가구 모두를 처벌한 것이었습니다. 그 결과 전국이 피바다가 되었습니다. 순교자가 3백 명이나 되었죠. 정조와 가까웠던 왕족 일부도 그 속에 포함되어 있었습니다. 이미 천주교를 떠난 사람들까지도 칼날을 피해갈 수 없어, 이가환은 매를 맞다 죽고 정약용 등은 유배를 가게 되었습니다. 이를 통해 천주교 탄압은 빌미요, 실제 목적은 정적 제거라는 것을 알 수 있죠.

영·정조가 펼쳤던 탕평 정치는 신유박해로 완전히 막을 내리게 되었습니다. 정조가 심혈을 기울여 추진해 왔던 개혁 세력의 형성도 물거품이 되었죠. 그동안 실학이라는 이름으로 수많은 학자들이 제기한 각종 개혁 사상 역시 탄압의 대상이 되어 버렸습니다. 남은 건 또다시 노론, 그리고 성리학 유일 체제뿐이었습니다. 이때부터 조선은 세도정치 세상으로 내몰렸습니다. 이제 당파도 아닌 일부 가문의 손아귀에 한 나라가 들어가 버린 것입니다. 왕실과 혼인 관계로 맺어진 외척이 정부의 주요 관직을 독점하고, 가문의 이익을 위해 국가 체계를 동원하는 정치, 바로 이것이 세도정치입니다. 세도정치는 당파 간의 다툼에서 그나마 유지되던 형식적인 명분조차 팽개쳤습니다. 매관매직·뇌물 수수·탐관오리가 판을 쳤습니다. 전정·군정·환정 등 삼정은 이들의 재물을 축적하는 수단으로 전락하였습니다. 이를 '삼정의 문란'이라고 합니다.

순조·헌종·철종을 거치면서 왕은 안동 김 씨나 풍양 조 씨 같은 세도 가문의 손아귀에 휘둘리기만 했습니다. 격쟁·상언 등으로 백성과 직접 소통하는 왕은 이제 더 이상 존재할 수 없는 세상이 된 것이죠. 백성들의 분노는 극에 달했지만 이들의 분노를 다독일 어떤 장치도 존재하지 않았습니다. 정치가 실종된 것입니다. 결국 이 분노는 전국적인 민란으로 터져 나왔습니다. 이 시기는 한마디로 민란의 시대였습니다. 그 대표적인 예가 1811년에 발생한 홍경래의 난과 1862년의 임술민란입니다. 홍경래의 난은 지금의 평안도, 즉 서북 지역에 대한 차별을 시정할 것을 요구하며 장기간의 준비를 거쳐 봉기한 사건입니다. 주모자들 중에는 차별을 당해 과거에 낙방한 지역 인사들 및 거상·광산 경영자·경영형 부농 등 신분제의 한계를 넘어서서 부를 축적한 인물들이 포함되어 있었습니다. 여기에 빈민·소작농 등 하층민까지 대거 가담해 규모를 키웠습니다. 한때 청천강 이북 지역을 휩쓴 반란은 5개월 만에 결국 진압당하고 말았습니다. 하지만 차별 금지와 새로운 세력의 정치 참여를 주장하며 다양한 계층의 사람들이 가담한 홍경래의 난을 통해 지금까지의 체제로는 더 이상 조선이라는 국가의 운영이 불가능하다는 것이 드러났습니다. 하지만 세도정치에 몰두해 있던 권력층은 이 사실을 외면했습니다. 착취는 날로 더해 가고 천주교 박해라는 권력 투쟁의 무기는 거듭해서 사용되었습니다.

삼정의 문란이 시정되지 않고 날로 더해 가자 이번에는 전국적인 민란이 발생했습니다. 충청도·전라도·경상도를 중심으로 1862년인 철종 13년에 벌어진 임술민란이 그것입니다. 수만 명이 참가한 진주민란을 시작으로 근 1년 가까이 벌어진 임술민란에 참가한 사람들은 주로 농민이었습니다. 이들의 요구는 단 하나, 삼정을 바로잡으라는 것이었습니다. 세금을 제멋대로 거두지 말고 군역의 폐해를 바로잡을 것, 고리대로 변한 환곡을 시정할 것을 주장했죠. 그간 백성의 부담을 덜어 주기 위해 시도한 개혁 조치들이 이미 무위로 돌아갔다는 것을 분명히 알리는 요구였습니다. 하지만 통일된 지도부 없이 동시다발적으로 벌어진 민란은 정부가 시정을 약속하면서 수그러들었습니다.

그러나 민란의 주동자가 처형되었을 뿐, 약속은 지켜지지 않았습니다. 삼정의 문란은 세도 가문에서부터 지방관·양반 토호·아전 등의 중간 관리까지 서로 자기 배를 채우기 위해 공모한 결과였습니다. 따라서 바로잡을 의지는 애초부터 존재하지 않았던 것입니다.

●●● 권력과 경제력의 독점은 국가의 쇠락을 불러온다

신라 말기 진골 귀족들은 식읍(관료에게 지급한 토지)과 녹읍(왕족·공신·귀족들에게 수조권을 제공한 일정 지역)을 기반으로 경제력을 독점하고 왕위 쟁탈전을 벌였다. 고려 말 권문세족은 원나라에 빌붙어 산천을 경계로 한 대농장을 소유하며 권력을 독점하였다. 조선 말 세도가문은 왕실과의 혼인 관계를 독점하고 매관매직을 일삼았다. 그 형태는 다르지만 일부 계급의 손에 권력과 경제력이 독점되며 국가가 혼란에 빠졌다는 점에서는 동일

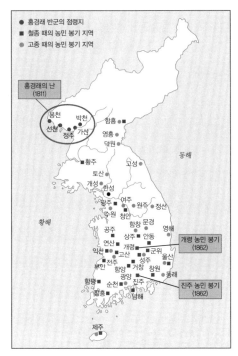

범례:
- ● 홍경래 반군의 점령지
- ■ 철종 때의 농민 봉기 지역
- ● 고종 때의 농민 봉기 지역

홍경래의 난
(1811)

용천 · 박천 · 함흥
선천 · 가산
정주 · 영흥
덕원

동해

황주 · 고성
토산
개성 · 한성

황해

광주 · 여주 · 원주 · 정선
수원 · 청안
공주 · 함창 · 문경
상주 · 안동 · 영해

개령 농민 봉기
(1862)

연산 · 개령 · 군위
익산 · 고산 · 성주 · 울산
전주
부안 · 함양 · 거창 · 창원
광양 · 동래
함평 · 순천 · 진주

진주 농민 봉기
(1862)

잠흥 · 남해

제주

19세기 농민 봉기

하다. 신라 진골의 독점은 호족의 발호를 가져와 후삼국 시대를 열었다. 고려 말 권문세족 역시 신흥사대부와 무장 세력의 결합을 자초해 고려를 멸망의 길로 몰아넣었다. 조선의 세도정치는 극심한 삼정의 문란으로 이어져 결과적으로 우리나라가 일제의 식민지로 전락하는 근본적인 원인이 되었다. 토지개혁을 주도한 신흥 세력에 의해 새로운 나라의 건국으로 이어진 신라나 고려의 경우와 달리 조선은 어떠한 문제도 해결하지 못한 채 피식민지라는 더욱 곤궁한 처지에 빠지게 된 것이다. 해방 후 토지개혁이 민중들의 주요한 요구 사항이 되었던 것은 그런 사정에 따른 것이다.

2_ 흥선대원군, 개방과 쇄국의 갈림길에 서다

임술민란 다음 해인 1863년에 흥선대원군이 집권했습니다. 세도정치 하에서 철저히 몸을 낮추고 있던 이하응이 아들이 없던 철종의 후계로 자신의 아들을 왕위에 올리는 데 성공한 것입니다. 국왕 옹립을 주도하려던 풍양 조 씨를 이용한 이하응의 전략이 통한 것이죠. 그는 당시 열두 살에 불과했던 고종을 대신해 대원군으로서 실권을 장악했습니다. 어린 국왕을 내세워 정권을 좌우하려던 풍양 조 씨의 바람이 엉뚱하게 이하응을 실권자로 만든 것입니다.

정조 사망 후 순조·헌종·철종은 모두 어린 나이에 즉위했습니다. 그래서 모두 수렴청정을 거쳤죠. 고종 역시 마찬가지입니다. 흥선대원군의 집권 역시 왕을 대리해서 통치한다는 측면에서는 동일한 모양새였죠. 하지만 앞의 삼 대가 외척이 정권을 좌우한 세도정치였다면 흥선대원군은 국왕의 아버지로서 실권을 행사했다는 차이가 있습니다. 세도정치의 목적이 외척 가문의 권력을 유지하는 데 있었다면, 흥선대원군의 목적은 왕권 강화가 될 수밖에 없었습니다.

대원군이 왕권 강화를 위해 가장 먼저 취했던 조치는 세도 가문 이외의 인물들을 등용하는 것이었습니다. 그는 임진왜란 이후 조선 정치의 중심 기구였던 비변사를 폐지하고 의정부를 부활시켰습니다. 비변사를 장악했던 세도 가문은 이 과정에서 자연스럽게 권력에서 배제되었죠. 이후 향리에 대한 통제를 강화하고 암행어사를 다시 파견하는 한편 지방 관직에 대한 매관매직을 금지시켜 세도 가문과 지방관이 결탁하는 현상을 막으려 했습니다.

또한 오랫동안 이루어지지 않고 있던 양전 사업을 실시해 토지대장에서 누락된 토지를 찾아내고, 억울하게 뺏긴 토지를 가려냈습니다. 한편 이자가 7~8할에 이를 정도로 폐단이 심했던 환곡 제도를 마을 단위의 자율 구제 기구인 '사창제'를 통해 시정하고자 했습니다. 정조 사후 근 60여 년 만에 시행된 이런 조치들은 향리와 부호의 결탁을 막고 재정을 강화하기 위한 것이었습니다. 백성들이 대원군의 이런 조치를 환영한 것은 당연한 일이었죠.

백성들이 대원군을 더욱 지지하게 된 것은 서원 철폐와 '호포법'의 실시 때문이었습니다. 당시 서원은 유학 교육이라는 본래의 의미에서 동떨어져 붕당의 본산이자 수탈 기구로 전락해 있었습니다. 서원이 소유한 토지는 면세 혜택을 받고, 서원에서 부리는 모든 사람은 군역을 면제받았죠. 서원의 운영에 필요한 물품을 백성들에게서 강제로 징수하는 것도 예사였습니다. 향리의 명령도 통하지 않았고, 오히려 향리와 결탁하여 마치 지방 권력기관처럼 굴었습니다. 이런 특혜를 노리고 난립한 서원이 전국에 무려 8백여 개나 되었습니다. 대원군은 이를 47개로 줄여 버렸습니다. 서원에 소속된 유생들이 거세게 반발했지만 강력하게 밀어붙였습니다. '백성을 해치는 자라면 공자가 다시 살아와도 용서하지 않겠다.'는 대원군의 각오가 있었기에 가능한 일이었죠.

호포법의 시행은 양반의 특권을 없애기 위한 결정적인 조치였습니다. 영조 당시 균역법을 실시해서 군역 대신 납부하는 포의 양을 두 필에서 한 필로 줄인 적이 있었죠. 하지만 양반들에게도 군역을 부과하고자 했던 애초의 목적과는 거리가 먼 조치였습니다. 반면 대원군은 영조도 해내지 못한 일을 해냈습니다. 양반도 동일하게 군포를 내게 한 것입니다. 이처럼 호포법은 조선 전기의 국민개병제의 원칙을 되살렸습니다. 특히 양반 숫자가 늘어나면서 군역의 부담을 소수의 양인들이 모두 떠안아야만 했던 기존 제도에 비하면 놀랍고 획기적인 혁신이었죠.

대원군이 추진한 개혁 정책은 세도정치를 거치면서 시대의 흐름과는 거꾸로 가고 있던 조선을 제자리로 돌려놓을 수 있는 적절한 조치들이었습니다. 그런데 안타깝게도 대원군에게는 시대의 흐름을 읽는 눈이 없었습니다. 그것이 정조와 대원군의 차이였습니다. 정조가 화성 건설이라는 큰 사업을 통해 조선이 나아갈 길을 보여 주고자 했다면, 대원군은 경복궁 중건을 통해 왕권을 과시하는 길로 빠져 버렸습니다.

태조 때 지어진 경복궁은 임진왜란 때 폐허가 된 이후 제대로 복구되지 못한 상태였습니다. 1865년, 대원군은 경복궁을 다시 세우기로 결정했습니다. 중국이 두 차례의 아편전쟁에서 패하고 베이징까지 점령된

경복궁 근정전

것이 1860년이고, 일본이 미국의 무력에 의해 문호를 개방한 것이 1854년입니다. 이처럼 당시는 제국주의의 동아시아 침략이 노골화되고 있던 시기였죠. 이 중차대한 시기에 경복궁을 다시 세운다는 것은 국방이나 조선의 개혁에 쏟아야 할 국력을 낭비하는 일이었습니다. 결국 백성들은 강제 부역에 시달리게 되었고 모자란 자금을 마련하기 위해 거두어들인 '원납전'은 관직매매의 수단이 되어 버렸습니다. 원납전이란 일종의 기부금이었습니다. 이 기부금을 많이 걷기 위해 원납전의 대가로 관직을 주고받는 일이 벌어진 것이죠. 또한 공사 자금을 조달하기 위해 발행한 '당백전'이라는 고액 화폐는 물가 상승을 부추겼습니다.

　조선의 앞날에 끼친 영향으로 따지면 흥선대원군의 쇄국정책이 경복궁 중건보다 더 큰 문제였습니다. 쇄국은 외부 세계와의 교류를 완전히 봉쇄하겠다는 것을 의미하죠. 새로운 사상은 물론 새로운 문물과 제도에 눈을 감겠다는 대원군의 이런 태도는 조선의 자주적이고 점진적인 개방의 기회를 박차는 것이었습니다.

대원군의 쇄국정책은 '병인박해'로 본격 시작되었습니다. 경복궁 중건을 진행하고 있던 1866년, 대원군은 천주교에 대한 대대적인 탄압을 시작했습니다. 병인년에 시작되었다고 해서 병인박해라고 불리는 이 천주교 탄압은 대원군이 물러난 1873년까지 진행되어 무려 8천 명의 순교자를 냈습니다. 게다가 천주교 탄압 과정에서 발생한 프랑스인 신부의 죽음은 프랑스군의 침공으로 비화했습니다. 양헌수가 이끄는 조선군은 강화도로 침입한 프랑스군을 결사적인 항전으로 물리쳤죠. 이것이 1866년의 '병인양요'입니다.

같은 해에는 불법적으로 조선의 영해를 침범하여 대동강을 거슬러 올라가던 미국 제너럴셔먼호가 평양감사 박규수의 화공으로 불타고, 선원 24명이 죽는 사건이 발생했습니다. 이 사건을 빌미로 미국은 무력으로 조선을 개항시키기 위해 1871년에 다시 한번 강화도로 침공해 왔습니다. 이번에는 조선군이 대패하고 말았습니다. 하지만 개항의 목적을 달성하지 못한 미국이 스스로 물러남으로써 전투는 막을 내렸습니다. 이것을 '신미양요'라 합니다.

강화도 광성보의 용두돈대 | 신미양요 때 미군과 격렬한 전투가 벌어진 곳이다.

당시 프랑스와 미국은 중국이라는 커다란 먹이를 놓고 유럽 열강과 다툼을 벌이고 있었습니다. 조선에는 아직 큰 관심을 보이지 않고 있던 상황이었죠. 두 양요가 큰 전쟁으로 비화하지 않고 끝난 것은 이 때문입니다.

그러나 대원군은 두 나라와의 작은 전투를 마치 국가 대 국가 차원의 전쟁에서 승리한 것처럼 여겼습니다. 그는 신미양요 이후 전국 곳곳에 척화비를 세워 쇄국 의지를 더욱 강하게

대원군(문화재청)　　　　가덕도 척화비(문화재청)

내보였습니다. 척화비에는 '서양 오랑캐가 침입하여 싸우지 않으면 화친하는 것이요, 화친을 주장하는 것은 나라를 팔아먹는 것이다.'라고 새겼죠. 세상의 변화로부터 더욱 멀어진 것입니다. 이런 흥선대원군의 오판으로 인해 조선의 주도적인 개방은 점점 멀어져 갔습니다.

신미양요가 벌어진 지 불과 2년 후인 1873년, 흥선대원군은 대원군의 독주에 반발한 고종과 며느리 민비(명성황후로 불리게 된 것은 1897년 대한제국 수립 후의 일임), 서원 철폐와 호포제 등으로 대원군에게 등을 돌린 유생들의 공격을 받게 되었습니다. 최익현이 올린 대원군 탄핵 상소가 그 시작이었습니다. 위정척사파 최익현이 같은 위정척사파 대원군을 탄핵한 셈이었습니다. 결국 대원군은 권력을 내놓게 됐습니다. 경복궁 중건과 동학교도 탄압을 통해 백성들의 지지까지 잃어버린 대원군이 의지할 세

력은 어디에도 없었습니다.

●●● 바닷길을 막은 해금 정책, 이양선에 무너지다

고구려·백제·신라·발해·고려는 바다를 최대한 활용하는 정책을 폈다. 바닷길을 통해 인근 나라들과 무역하면서 인적·물적 교류를 활발하게 전개한 것이다. 고려 때까지만 해도 아랍 등과도 교역했으니 바닷길이 활짝 열려 있었던 셈이다. 고려를 건국한 왕건도 해상 세력이었다. 그러나 조선시대에 와서 바닷길은 닫혀 버렸다. 먼 바다에서의 고기잡이와 바다를 통한 사무역, 외국과의 사적 교류는 금지되었다. 이처럼 바다를 막는 조치를 해금 정책이라고 부른다. 이 당시 동아시아는 저마다 해금 정책을 펼쳤다. 명나라 역시 14세기 후반부터 바닷길을 막는 정책을 폈다. 정화의 대항해 시기를 제외한 전 기간 동안 적극적인 바다 개척이 가로막힌 것이다. 명나라 이후의 조공 무역 중심 정책, 왜구 방지를 위한 전략적 선택 등 해금 정책에는 여러 가지 이유가 있었지만, 이는 동아시아 스스로 근대에 이르는 길을 막게 되는 부정적인 결과로 귀결되었다. 해금 정책은 쇄국정책이었던 셈이다.

조선 말기 이양선 출몰

일본 역시 임진왜란 이후 비슷한 정책을 폈다. 하지만 나가사키 항구에 데지마라는 인공섬을 조성하여 네덜란드인들을 거주하게 함으로써 서양 문물과 접촉할 수 있는 창구를 두었다. 이것이 동아시아의 역사를 바꾸는 중요한 계기가 되었다. 바다를 통한 교류가 단절되자 조선은 세계의 변화와 발전에 둔감해졌다. 그 와중에 19세기 중반부터 이양선의 출몰이 잦아지자 조선 전체가 긴장에 휩싸이게 되었다. 조선의 것과 모양이 다른 배라는 의미의 이양선은 먼 바다에서 갑자기 나타난 낯설고 무서운 배였다. 그들의 의도는 물론 그들의 능력도 알 수 없는 상태에서 이양선의 숫자는 점점 늘어났다. 그리고 불과 수십 년 후 조선은 이양선을 본뜬 일본의 운요호에 의해 강제 개항하게 되었다.

3_ 강화도조약, 본격적으로 시작된 외세의 침략

1876년에 조선은 일본과 '조일수호조규' 이른바 강화도조약을 맺으면서 부산·인천·원산 세 곳의 항구를 열었습니다. 이로써 조선은 개방의 역사를 시작하게 된 것입니다.

그런데 조선은 1866년과 1871년에 이미 프랑스와 미국을 상대로 전투를 치렀던 적이 있습니다. 의미 없는 승전이긴 하지만, 강제 개항 요구에 굴복하지 않고 전투를 치렀고, 그 요구를 물리쳤었죠. 그런데 그로부터 불과 5년 뒤 일본에 의해 강화도조약이 체결된 것입니다. 도대체 이 5년 동안 무슨 일이 있었기에 병인양요의 프랑스도, 신미양요의 미국도 아닌 일본에 의해 전격적으로 개항을 하게 되었을까요?

1873년에 대원군이 권력에서 물러난 후 고종의 친정이 이루어졌습니다. 그리고 고종의 친정은 여흥 민 씨 가문의 득세를 초래했습니다. 노론 외척을 중심으로 하는 세도정치가 다시 부활한 셈이었죠. 이들은 만동묘를 되살리는 것을 시작으로 대원군에 의해 철폐된 서원들을 되살렸습니다. 만동묘는 송시열의 유언에 따라 설립된 사당으로 임진왜란 때 지원군을 보냈던 명나라의 신종과 명의 마지막 황제인 의종의 제사를 지내는 곳이었습니다. 노론의 친명사대 의식을 노골적으로 보여 주는 곳이었죠. 그야말로 시대를 역행하는 조치였습니다. 그리고 왕실의 사사로운 일에 국가 재정을 마구 끌어다 쓰면서 재정을 파탄냈습니다. 결국 부족한 자금을 메우기 위해 매관매직이 되살아났죠.

●●●● 만동묘, 현실에 눈먼 성리학자가 만든 비극의 씨앗

만동묘는 명나라 신종과 의종의 제사를 지내기 위해 지은 사당으로, 노론 영수 송시열의 유언에 따라 그의 제자들이 지었다. 숭명사대에 빠진 고루한 성리학자를 상징하는 곳이다. 송시열은 윤휴와 같이 합리적이

백호집(국립중앙박물관) | 윤휴의 문집으로 백호는 그의 호이다. 윤휴의 아들들이 그의 사후 편집·정리하였다. 윤휴는 유교의 경전에 대한 새로운 해석 방법을 제시하고 주자의 해석을 비판하였다.

고 개혁적인 유학자들을 죽음으로 몰아간 인물이다. 윤휴가 주자를 사상의 유일한 잣대로 인정하지 않고 새로운 학설을 주장하자 사문난적으로 몰았던 것이다. 또한 송시열은 노론 일색으로 조선을 몰아간 사람이다. 노론에 의해 '송자'로 추앙되기도 했다. 그의 유언에 따라 세워진 만동묘는 노론의 본거지가

되어 공권력을 능가하는 힘을 자랑하며 갖은 민폐와 악행을 저질렀다. 대원군이 서원 철폐를 단행할 때 만동묘가 첫 번째 대상이 된 것도 이런 이유 때문이다. 하지만 대원군이 쫓겨난 후 만동묘는 다시 부활하고 만다. 고종과 민비가 대원군을 견제하기 위해 유림의 환심을 사려고 했기 때문이다. 이후 만동묘는 위정척사파의 정신적 고향이 되었다. 대원군이 가진 대내 정책에서의 현실적인 감각조차도 갖지 못한 노론 중심의 유림은 결국 자신들의 이익 추구와 주자학 신봉이라는 구시대적 행태를 벗어나지 못했다. 조선 말기의 비극은 대원군의 비현실적인 쇄국정책, 노론 중심의 정권 운용의 틀을 벗어나지 못한 고종과 민비의 권력욕, 노론이 지배하는 유림의 극단적인 보수주의에 기인한 것이다.

만동묘 | 충북 괴산군에 있다.

이런 권력층의 행태로 보면 조선이 주체적으로 개방을 이루어 낼 수 있는 상황이 아니었다는 게 분명해집니다. 반면 당시 국제 정세는 일본에 유리한 국면으로 조성되고 있었습니다.

강화도조약 체결 당시 유럽 및 미국 제국주의 열강들은 중국을 둘러싸고 투쟁을 벌이고 있었기 때문에 조선에 대해서는 큰 관심을 갖지 않았습니다. 앞서 말했듯이 병인양요와 신미양요가 기껏 '서양 오랑캐가 일으킨 소란' 정도로 취급받을 수 있었던 것도 그런 사정이 있었기 때문입니다. 청은 열강들의 침략 앞에 어쩔 줄 몰라 하고 있었습니다. 반면에 일본은 이제 막 걸음을 뗀 후발 제국주의 국가로서 조선을 자국 산업의 시장으로 또 대륙 진출의 중요한 발판으로 여기고 있었습니다. 말하자면 당시로서는 일본이 조선에 대한 욕심을 펼칠 수 있는 유일한 나라였다는 말입니다.

일본 역시 불과 20여 년 전인 1854년 미국의 함포 외교에 의해 강제 개항당한 나라였습니다. 하지만 일본은 조선과는 달리 오랜 기간의 적응기를 거쳐 왔습니다. 비록 제한적이긴 했지만 17세기부터 네덜란드와 지속적으로 교류해 오고 있었죠. 이런 과정을 통해 얻은 서양 문물에 대한 이해와 수용의 정도는 조선에 비해 훨씬 앞서 있었습니다. 청나라처럼 쓸데없는 우월 의식에 빠져 서양을 우습게 보는 일도 없었죠. 이런 이유들로 해서 개항의 충격을 쉽게 이겨 낼 수 있었던 것입니다. 게다가 1865년에 벌어진 메이지유신을 통해 막부 체제를 무너뜨린 후 개방 속도는 더욱 빨라졌습니다. 유럽 열강이 중국에 몰두하고 있던 당시의 상황이 일본에게는 절호의 기회였습니다. 일본은 서구 열강에 비해 뒤처진 산업을 일으키는 데 힘쓰는 한편 제국주의적인 시장 확보의 첫 단계로 조선을 노리게 된 것입니다.

1875년 초부터 일본은 군함을 동원하여 조선에 위협을 가하기 시작했습니다. 그러던 8월, 강화도를 지키던 조선 군대가 일본 군함 운요호에 발포한 것을 빌미로 일본은 1876년에 세 척의 군함을 강화에 상륙시키고 개항을 요구했습니다. 권력 장악에만 관심을 갖고 있던 고종과 민씨 정권은 당황할 수밖에 없었습니다. 대원군을 위시한 위정척사파는 당연히 반대 목소리를 높였죠. 만일 이대로 척화의 주장이 우세해진다면 대원군의 재집권을 초래할 수도 있다고 생각한 고종과 민비는 일본의 요구를 들어주는 쪽으로 급속히 기울었습니다.

여기에 개화파가 가세했습니다. 당시 우의정이자 개화파의 중심이었던 박규수는 강력하게 개방을 주장했습니다. 제너럴셔먼호 사건의 주역으로 대원군의 총애를 받아 승승장구하던 박규수가 개화파로 변신하여 개방의 선봉에 서게 된 것입니다. 개화파의 지원을 업은 고종과 민비는 일본과 전격적으로 강화도조약을 체결했습니다. 일본이 강화에 상륙한 지 채 한 달도 지나지 않은 시점에서 충분한 논의를 거치지도 않고 말입니다.

사정이 어찌 됐건 조선이 일본의 무력에 굴복하는 형식으로 체결된 강화도조약은 불평등한 내용으로 가득했습니다. 구체적인 내용 몇 가지를 살펴보면 다음과 같습니다. 일본인이 조선인과 관련한 죄를 지을 경우 조선이 아닌 일본 관리가 심판한다는 내용의 치외법권이 적용되었습니다. 그리고 일본이 조선의 해안을 자유로이 측량할 수 있도록 허가했죠. 이는 법적·군사적 측면에서 중대한 주권 침해입니다. 또한 일본 화폐를 개항장에서 유통하는 것이 가능해졌고 조선의 양곡을 무제한으로 반출하는 것도 허용되었습니다. 일본의 수출입 상품에는 관세가 붙지 않았습니다. 경제 주권 역시 무시당한 것입니다.

당시 일본이 조선과 전면적인 전쟁을 벌일 정도로 국력이 커진 것은 아니었기 때문에, 조선이 결사 항전의 의지만 표명했어도 협상 결과는 많이 달라질 수 있었을 것입니다. 조선의 미래를 위해 개항은 불가피한 일이었지만 그럴수록 조약의 내용에 훨씬 관심을 기울였어야 했습니다. 하지만 나라의 운영과 미래에 대한 제대로 된 원칙 없이 대원군의 그림자 지우기에 급급했던 고종과 민비는 무력에 일방적으로 굴복하고 말았습니다. 박규수 역시 개방만이 목적인 양 서둘렀습니다.

강화도조약 이후 1882년, 조선은 미국을 시작으로 영국·독일·러시아·프랑스와 수교를 맺었습니다. 모두 불평등조약이었죠. 조선이 본격적으로 제국주의 열강의 각축장으로 변하게 된 것입니다.

4_ 임오군란과 갑신정변,
조선 개혁의 꿈은 멀어지는가

강화도조약은 강제적으로 맺어진 불평등한 조약이었습니다. 그러나 제한적인 범위에서 문호를 연 것이었기 때문에 여전히 자주적인 개혁을 도모할 여지가 남아 있었던 것도 사실입니다. 정부를 근대적인 시스템으로 개혁하고 산업을 발전시키기 위한 각종 조치를 서둘러 취한다면 일본이 그랬듯이 조선도 자율적인 근대화의 길을 걸을 수 있었습니다. 따라서 강화도조약 이후 조선이 서둘러야 할 일들은 세도정치와 쇄국정책으로 단절된 선진 문물의 도입을 확대하고 기존 시스템을 개혁하는 일이었습니다.

그러려면 하루빨리 유학생을 보내 과학기술을 배우고, 사회 발전을 가로막는 신분제를 없애야 했습니다. 토지개혁을 수행하여 백성들의 자립을 도모하고, 지방 수령의 전횡을 막을 수 있는 제도도 세워야 했죠. 또한 국가의 재정을 강화하는 등 국력을 키울 수 있는 조치들을 서둘러야 했습니다. 특히 제국주의 침략에 맞서 나라를 지킬 수 있도록 국방력을 키우는 데 온 힘을 기울여야 했습니다.

우리가 일반적으로 생각하는 것과 달리 19세기 중반까지 조선의 경제력은 청이나 일본에 비해 크게 떨어지지 않았습니다. 오늘날 경제력 수준을 말해 주는 것으로 흔히 사용되는 1인당 국민소득 통계에 따르면, 당시 조선의 국민소득은 청나라나 일본에 비해 낮지 않았다고 합니다. 따라서 자주적 근대화의 길을 여는 것이 불가능한 일만은 아니었습니다.

그렇다면 조선은 강화도조약 이후 어떤 길을 갔을까요? 조선 정부는 강화도조약 이후 두 달 만에 일본에 수신사를 보내 신식 문물과 제도를 시찰하도록 했습니다. 이는 일본의 요구에 의한 것이었습니다. 일본은 자신의 근대화된 모습을 과시함으로써 조선의 개방을 더욱 강력하게 밀어붙이려고 했죠. 그렇다 해도 이 조치는 일면 긍정적인 효과가 있었습니다. 미개한 오랑캐라고 낮춰 보던 일본의 발전한 모습을 본 수신사 일행이 개방의 효과를 실감하는 계기가 되었으니까요.

하지만 고종과 민 씨 정권의 개방과 개혁에 대한 태도가 문제였습니다. 개화파의 세력이 미약했던 당시의 사정상 권력을 잡은 고종과 민비가 상황을 주도할 수밖에 없었죠. 그런데 그들의 관심은 오로지 정권 유지에 있었습니다. 개방과 개혁이 가져올 기존 체제에 대한 위협을 두려워 한 이들은 과감한 조치를 취하지 않았습니다.

근대적 외교 통상 및 군사 업무를 담당하는 통리기무아문을 설치하고, 겨우 80명에 불과한 신식 군대인 별기군을 창설한 것조차 조약 이후 5년이 지난 1881년이었습니다. 일본에 조사시찰단을 파견하여 근대 문물을 견학하게 한 것도 이때의 일이었죠. 청나라에 영선사를 파견하여 근대 무기 제작과 기술을 배우게도 했습니다. 하지만 그나마도 재성 문제 등으로 효과적으로 진행되지 못했습니다. 무엇보다 개혁의 전제 조건인 신분제 폐지나 토지개혁 등과 관련한 어떤 조치도 이루어지지 않았습니다.

이처럼 개혁을 위한 준비 작업이 지지부진하던 1882년, 임오군란이 벌어졌습니다. 구식 군대의 반란이 일어난 것입니다. 당시 구식 군인들은 별기군에 비해 차별적인 대우를 받고 있어 불만이 많았습니다. 게다가 이 와중에 13개월 치나 밀렸다가 겨우 지급된 급료에서 쌀겨와 모래가 잔뜩 섞여 나오자 폭발하고 만 것입니다.

군인들은 일본 공사관을 공격하는 한편 궁궐에 난입하여 민비를 제거하려고 했습니다. 하지만 가까스로 탈출한 민비 일파가 청에 구원을 요청함으로써 사태는 급변했습니다. 청군이 조선에 들어와 반란군이 추대한 대원군을 납치해 청으로 끌고 가 버린 것입니다. 임오군란은 청군에 의해 진압되고 말았죠. 민 씨 일파는 다시 정권을 잡게 되었습니다.

임오군란은 외세에 의한 강제 개방 과정에서 발생한 부작용과 민 씨 세도정치의 폐해가 결합해 발생한 사건이었습니다. 하지만 민 씨 정권은 난에 가담한 사람들과 대원군 일파에 대해 가혹한 처벌을 내리고 형식적인 신식 기구를 설치하는 것으로 개혁의 모든 것을 달성한 듯이 행동했습니다. 여전히 개혁의 전제 조건인 기존 시스템의 혁파에 대해서는 전혀 관심이 없었죠. 기존 제도의 폐해와 일본에게 내준 특혜로 백성들이 이중의 피해를 고스란히 받고 있었지만, 이들의 관심사가 아니었습니다. 개항으로 양곡이 일본으로 대거 반출되는 바람에 곡물값이 급등해 곤란을 겪던 도시 하층민이 난에 가담한 사실을 통해 이를 확인할 수 있습니다. 또 엄연히 국가 방위 기구인 구식 군대의 급료를 13개월이나 지급하지 않은 것도 국가로서의 기능이 파탄 상태에 놓여 있다는 것을 의미했습니다.

군란은 민 씨 일파가 정권을 다시 잡는 것으로 결말이 났지만 그들이 청을 끌어들인 대가는 컸습니다. 두 나라는 상민수륙무역장정을 맺어 조선이 청의 속국임을 명시했습니다. 더구나 이 조약에 따라 강화도조약에서 규정한 일본의 특권이 무색할 정도로 무역·상업·어업 등 각 분야에 걸쳐 청에 방대한 혜택을 제공해야 했습니다.

또 청군은 난 이후에도 철군하지 않고 조선 내정에 직접적인 간섭을 시작했습니다. 정묘호란·병자호란을 제외하고, 청이 조선의 국내 문제에 개입하여 군사를 주둔시킨 것은 이때가 처음이었습니다. 한편 조선은 강압에 굴복하여 일본과도 다시 한 번 조약을 맺었습니다. 이것이 제물포조약입니다. 제물포조약을 통해 일본에 피해배상을 하는 것은 물론 공사관 경비를 구실로 일본 군대마저 서울에 주둔하도록 허용하게 되었습니다. 결국 임오군란은 청일 양군의 주둔을 불러왔습니다. 또한 이는 조선을 장악하려는 양국의 경쟁을 격화시키는 계기가 되었습니다.

임오군란 이후 민 씨 일족 중심의 친청 수구파 정권이 권력을 장악하게 되자 그나마 형식적으로 진행되던 개화 정책마저 지지부진해졌습니다. 이런 상황을 두고 개화파는 온건파와 급진파의 두 흐름으로 나뉘었습니다. 민비와 타협하여 기존의 유교 질서하에서 점진적으로 서양의 과학기술 문명을 받아들이자는 측이 김윤식·어윤중·김홍집 등의 온건개화파입니다. 이들은 청의 간섭 또한 어쩔 수 없는 현실로 인정하고 있었죠. 반면에 청의 속국 처지에서 벗어나 근대적인 사상과 제도까지 수용해야 한다고 주장한 김옥균·서광범·박영효·홍영식 등은 급진개화파였습니다.

급진개화파는 온건개화파를 사대수구당이라 비판하며, 청에 매달려 정권을 유지하고 있는 민 씨 일족을 없애지 않고서는 개화를 이룰 수 없다고 생각하게 되었습니다. 그 결과 사용한 비상수단이 바로 '갑신정변'입니다. 1884년, 우정총국 개국 축하연에서 급진개화파는 민 씨 일족을 포함한 수구파를 살해하고 정권을 장악했습니다. 그리고 이들은 청에 대한 사대 관계 청산·문벌 폐지·조세 개혁·입헌군주제 시행 등의 내용을 담은 개혁 정강을 발표했습니다.

이들이 주장한 개혁 정책을 보면 갑신정변이 근대적 국민 국가 수립을 시도한 정치 개혁 운동이었음을 분명하게 알 수 있습니다. 기존의 조선에서는 찾아보기 힘든 획기적인 주장이 담겨 있었죠.

그러나 급진개화파 정권은 청나라의 개입에 의해 삼일천하로 허무하게 막을 내렸습니다. 급진개

우정총국 | 갑신정변이 발생한 곳이다.

화파의 수중에 있던 민비와 은밀히 연락을 주고받은 청나라가 군대를 동원하여 공격해 왔기 때문입니다. 사전에 정변을 적극적으로 지원하기로 약속하고 부추겼던 일본은 청군이 공격해 오자 즉시 발을 빼 버렸습니다. 아직 청을 상대로 전면전을 벌일 준비가 되지 않았던 것입니다. 급진개화파가 동원한 소규모의 병력만으로는 청나라 군대에 맞서 버틸 수가 없었습니다.

정변은 실패로 돌아갔고 김옥균·박영효 등 겨우 일본으로 망명한 소수 외에 정변에 참여했던 대부분의 인사는 죽었습니다. 정변을 진압한 민 씨 일파는 연좌제를 적용하여 6백 명에 가까운 목숨을 앗아갔습니다. 일본으로 망명했던 김옥균도 10년 뒤인 1894년에 상해에서 암살당했습니다. 그의 시신은 조선에 돌아와 다시 능지처참당하고 저잣거리에 효수되었습니다. 결국 급진개화파는 공중분해되었습니다.

이후 조선은 갑신정변에 협력한 일본에 항의하였지만 일본이 무력을 동원하자 곧 굴복했습니다. 그 결과 체결된 것이 한성조약입니다. 불타버린 일본 공사관과 죽은 일본인에 대해 조선이 사과하고 배상한다는 내용을 담고 있었습니다. 그리고 청과 일본은 톈진조약을 맺어 양군이 조선에서 철수하고, 향후 군대를 파병할 경우 상대국에 미리 알릴 것을 합의했습니다.

그런데 이상한 것은 청과 일본이 동시에 철군을 했다는 점입니다. 청은 정변을 진압한 측이었기 때문에 철군을 할 이유가 없었죠. 그럼 청은 왜 일본의 주장을 받아들인 걸까요? 갑신정변을 전후한 시기에 청은 베트남 문제를 둘러싸고 프랑스와 전쟁을 벌이고 있었습니다. 조선에 파견한 군대까지 그쪽으로 투입해야만 하는 상황이었던 것이죠. 따라서 일본의 제안을 받아들일 수밖에 없었습니다. 결국 일본은 150명을 철수하면서 3천 명에 가까운 청국 군대를 동시에 철수시키는 큰 성과를 얻었습니다.

앞서 말한 대로 급진개화파는 근대적 개혁을 추구했지만 자신의 이념을 실현하는 데 필요한 두 가지 중요한 요소를 갖추지 못한 채 성급하게 정변을 일으켰습니다. 첫째는 일반 민중의 지지를 받지 못했다는 것입니다. 둘째는 자체의 무력을 갖추지도 못한 상태로 일본을 너무 믿고 의존했다는 것입니다. 당시 일반 민중은 외세의 침략과 기존 체제가 가하는 수탈로 이중의 고통을 안고 있었습니다. 따라서 이들의 요구는 토지개혁, 신분제 철폐 등 기존 시스템의 개혁과 외세의 경제적 침략에 반대하는 것일 수밖에 없었죠. 갑신정변의 정강은 비록 고종과 민 씨 일족 등에 비할 바 없이 진보적인 내용을 담고 있긴 했지만 일반 민중들의 요구를 수렴하는 데는 소홀했습니다. 게다가 일본의 무력에 기대어 성급하게 진행된 거사에는 민중이 참여할 어떤 방법도 없었죠. 자기 나라 백성들을 의지하지 않고 외세에 기댄 개혁 시도가 실패한 것은 어찌 보면 당연한 일이었습니다. 결국 갑신정변의 실패는 개혁 주체의 형성을 스스로 차단해 버리는 결과를 가져왔습니다.

5_ 갑오농민전쟁,
민중 스스로 조선 개혁의 길에 나서다

갑신정변 이후 청군과 일본군은 조선에서 철수했습니다. 조선은 청과 일본의 직접적 군사 압박에서 다소 자유로워질 수 있었습니다. 급진적 개혁 시도는 비록 실패했지만 다시 한 번 개혁과 국방 능력 강화에 기대를 걸어 볼 만한 공간이 열렸던 것이죠. 이 시기가 조선의 마지막 기회일지도 몰랐습니다. 하지만 부패한 집권층은 이 기회를 살릴 생각이 없었습니다.

갑신정변 실패 이후 조선에서는 온건개화파를 중심으로 제한적인 개혁 정책이 시도되었습니다. 그러나 그 성과는 미미했습니다. 근대적 기술과 교육을 위한 기관을 설치하려는 계획은 툭하면 유야무야되기 일쑤였습니다. 왕실의 방탕한 생활과 수령들의 탐욕에 따른 재정 부족이 원인이었습니다.

황현의 《매천야록》 등에 따르면 고종과 민비는 대원군이 그나마 채워 놓은 재정을 모두 거덜 내고는 매관매직에 몰두했다고 합니다. 어떤 자리는 20만 냥, 또 어떤 자리는 백 만 냥이라는 말이 공공연히 떠돌았습니다. '전국 수령의 3분의 2는 돈을 주고 산 자리다.'라는 이야기까지 나돌 정도였습니다. 그것도 모자라 돈을 받고 자리를 내준 지방 수령들에게서 진상품을 지속적으로 받아 챙겼다고 하죠. 심지어 진상품이 많고 적음에 따라 중용할지 말지를 결정할 뿐만 아니라 그것을 기준으로 충성 여부를 평가했다고 합니다. 왕실이 이러니 그 밑의 관료들 또한 다르지 않았겠죠. 백성을 관직 얻는 데 들어간 본전을 뽑고 재산을 늘리는 수단으로 취급했습니다. 게다가 일본과 청 등 최혜국 대우를 받는 외세의 간섭과 경제적 침략은 더욱 심해져 백성의 삶을 옥죄었습니다.

임오군란 후 더욱 악화된 내용을 담은 불평등조약에 따라 인천·원산 등의 개항장뿐만 아니라 내륙에까지 청나라와 일본 상인들의 진출이 가능해졌습니다. 활동 무대가 넓어진 양국의 상인들은 조선의 유통망을 신속하게 장악해 나갔습니다. 당시 그들이 들여온 물건은 주로 면제품이었습니다. 지금은 면제품하면 별것 아닌 것처럼 느껴질지도 모릅니다. 그러나 당시만 해도 면공업은 첨단산업이었습니다. 면제품을 비싸게 팔고 조선의 양곡이나 귀금속 등을 헐값에 사 가는 청나라와 일본 상인 때문에 조선은 엄청난 손해를 입었습니다. 특히 조선에서 유출되는 곡물의 70퍼센트는 일본으로 향했습니다. 일본은 조선에서 저가로 구매한 곡물을 가져다가 자국의 노동자에게 제공함으로써 일본 노동자의 저임금을 유지했습니다. 그만큼 일본의 자본가는 값싼 노동력을 확보할 수 있게 되었죠. 결국 일본의 산업을 키우기 위한 여건을 마련하는 데 조선의 곡물이 사용된 것입니다. 그러나 그들과 경쟁할 방법이 없는 조선의 수공업자들은 속수무책으로 몰락의 길을 걸을 수밖에 없었죠. 또한 무제한 반출이 허용된 곡물 가격은 하루가 다르게 치솟았습니다. 1883년부터 1894년까지 쌀값이 경인 지방에서는 무려 7배, 기타 지방에서는 2–3배로 뛰어올랐다고 하니 그 심각성이 어느 정도인지 알 수 있습니다.

이처럼 일반 민중들이 쌀값 폭등에 시달리고 있을 때 대규모 토지를 가진 지주들은 쌀값 폭등의 이익을 고스란히 챙겼습니다. 일본에

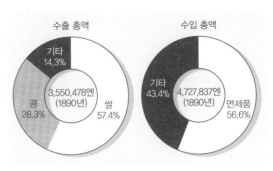

대일 수출입 상품의 품목별 비율(1890, 오이시, '일본 산업 혁명의 연구')

쌀을 팔아 막대한 부를 거머쥔 이들은 또 다시 땅을 늘리는 데 혈안이 되었죠. 반면에 농민들은 땅을 잃고 소작농으로 전락하게 되었습니다. 이처럼 이 시기에 백성들을 가장 고통스럽게 한 것은 식량과 토지 문제였습니다.

그러나 백성들의 고통을 해결해 줄 세력은 어디에도 없었습니다. 민씨 일족은 부패할 대로 부패한 상태였고, 지방의 수령들은 자신들의 욕심을 채우느라 정신없었습니다. 농민들의 요구를 완전히 채워 줄 수는 없었지만, 그나마 조선 개혁의 기치를 들었던 급진개화파는 갑신정변에

실패하며 사라진 지 오래였습니다. 결국 백성들은 스스로 살 길을 찾아 나설 수밖에 없었습니다. 그렇게 일어난 것이 바로 1894년의 갑오농민 전쟁입니다.

1862년에 발생한 임술민란 이후 잠시 주춤하던 농민들의 항쟁은 개 항과 맞물리면서 끊임없이 이어졌습니다. 조선 왕조의 봉건적인 착취와 외세의 제국주의 침탈이라는 이중의 수탈이 농민들에게 참을 수 없는 고통을 안겨 주었기 때문이죠. 하지만 1894년 갑오농민전쟁 이전의 항 쟁은 산발적이고 일회성에 그치는 한계를 드러냈습니다. 농민들이 전국 적 단위의 조직을 갖추는 것은 교통과 통신이 미비한 당시의 상황에서 는 불가능에 가까운 일이었죠. 따라서 지방 수령 또는 중앙정부가 다소 간의 개선을 약속하면 그것을 믿고 해산하는 일을 되풀이했습니다. 그 러나 약속은 언제나 공염불에 그쳤습니다. 결국 농민들의 희생만 반복 되었던 것입니다.

그렇다면 농민들의 항쟁이 조직적이고 전국적 봉기인 갑오농민전쟁 으로 결집될 수 있었던 이유는 무엇이었을까요? 그것은 동학이라는 종 교 조직이 항쟁의 구심점 역할을 했기 때문입니다.

1860년에 최제우가 창시한 동학은 백성을 귀히 여길 것과 사람 간의 평등을 강조했습니다. '천심즉인심(天心卽人心)'이라며 '하늘의 마음이 곧 백성의 마음이다.'라고 주장했습니다. 그리고 '사인여천(事人如天)'이라며 '사람 섬기기를 한울님(동학에서 말하는 신앙의 대상) 섬기듯 하라.'라고 가르쳤 죠. 그리고 외세와 탐관오리에 대항하여 '보국안민(輔國安民)' 즉, '나라를 바로잡고 백성을 편하게 한다.'는 사상을 내세웠습니다. 이에서 동학의 지향을 잘 알 수 있습니다.

동학의 교리는 농민들의 마음을 사로잡았습니다. 하지만 정부는 백성을 어지럽힌다는 이유로 탄압했죠. 1864년에 최제우는 결국 죽임을 당했습니다. 그러나 최제우의 신원(억울함을 풀어줌)을 요구하는 동학도들의 운동은 해를 거듭할수록 거세졌습니다. 1893년에는 운동의 기세가 최고조에 달했습니다. 이는 동학교도의 대부분을 차지하고 있던 농민의 반봉건적 개혁 요구와 결합하며 새로운 단계로 나아갔습니다. 그 시작은 전라도에서였습니다. 곡창지대인 전라도는 착취가 가장 심한 지역이었습니다. 대농장을 소유한 지주·왕실·지방 수령·중앙에서 파견한 관리가 이중 삼중으로 농민을 수탈하고 있었습니다. 그러니 언제 어디서 농민 봉기가 일어날지 모르는 상황이었습니다. 이런 상황에서 고부 군수 조병갑이 필요도 없는 보를 쌓아 물세를 매기기 시작했습니다. 게다가 세금 면제를 조건으로 내걸고 토지를 개간하게 한 후, 약속을 어기고 토지에 세금을 물렸습니다. 그뿐만이 아니었습니다. 각종 트집을 잡아 농민 수탈을 밥 먹듯 저질렀습니다.

보다 못한 동학 접주(동학 교구 책임자) 전봉준이 농민 천여 명을 이끌고 봉기하였습니다. 하지만 이때까지만 해도 이전까지 반복된 농민 항쟁의 수준으로 끝나는 듯 보였죠. 정부는 지킬 마음도 없는 약속을 늘어놓으며 농민군을 구슬려 해산시켰습니다. 하지만 해산 즉시 정부군은 농민들을 학살하였습니다. 정부의 태도는 이전과 달라진 것이 전혀 없었던 것입니다.

그러나 농민들의 대응은 예전과 달랐습니다. 전봉준은 역시 동학 접주였던 손화중·김개남과 손잡고 전라도 무장(지금의 고창군)에서 본격적인 농민전쟁의 막을 올렸습니다. 이때가 1894년 음력 3월 20일이었습니

다. 드디어 1차 갑오농
민전쟁이 시작된 것입
니다.

수탈에 시달리던 농
민들이 속속 가담함으
로써 8천 명의 대부대
를 이룬 농민군은 황토

만석보 터 | 농민들이 보를 파괴해 둑을 쌓은 흔적만 남아
있다.

현과 황룡촌에서 정부군에 대승을 거두었습니다. 그리고 4월 27일 전라
감영이 있던 전주성에 무혈입성하였습니다. 전주성 점령 후 투쟁의 불
길은 충청도·경상도·경기도·강원도·황해도 등지로 순식간에 번져 나갔
습니다.

하지만 민 씨 정권은 농민군과 대화하고 개혁 조치를 취하는 대신 어
처구니없게도 청나라에 군대 파견을 요청했습니다. 벌써 세 번째 청군
요청이었습니다. 그때마다 조선의 국권은 심각하게 침해당해왔죠. 게
다가 갑신정변 후 청과 일본이 맺은 톈진조약에 의해 양국 중 한 나라

전봉준

라도 조선에 파병하면 자동적으로 다른 나
라 군대가 출병하게 되어 있었습니다. 이 때
문에 양국 간 충돌이 우려될 만했는데도 민
씨 정권은 개의치 않았습니다.

1894년 5월 5일, 청군이 아산만에 상륙하
였습니다. 그리고 바로 이튿날 일본군이 인
천에 상륙했습니다. 이에 전봉준은 5월 8일
청일 양국의 철수를 위해 개혁의 내용을 담

은 '폐정개혁안'을 제시하는 한편 농민군의 신변 보장을 조건으로 정부군과 '전주 화약'을 맺었습니다. 그리고 각 지방에 돌아가 개혁 정책을 실시하고자 했습니다.

하지만 일본은 조선 정부의 철병 요구를 완전히 무시했습니다. 오히려 일본군은 6월 21일, 경복궁을 점령했습니다. 그리고 당시 친청 노선을 걷던 민 씨 정권을 무너뜨린 후 온건개화파를 중심으로 친일 갑오정권을 세웠습니다. 일본군 출병의 목적이 어디에 있었는지 그리고 왜 인천을 상륙지로 정했는지 이로써 명확히 드러났습니다. 조선을 장악하기 위해 한양과 가까운 인천을 택했던 것입니다. 이어 일본 해군이 청의 함대를 공격한 것을 시작으로 청일전쟁이 발발했습니다.

청일전쟁이 발발한 사이 전봉준은 조선의 개혁을 서두르고자 당시 협상의 상대였던 전라 감사와 협의한 끝에 호남 각 고을에 자치기관인 집강소를 설치하고 폐정개혁안을 실행하기로 했습니다. 폐정개혁안은 탐관오리 및 횡포한 부호와 불량한 유림 및 양반의 처벌에 관한 내용을 담고 있었습니다. 그리고 노비 문서 소각과 천인의 처우 개선, 젊은 과부의 재혼 허용 등 신분제와 관련된 내용도 담겼죠. 토지의 균등한 분배, 이름도 없는 잡다한 세금의 폐지처럼 토지제도와 세금에 관련한 개혁도 포함되었습니다. 이외에도 외적과 내통한 자를 엄격히 벌하는 등 외세와 관련한 내용도 있었습니다.

이 조항들은 갑신정변 때의 정강보다 신분제와 토지 문제 등에 대해서 훨씬 더 진보적인 주장을 담고 있습니다. 농민들이 근본적인 개혁에 얼마나 목말라 있었는지 알 수 있죠.

그러나 현실은 농민들의 기대대로 움직여 주지 않았습니다. 청일전쟁에서 승기를 잡은 일본은 군사력을 앞세워 내정 간섭의 정도를 높여 갔습니다. 게다가 집강소가 설치된 지역에서는 전근대적 질서에 여전히 목매는 유생들이 '민보단'이라는 조직을 만들어 농민군을 공격했습니다. 집강소를 통한 개혁 작업이 더 이상 진전되기 어려워진 것입니다.

결국 9월, 농민군은 2차 봉기에 들어갔습니다. 1차 봉기 때 농민군에 참가하지 않았던 동학의 중앙지도부까지 참가했죠. 하지만 1차 봉기 때 와는 달리 상대는 일본군·정부군·민보단의 연합 세력이었습니다. 특히 고도로 훈련된 데다 엄청난 화력을 동원한 일본군을 이기는 것은 불가능한 일이었습니다.

11월 8일의 우금치 전투에서 2만 명의 농민군은 일본군이 쏘아 대는 기관총에 죽창과 화승총으로 맞서다 쓰러졌습니다. 계속되는 패배로 농민군은 뿔뿔이 흩어지고 말았습니다. 일본군에 더해 정부군과 양반 유생까지 도망가는 농민군을 철저하게 짓밟았습니다. 이듬해까지 전봉준·김개남·손화중 등 갑오농민전쟁의 지도자들에 대한 체포와 처형이 이어졌습니다.

역사상 최초의 대규모 농민전쟁이었던 갑오농민전쟁은 이로써 실패로 돌아갔습니다. 개혁에 대한 욕구는 분명했지만 농민군은 조직력과 무력을 제대로 갖추기 어려웠습니다. 전쟁에서 승리한 후 어떤 새로운 사회를 만들지에 대한 계획도 부족했습니다. 하지만 이런 한계에도 불구하고 갑오농민전쟁은 봉건 체제를 타파하고 외세를 물리쳐야만 조선이 살아남을 수 있다는 것을 웅변한 투쟁이었습니다. 갑오농민전쟁의 정신은 의병 전쟁과 독립 투쟁으로 이어졌습니다. 지배층 역시 그들의 요구를 완전히 무시할 수는 없었습니다. 농민들의 요구를 갑오개혁에 일정 부분 반영하지 않을 수 없게 된 것입니다.

●●● 집강소는 임시혁명정부였다

갑오농민전쟁 당시 전라도 지역은 정상적인 행정이 불가능한 지역이었다. 혁명적인 상황이었기 때문이었다. 사태를 수습할 수 있는 유일한 힘은 농민군에 있었다. 전라도 관찰사 김학진은 전봉준과 협의하여 행정과 치안에 관한 권한을 모두 넘겨주었다. 그들 사이에 합의된 것이 바로 폐정개혁안 12개조이다. 갑오농민전쟁이 추구한 꿈은 폐정개혁안 12개조에 담겨 있다. 이를 살펴보면 조선 백성들의 반봉건·반외세에 대한 절절한 바람을 알 수 있다. 그렇다면 폐정개혁안은 꿈에만 그치는 헛된 구호였나? 그렇지 않았다.

1894년 5월 이후 전라도 전역과 경상도, 충청도 일부에서 개혁의 요구들은 실제로 시행되었다. 폐정개혁을 수행하기 위해 설치된 것이 집강소였다. 전주에 총본부를 둔 집강소는 전라도 전역 53개소에 들어섰다. 우리 역사상 최초로 백성들 스스로 자치를 행할 수 있는 조건이 마련된 것이다. 폭정에 대항해 일어선 농민군이 자신의 요구를 스스로의 힘으로

원평집강소 | 유일하게 남아 있는 집강소 건물로 전북 김제시 금산면에 있다.

실행하는 기구가 바로 집강소였다. 폐정개혁안 중 토지의 균등한 분배는 사안의 성격상 오랜 기간이 필요한 일이라 본격적으로 시행되지는 못하였으나 나머지 조항들은 집강소를 통해 꾸준히 시행되었다. 그런 의미에서 집강소는 우리나라 최초의 민주주의 실험이었다. 하지만 일본군이 청일전쟁에서 승리하고 농민전쟁에 본격적으로 개입하면서 집강소를 통한 반봉건·반외세의 민주적 실험은 무너지기 시작했다.

일본군을 끌어들인 것은 조선의 조정이었다. 집권층은 농민군이 '사납고 교활하여 다스리기 어렵다.'며 청에 원군을 요청했다. 청의 군사개입에 일본군 역시 즉각 군대를 파병했다. 결국 조선 집권층은 자신의 백성을 무너뜨리기 위해 외세를 끌어들인 셈이다. 10월에 벌어진 공주 전투에서 농민군이 일본군에 패한 이후 집강소는 해체되었다. 그리고 일본 제국주의의 조선 침략은 본격적으로 진행되기 시작했다.

6_ 갑오개혁에서 아관파천까지, 바람 앞의 등불처럼 흔들리는 조선

갑오농민전쟁을 진압해 달라고 외국 군대를 불러들인 민 씨 일족의 행동은 이 땅을 외국군의 전쟁터로 만드는 결과를 빚었습니다. 10년 만에 조선 땅에 다시 발을 디딘 일본 군대는 청나라와의 대규모 충돌을 피하기 급급했던 갑신정변 때와 달리 청에 선제공격을 가했습니다. 조선과 요동을 오가며 전쟁을 벌인 일본은 결국 승리를 거머쥐었고, 대만과 요동반도까지 장악했습니다. 열강의 침략에 시달리는 와중에도 여러 군벌로 갈라진 채 국력을 모으지 못했던 청이 우세한 전력에도 불구하고 패배한 것이죠.

그 결과 일본은 조선에서 가장 강력한 외세로 자리 잡았습니다. 일본의 지원을 등에 업고 들어선 김홍집 정권은 '갑오개혁'을 시행했죠. 개혁의 내용에는 국왕의 권한을 제한하는 조항이 있었습니다. 청과 가까운 왕실을 정치에서 배제하기 위한 것이었습니다. 또한 일본인 고문관과 군사 교관을 초빙하고, 일본 화폐가 조선 전체에 유통되는 것을 허용했습니다. 그리고 조선의 곡물이 무세한 반출되는 것을 막기 위해 시행하곤 했던 '방곡령'을 금지했습니다. 이러한 조항은 일본이 조선을 정치적·경제적으로 장악하는 데 필요한 조치들이었습니다.

그렇지만 갑오개혁에는 시급했던 근대적 개혁 조치도 포함되어 있었습니다. 노비제와 신분제의 폐지, 내각제의 도입과 입헌군주제 시행, 과거제 폐지와 연좌제 금지, 과부의 재가 허용, 지세의 금납화, 지방관의 권한 축소, 재판소 설치, 사범학교 및 외국어 학교 설치, 선진 기술 습득을 위한 유학생 파견 등이었죠. 이러한 개혁안이 포함된 것은 청과 전쟁 중인 일본이 조선의 지지가 필요했기 때문입니다. 이런 의미에서 갑오개혁은 위로부터의 개혁을 추진하고자 한 온건개화파와 일본 간 타협의 산물이었다고 볼 수 있습니다. 그리고 갑오농민전쟁을 계기로 격렬하게 표출된 백성들의 봉건 체제 타파 요구를 일부나마 반영할 수밖에 없었기 때문이기도 합니다. 다만 토지개혁과 같은 근본적인 개혁은 배제되었습니다. 곡물을 무제한 반출하고자 한 일본이나 지주 출신인 온건개화파 모두 이를 원치 않았기 때문이었죠.

이러한 일본의 간섭이나 온건개화파의 한계를 인정하더라도 갑오개혁은 정치·행정·사회·사법·교육 등 다방면에 걸쳐 최초로 근대적 개혁의 돌파구를 마련했다는 데 의의가 있습니다.

그런데 갑오개혁이 한창 진행되고 있던 1895년 4월, 삼국간섭이라는 사건이 발생했습니다. 삼국간섭은 일본의 요동 진출을 불안한 눈으로 보던 러시아가 독일·프랑스와 손잡고 일본을 압박해 요동반도를 중국에 돌려주게 만든 사건입니다. 일본은 별수 없이 물러나야 했습니다. 다만 요동반도를 돌려주는 대가로 청일전쟁 배상금에 더해 추가 배상금을 받게 되었습니다. 어쨌든 이 시기 조선을 둘러싼 국가 간 힘의 관계를 뒤바꿀 사건이 벌어진 것이죠.

고종과 민비는 삼국간섭을 통해 일본의 힘이 아직 다른 제국주의 열강에 비해 약하다고 생각하게 되었습니다. 게다가 갑오개혁을 추진하기 위해 필요한 자금을 일본에서 차관 형태로 도입하려 시도했으나 성과를 거두지 못하고 있는 상태였습니다. 그들의 마음은 삼국간섭의 주역인 러시아 쪽으로 급격하게 기울었습니다. 내각에 이완용이나 이범진 같은 친러파 인사가 다수 포함되기 시작했습니다. 조선을 보호국으로 만들고자 했던 일본의 의도가 흔들리게 된 것입니다.

영향력 축소에 불만을 품은 일본은 '을미사변'이라 불리는 만행을 저질렀습니다. 조선이 러시아 쪽으로 기우는 것이 민비의 입김 때문이라고 간주한 일본이 저지른 미증유의 사건이었습니다. 일본은 공사 미우라 고로의 현장 지휘하에 군대와 외교관, 낭인 등을 동원해 경복궁에 침입하여 민비를 살해하고 그 시신을 불태웠습니다. 1895년 10월의 일이었습니다.

이 와중에 단발령과 같이 감정을 자극하는 조치가 을미개혁이라는 이름으로 시행되었습니다. 결국 그간의 개혁에 반감을 가지고 있던 유생들의 주도로 항일의병운동이 벌어졌습니다. 일본군은 의병을 진압하기 위해 병력을 지방으로 대거 동원했습니다. 그 틈을 노린 고종은

1896년 2월, 신변 보호를 위해 몰래 러시아 공사관으로 거처를 옮겨 버립니다. 이것이 '아관파천'입니다.

아관파천은 조선이 일본의 간섭으로부터 벗어나 러시아의 간섭하로 들어간다는 것을 의미했습니다. 하지만 미국·영국 등 다른 제국주의 열강들은 조선에서 러시아의 영향력이 커지는 것을 바라지 않았습니다. 조선까지 러시아의 영향 아래 들어가 버리면 청을 둘러싼 경쟁에서 러시

구 러시아 공사관 | 전망탑만 남기고 모두 사라졌다.

아가 압도적으로 우위에 선다고 보았기 때문입니다. 영국의 러시아 견제는 이뿐이 아니었습니다. 러시아가 만주 지역으로 남하하는 것을 견제한다는 명목으로 1885년부터 1887년까지 조선의 거문도를 점령한 전례도 있었습니다. 고종이 러시아 공사관에서 무려 1년이나 머무르고 환궁한 이후에도 러시아의 영향력이 지속되자 미국과 영국 등은 러시아를 더욱 견제했습니다. 이는 결국 러시아를 제외한 다른 열강들이 조선에 대한 일본의 우선적인 권리를 인정하는 사태로 발전하게 되었습니다.

러시아와 기타 열강의 대립은 아관파천 이후 조선에 대한 이권 쟁탈전을 격화시켰습니다. 러시아가 고종을 보호한다는 것을 빌미로 각종 이권을 챙기면, 다른 열강은 동등한 대우를 요구하며 다른 이권을 챙겼습니다. 일본 역시 러시아를 견제하려는 다른 열강들의 도움을 받아 이권 확보에 나섰습니다. 경부선 철도는 미국의 주선으로 이권을 확보했

고 경인선은 미국에게서 사들였습니다. 경의선의 경우 프랑스가 가져간 이권이 다시 조선으로 넘어온 것을 1904년에 일본이 무력을 동원해 빼앗았죠.

아관파천 전까지 조선의 부가 청이나 일본으로 넘어가는 방식은 면 제품 수입이나 곡물 수출 같은 상업 행위를 통해서였습니다. 그러나 이 시기의 이권 쟁탈전은 각종 자원은 물론 교통과 물류 수단마저도 제국주의 침탈의 대상이 되었습니다. 특히 일본은 경부선·경인선·경의선·

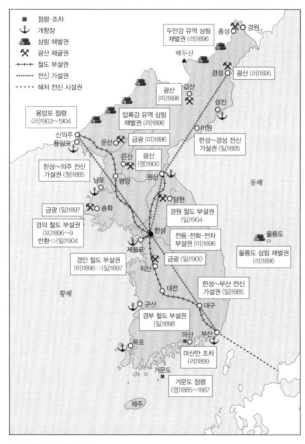

열강들의 이권 침탈

경원선 철도와 서울 전차 부설권을 차지함으로써 조선의 핵심 물류망을 완전히 장악하게 되었습니다.

결과적으로 고종의 아관파천은 제국주의 나라들에 조선의 사회간접 자본을 내주는 사태를 불러왔습니다. 이것은 외세를 피해 다른 외세에 몸을 맡긴다는 안일한 생각이 만들어 낸 비극이었습니다.

7_ 대한제국과 독립협회, 마지막 기회를 잡는가

1897년 2월, 1년 동안 러시아 공사관에 머무르던 고종이 환궁했습니다. 러시아에 의지하는 것 역시 조선의 자주성을 해치기는 마찬가지라는 인식이 광범위하게 퍼져 있었기 때문입니다. 1896년에 결성된 독립협회와 보수 유생들뿐만 아니라 시전상인들까지 철시 움직임을 통해 고종의 환궁을 거세게 요구했죠.

환궁 후 6개월 뒤 고종은 연호를 '광무'로 정하고 10월에 황제 즉위식을 가졌습니다. 이로써 '대한제국'이 성립되었습니다. 이어 고종은 광무개혁을 시도합니다. 비록 일본이 자행한 을미사변으로 중단되었지만 의미 있는 시도였던 갑오개혁이 남긴 과제를 무시하기 어려웠던 것이죠. 고종은 '옛것을 근본으로 하되 새로운 것을 참조한다.'는 '구본신참'의 원칙을 세워 보수 유생층과 개혁파 및 독립협회 인사들이 모두 참가하는 절충적 방식을 택했습니다.

광무개혁에서는 토지조사 사업인 양전 사업은 물론 토지소유권을 법적으로 인정하는 문서인 '지계' 발급 사업을 벌였습니다. 상공업 진흥 정책도 추진하여 정부가 직접 제조 공장을 설립하거나 민간 제소 회사의 설립을 지원했습니다. 또 유학생을 해외에 파견하고 기술 교육기관도 설립했습니다. 도량형 제도도 새로 실시하고 우편·전보망 역시 전국적으로 확충했죠. 서울·인천·평양·개성 등지에는 전화도 개설되었습니다. 중앙군과 지방군 및 전함을 늘리는 등 국방력 강화에도 힘을 쏟았습니다.

이처럼 광무개혁은 어느 정도 근대적 개혁의 성과를 거두었습니다. 하지만 그 한계 역시 뚜렷했습니다. 광무개혁이 한계에 부딪힌 가장 큰 요인은 고종과 집권 친러 수구파의 시대착오적 현실 인식 때문이었습니다. 그들은 시대의 변화를 무시한 채 대한제국의 국체를 전제군주제로 삼았습니다.

고종은 전제군주제에 반대한 독립협회를 강제로 해산시켰습니다. 독립협회는 고종의 환궁을 이끌어 내었고 그 후 광무개혁에도 동참했지만, 고종의 생각과는 달리 입헌군주제를 추구하고 있었습니다. 50명으로 구성되는 의회가 입법권과 조약 비준권 등의 주요 권한을 갖는

고종(국립고궁박물관)

방안이었습니다. 황제가 25명을 추천하는 등 한계가 있는 방식이긴 했지만 이에 따르면 최초의 근대식 의회를 가질 가능성이 높았죠. 그러나 정권 상실의 위기에 처한 수구파들이 공작에 나섰습니다. 그들은 독립협회가 대통령제를 통한 완전한 공화제를 추진한다는 허위 전단을 뿌림으로써 고종이 독립협회를 탄압할 빌미를 만들어 주었습니다.

결국 독립협회는 1898년 12월, 강제 해산당했습니다. 이제 고종은 거칠 것이 없었습니다. 독립협회가 해산된 다음 해인 1899년 8월에 고종은 '대한국국제'를 발표했습니다. 황제가 군 통수권·

독립문 | 독립협회가 1897년 조선이 자주국임을 선언하기 위해 세웠다.

입법권·행정권·사법권·외교권·인사권 등 모든 권한을 갖는다는 내용을 담고 있었습니다. 이로써 대한제국은 전제군주 국가가 되었습니다.

독립협회의 해산은 열강들의 침탈을 막아 낼 수 있는 민중의 힘을 없애 버린 고종의 큰 실책이었습니다. 당시 러시아·일본 등 열강의 이권 침탈을 저지할 수 있었던 것은 독립협회와 만민공동회의 활동 때문이었습니다. 특히 만민공동회는 일반 민중들이 대규모로 참가하여 자주독립에 대한 의지를 강력하게 표현한 민중 대회로 민중들의 정치의식이 놀랍도록 발전하고 있다는 증거였습니다. 1898년에는 독립협회와 만민공동회의 활동에 놀란 러시아와 일본이 조선에 대한 내정간섭을 중지한다는 내용의 조약을 맺을 정도였습니다. 대한제국이 자주적인 개혁을 해나갈 여지가 생긴 것입니다. 따라서 고종에게는 독립협회와 만민공동회가 열강의 간섭을 물리칠 강력한 무기가 될 수도 있었습니다.

그런 상황에서 고종이 독립협회와 만민공동회를 무력으로 해산시켜 버린 것입니다. 아무런 견제 없는 전제군주제하에서 광무개혁이 제대로 전개될 리 없었습니다. 군사력을 강화하는 조치는 왕실을 보호하는 친위군 육성에 주안점을 두는 것으로 변질되었습니다. 게다가 각종 이권과 재정이 왕실에 집중되었습니다. 공업 분야는 왕실 직영이 아니면 진출이 힘들어졌습니다. 자유로운 상업 활동도 가로막혔죠. 열강의 파상 공세에 대항하여 자국 산업을 발전시키기는커녕 거꾸로 활동을 제약한 것입니다.

양전 사업과 지계 발급도 지주들에게 소유권을 인정해 주는 사업으로 변질되었습니다. 게다가 이는 조선 왕조 건국 이래 인정되어 왔던 농민들의 경작권을 무시하는 결과를 낳았습니다. 그리고 이 과정에서 각종 명목으로 왕실 소유의 토지가 대폭 늘어났습니다. 갑오농민전쟁을 통해 확인한 토지개혁에 대한 농민들의 열망은 또다시 무시당했죠. 전차·철도·발전·광산 등의 사업도 열강의 이권 쟁탈전에 굴복한 광무정권이 열강에 권리를 넘겨준 상태에서 진행되었습니다. 각종 근대화 사업이 실질적으로는 제국주의 침략의 일환으로 진행되었다는 이야기입니다.

결국 자주적 개혁을 위한 마지막 기회도 이렇게 헛되이 지나가 버렸습니다. 고종은 전제군주국이라는 시대에 역행하는 허황된 욕심 아래 왕실 자금 확보를 위해 중요 기간산업의 이권을 팔아넘겼습니다. 고종과 친러 수구파 정권의 개혁은 결국 러일전쟁과 을사늑약으로 파탄을 맞이하게 되었습니다.

8_ 을사늑약 그리고 의병 전쟁, 민중은 포기하지 않는다

고종과 친러 수구파 정권이 전제군주제에 집착하며 각종 이권을 팔아먹고 있던 1904년, 일본이 뤼순(현재의 다롄)과 인천에서 러시아 함대를 기습 공격하였습니다. 제국주의의 길을 걷고 있던 일본이 조선을 장악하는 데 걸림돌인 러시아를 제압하기 위해 1894년의 청일전쟁에 이어 다시 전쟁을 벌인 것입니다.

아관파천 이후 8년을 전쟁 준비에 몰두한 일본은 전쟁 개시 보름 만에 5만여 명의 침략군을 조선에 파견하고 강제로 '한일의정서'를 맺었습니다. 군사전략상 필요한 모든 곳을 일본이 사용할 수 있다는 내용이었습니다. 한마디로 조선을 일본의 군사기지화하겠다는 것이었습니다.

러일전쟁은 영국과 미국의 각종 지원을 등에 업은 일본의 의도대로 진행되었습니다. 작은 섬나라인 일본이 대국인 청과 러시아를 연달아 이기자 세계는 깜짝 놀랐습니다. 결국 1905년 9월, 러시아와 일본은 '일본이 조선에 필요하다고 인정하는 보호조치에 러시아는 간섭하지 않는다.'는 내용의 포츠머스조약을 맺었습니다. 이미 7월에 일본은 미국과 '가쓰라-태프트 밀약'을 통해 조선과 필리핀 지배를 상호 인정한 상태였죠. 영국과도 8월에 2차 영일동맹을 맺어 조선과 인도의 지배를 상호 승인한 후였습니다. 이제 조선에서 일제의 독점적 지위를 막을 수 있는 세력은 없었습니다.

일본은 1905년 8월에 '제1차 한일협약'을 강요했습니다. 재정·외교·군사 등 각 부문의 모든 정책을 일본인 고문을 통해 사전 협의해야 한다는 내용이었죠. 이것을 이른바 '고문정치'라고 부릅니다. 또한 외교권을 완전히 빼앗기 위해 1905년 11월, '을사늑약'을 강요했습니다. 왕궁이 일본 군사들로 포위된 채로였죠. 고종과 일부 대신들의 저항에도 불

이완용과 이토 히로부미가 새겨진 엽서(국립고궁박물관) | 일본 왕자의 방한을 기념하기 위해 발행된 엽서에 이완용과 이토 히로부미의 사진이 담겨있다.

구하고 일본은 이완용·이지용·이근택·박제순·권중현의 다섯 대신, 즉 일본에 매수된 '을사오적'을 동원해 강제로 조약을 맺었습니다. 공식 명칭도 없고 고종의 날인도 없어 국제법상 인정받을 수 없는 형식이었습니다. 일본은 이 불법적인 늑약을 강제함으로써 대한제국의 외교권을 강탈해 갔습니다. 곧 초대 통감으로 이토 히로부미가 부임하였습니다. 이토 히로부미는 외교는 물론 내정까지 통째로 앗아 갔습니다.

●●● 을사늑약, 그날의 재구성

1905년 일제는 1개 사단의 병력을 조선에 추가로 파견하여 남산에 대포를 설치하고 위협 시위를 했다. 무력을 동원한 이토 히로부미는 고종을 협박하여 조약에 날인하라고 강요했지만 고종은 이를 거부했다. 고종을 설득하는 데 실패한 이토는 군대를 이끌고 중명전으로 들어갔다. 조약 체결에 격렬하게 반대하는 한규설을 감금하고 이완용을 포함한 다섯 명의 대신을 회유하여 조약에 도장을 찍게 하였다. 제물포로 일제 군대가 들어온 지 20여 일 후였다. 하지만 당시 조약 비준의 권한은 고종에

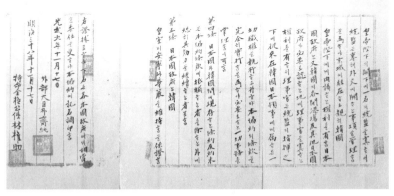

을사늑약 사본

게 있었다. 조약문에는 고종의 옥새가 찍혀 있지 않다. 당시 외부대신으로 있던 박제순과 일본 공사 하야시의 직인만 찍혔을 따름이다. 조약의 명칭조차 없었다. 국제법이 요구하는 형식과 절차를 갖추지 못한 것이다. 무력을 동원한 위협 속에서 불법적으로 이루어진 조약이었다. 그래서 이를 을사년에 억지로 맺은 조약이라는 뜻에서 을사늑약이라 부른다.

고종은 1907년에 네덜란드의 헤이그에서 열린 만국평화회의에 이준·이상설·이위종 등 세 명의 밀사를 파견해 을사늑약의 부당성을 전 세계에 알리려 했습니다. 그러나 이 시도는 일본과 영국의 방해로 성공을 거두지 못했습니다. 이를 빌미로 일본은 한일신협약(정미7조약)을 맺어 통감이 임명한 일본인 차관이 조선의 내정을 주무르게 했습니다. 그러고는 고종을 황제 자리에서 내쫓았습니다. 게다가 국가의 최종 보루인 군대를 해산시켜 버렸습니다. 이제 조선은 국가로서 가질 수 있는 모든 권한을 빼앗겼습니다.

이후 일본은 조선을 경제적으로 종속시키기 위해 각종 정책을 실시했습니다. 조선의 재정권을 빼앗는 것은 물론 철저한 호구 조사를 통해 세금 부과 대상을 두 배로 늘렸고, 각종 명목의 세금을 증액했습니다. 모든 황실의 재산은 국유화했습니다. 그리고 조선 화폐의 유통을 금하고 일본 화폐만 허용했습니다. 게다가 조선 화폐를 정리하는 과정에서 기존의 조선 화폐와 일본 화폐를 일대일로 바꾸어 주지 않고 자의적인 기준을 적용해 조선 민중에 큰 피해를 입혔습니다. 당시 조선에서 사용되던 화폐는 주로 백동화라는 동전으로, 발행된 화폐의 88퍼센트에 달할 정도로 사용량이 많았습니다. 일본은 이 백동화를 일본 화폐로 바꾸는 과정에서 교환 비율을 제멋대로 조정하였고 심지어 어떤 화폐는 아예 폐기 처분하는 짓까지 서슴지 않았죠. 이런 방식으로 조선의 경제권을 약화시켰습니다.

군 주둔지 마련이나 철로 부설을 핑계로 왕실 소유의 토지는 물론 민간인 토지를 강제수용하는 일도 수없이 일어났습니다. 일본의 민간인들역시 반강제적 방법으로 곡창지대에 대규모 농장을 만들었습니다. 일본정부는 동양척식주식회사를 만들어 이들을 지원했습니다.

조선을 일본 공업에 필요한 원료 공급지로 만들기 위한 작업도 착착진행되었습니다. 농민에게 면화 재배와 양잠을 강요하여 면직 공업에필요한 원료를 확보했습니다. 이를 헐값에 일본으로 가져가 면제품을생산하고, 완제품을 다시 조선에 비싸게 팔아 이득을 보았습니다. 식민지경제체제를 구축한 것이죠.

한편 일본에서 남아도는 실업자들까지 대거 조선으로 건너왔습니다. 그 결과 조선에 거주하는 일본인이 1909년에는 17만 명을 넘었고, 그들이 소유한 땅이 여의도 면적의 백 배를 넘을 지경이었습니다. 반면에조선 민중은 지옥과 같은 혹독한 현실에 처하게 되었습니다. 이들은 결국 조국을 등지고 만주로, 연해주로 떠나야만 했습니다. 한일합병 때까지 이렇게 떠난 사람이 무려 60만 명이나 되었습니다.

한편 을사늑약 이후 일제의 침략에 대한 대응은 크게 두 가지 방향으로 전개되었습니다. 그중 하나는 애국계몽운동이었습니다. 애국계몽운동은 나라의 실력이 부족하여 일제의 침략을 초래했다는 인식을 바탕으로 전개되었죠. 각종 교육·언론·종교 등을 활용해서 실력을 양성하고 대중 계몽을 꾀하는 것을 목적으로 했습니다. 따라서 학교를 세우고 신문·잡지·서적 등을 발행해 민족정신을 일깨우려고 했습니다. 때로는 일제의 경제적 침략에 대응해 민족 산업을 일으키자는 운동이 벌어지기도 했습니다.

이러한 애국계몽운동의 대표적 단체는 1907년에 결성된 신민회입니다. 신민회는 민족의식의 고양과 독립 사상 고취, 국민운동의 역량 축적, 각종 상공업 기관 설립으로 국민의 부력 증진, 청소년 교육 진흥을 내세워 다양한 활동을 펴 나갔습니다. 이런 애국계몽운동이 절정에 이르러 벌어진 일이 일본에 진 빚을 민족의 힘으로 갚아 국권을 되찾고자 한 '국채보상운동'이었습니다.

하지만 애국계몽운동은 일제의 탄압에 직면하여 큰 성과를 거두지는 못했습니다. 당시는 무력을 동원한 일제의 침략이 하루가 다르게 강도를 높이던 시기였습니다. 이런 일제의 침략을 현실로 인정하며 전개된 계몽운동은 근본적인 한계를 가질 수밖에 없었습니다. 일제가 제공하는 합법 공간이 그만큼 제한적이고 좁았기 때문입니다. 일제는 계몽운동이 성과를 거둘 기미만 보여도 조직 해산·지도부 구속·폐간 등의 조치를 취했습니다.

일제에 저항한 다른 하나의 흐름은 의병 전쟁이었습니다. 애국계몽운동과는 반대로 일제의 침략과 지배를 전면 부정하고, 무력으로 저항했죠. 1895년 을미사변 이후 보수 유생층을 중심으로 의병이 일어난 적이 있었습니다. 우리는 이를 '을미의병'이라고 부릅니다. 하지만 을미의병은 아관파천 후에 고종이 해산명령을 내리자 수그러들었습니다. 그만큼 주체 세력이 전근대적인 인식에 사로잡혀 있었던 것입니다.

반면 갑오농민전쟁에 참가했던 농민군들은 대한제국 시대에 와서도 전국을 무대로 개별적인 반제·반봉건 투쟁을 계속하고 있었습니다. 이들은 제국주의 열강의 이권 침탈에 반대하고 방곡령 실시와 각종 잡세의 폐지 등을 요구하며 싸웠습니다. 농민들 중심의 이 투쟁은 1900년을 전후해서 활빈당이라는 이름의 비밀결사를 조직해 활동하는 것으로 이어졌습니다. 이들이 1905년 을사늑약 이후 대규모 의병 투쟁의 선봉에 선 것입니다. 바로 '을사의병'입니다.

따라서 을사늑약 이후 전개된 의병 전쟁에서는 을미의병과는 달리 평민 출신 의병장들이 대거 등장합니다. 그 대표적인 인물이 신돌석입니다. 이들은 유생 출신과는 달리 광범위한 민중적 지지를 받으며 지형지물을 이용한 유격전을 벌였습니다. 이 시기 의병 대열에는 광산·철도·부두의 노동자 및 학생과 행상까지 각계각층이 참여하였습니다. 그 힘을 바탕으로 을사의병은 헌병 분견소·군청·철도·세무서·광산 등 일제의 침략 기관을 타격하는 데 앞장섰습니다.

한편 한일신협약에 따라 해산된 군대 역시 의병 전쟁에 엄청난 영향을 주었습니다. 그들이 가지고 있던 근대식 무기로 의병의 무장이 강화되었고 각종 유격 전술도 발전시킬 수 있었죠. 군대의 해산은 의병 전쟁이 전국으로 확산되는 계기가 되었습니다. 민중들의 의병 참가도 더욱 두드러져, 이 시기에 이르러서는 평민 출신 의병장의 숫자가 4분의 3을 차지하게 되었습니다.

의병 전쟁이 절정에 다다르던 1907년 12월, 유생 출신 의병장들이 이인영을 총대장으로 '13도 연합의병부대'를 결성하고 '서울진공작전'을 벌였습니다. 그러나 이들의 작전은 실패로 끝났습니다. 일제의 선제공격과 작전상의 실패 등이 그 이유였습니다. 13도 연합의병이라는 이름을 내걸긴 했지만, 실제로는 경기도·강원도·충청도 지역의 연합에 불과했다는 것도 문제였습니다. 게다가 전력의 열세를 감안하면 유격전을 펼치는 게 효율적이었지만 정면 승부를 감행하여 피해를 키웠죠. 하지만 그것보다 더 큰 문제가 있었습니다. 그것은 유생들의 낡은 의식이었습니다. 서울진공작전을 앞두고 총대장 이인영이 부친상을 이유로 의병을 해산하고 고향으로 돌아가 버린 것입니다. 적과의 전면전을 이처럼 허무하게 포기하고 말았죠. 부친상을 지키는 일이 나라를 지키는 일보다 더 중요했을까요? 이것이 유생 출신 의병장의 한계였습니다.

서울진공작전의 실패는 결국 일제의 대대적인 초토화 작전을 불러왔

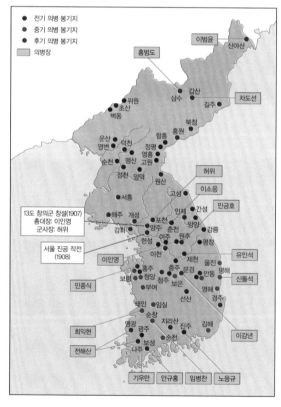

항일 의병 전쟁의 전개

습니다. 하지만 의병들은 끝까지 투쟁했습니다. 그중 호남의 의병들이 가장 치열했습니다. 1909년 당시 전체 전투의 47퍼센트, 의병 수의 60퍼센트를 차지할 만큼 비중이 늘어난 호남 의병은 장기적인 항전 체제에 돌입했습니다. 이에 일제는 1909년 9월부터 두 달 동안 남한 대토벌 작전을 펼쳤습니다. 일제는 해안과 육지를 완전 봉쇄한 채 호남 지역을 샅샅이 훑어가며 살육·방화·약탈을 자행했습니다. 단 두 달간 일제는 의병장 103명과 의병 4,138명을 체포하여 학살했습니다.

남한 대토벌 작전으로 호남 의병이 무너지자 전국적인 의병 전쟁 역시 수그러들었습니다. 이제 의병들은 항일 무장투쟁의 새로운 근거지를 찾아 압록강과 두만강을 건너 만주와 연해주로 가야만 했습니다.

러일전쟁 중이었던 1905년 일제는 불법적으로 독도를 자국 영토로 편입했습니다. 불과 30년 전인 1877년, 그들은 일본의 최고 국가기관인 태정관의 지령을 통해 '울릉도 외 일도(독도)는 우리나라(일본)와 관계없다고 명심할 것'이라는 언급을 한 적이 있습니다. 공식 문서를 통해 독도가 일본 영토가 아니라고 확인했던 것입니다. 그런데도 태도를 바꿔 일본이 이런 짓을 벌인 건 제국주의화한 일본이 독도를 해군기지로 만들고자 했기 때문이었습니다. 또한 을사늑약으로 외교권을 강탈한 일제는 1909년에 청과 간도협약을 맺어 우리의 영토였던 간도를 만주에 대한 이권 쟁탈의 대가로 청에 넘겨줬습니다.

일제에 의해 의병들의 투쟁까지 진압되면서 이렇게 우리 영토를 제 마음대로 주무르던 일제를 저지할 마지막 희망은 사라졌습니다. 의병 전쟁이 사라진 조선 어디에도 일제의 식민 지배를 막을 힘은 더 이상 없었습니다.

결국 1910년 8월 29일 총리대신으로 있던 매국노 이완용과 데라우치 사이에 조인된 '한국 전부에 관한 일체의 통치권을 완전히 넘기는' 합병 조약안이 발표되었습니다.

●●● 일제, 간도를 우리 역사에서 지우다

1931년 만주사변 직전 백두산정계비가 사라졌다. 백두산정계비는 1711년 숙종 때 청과 국경선을 획정한 후 세운 비석으로 압록강과 쑹화강의 지류인 토문강이 갈라지는 지점에 있었다. 이 비에는 압록강과 토문강을 청과 조선의 국경으로 정한다는 내용이 적혀 있었다. 그리고 원래 비가 서 있는 자리에서부터 토문강까지는 국경임을 알리기 위해 점선식으로 이어 놓은 돌무더기가 있었다고 한다. 천지에서 발원한 토문강 물이 그 구간에서 지하로 흘러가기 때문에 경계를 분명하게 긋기 위해서였다. 그런데 이 정계비가 사라진 것이다. 정계비가 사라진 직후 일제는 만주사변을 일으켰고 다음 해에는 일제의 위성국가 만주국을 세웠다. 정계비 실종의 비밀은 바로 여기에서부터 시작된다. 만주국을 세워 중국 침략을 본격화하려던 일제는 만주국과 조선의 영토 분쟁의 씨앗을 그냥 놔둘 수가 없었던 것이다.

정계비가 세워진 1711년 당시 간도 지방은 조선인이 정착해 살던 곳이었다. 그래서 청이 간도 전체를 조선의 영토로 인정하지는 않았음에도 토문강 동쪽의 동·북간도 일대를 조선 땅으로 인정할 수밖에 없었던 것이다. 그런데 조선 말, 청은 토문강이 두만강이라며 간도 전체를 청의 영토라고 주장하고 나섰다. 하지만 조선은 물러서지 않았다. 1903년 조선에서는 이범윤을 간도관리사로 파견해 간도를 조선의 행정구역으로 편입했다. 이로써 간도 지역이 조선의 영토임을 알리는 마지막 조치가 취해진 것이다.

　그러나 일제는 간도를 청에 넘겨준다. 1909년 일제는 만주의 철도 부설권과 탄광 채굴권을 얻기 위해 간도를 청의 영토로 인정한다는 간도협약을 체결했다. 1905년 을사늑약 이후 외교권을 강제로 앗아간 일제에 의해 우리 영토가 중국의 영토로 넘어간 것이다. 일제는 조선과 만주는 물론 중국 본토까지 침략할 것을 염두에 두고 있었기 때문에 간도를 청에 넘긴다고 한들 아무 상관도 없었을 것이다. 하지만 일제는 자신의 행위가 언젠가는 문제가 될 것이라고 생각했다. 그런 이유로 그 근거가 되는 백두산정계비를 없애 버린 것이다. 정계비는 어느 날 갑자기 사라졌다. 그리고 이제 그 탁본만 남아 있다.

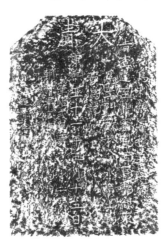

백두산정계비 탁본(국립중앙박물관)

토문강과 간도의 위치

●●● 일본의 지도에서는 독도를 찾을 수 없다

　일본은 독도가 일본 땅이라고 주장한다. 그런데 그와 관련한 증거가 하나도 없다. 일본이 만든 지도에서도 독도를 찾을 수가 없는 것이다. 1945년 전쟁 직후의 일본 지도에서도 찾을 수 없다. 반면 그들이 만든 조선 지도에는 독도가 있다. 우리가 만든 고지도에도 독도가 있다. 그들의 유일한 근거는 일개 지방에 불과한 시마네 현에서 독도가 자기 현에 속한다고 한 고시뿐이다. 게다가 이는 날조의 의심까지 받는 고시이다. 우리의 경우 이미 1900년 대한제국 칙령에 독도가 울릉도에 속하는 섬이라는 사실을 밝힌 바 있다. 시마네 현의 고시가 발표되었다고 하는 해는 1905년으로 러일전쟁과 을사늑약이 있었던 해이다.

일본의 제국주의적 속성은 전쟁 이후에도 변하지 않았다. 전쟁 후 체결된 샌프란시스코 강화조약에서 독도를 돌려주라는 말이 없었다는 이

삼국접양지도(三國接壤之圖, 독도박물관) | 일본의 지도제작자인 하야시 시헤이가 간행한 『삼국통람도설 (三國通覽圖說)』에 수록된 부속 지도 5장 중 하나이다. 3국은 조선, 류큐(오키나와 열도), 하이국(아이누족의 북해도 이북 지역)을 뜻한다. 울릉도와 독도는 조선과 같은 색으로 표시되어 있다. 울릉도와 독도가 조선의 영토임을 드러내고 있다.

동람도(東覽圖, 국립민속박물관) | 조선 초기 지리서인 『신증동국여지승람 新增東國輿地勝覽』에 수록된 지도로 강원도 부분에 울릉도와 독도가 표시되어 있다.

유로 독도를 자기네 땅이라고 여전히 우기고 있다. 해당 조항을 보면 '일본은 한국의 독립을 인정하고, 제주도·거문도·울릉도를 포함한 한국에 대한 모든 권리를 포기한다.'고 되어 있다. 일본의 논리대로 하자면 제주도·거문도·울릉도를 제외한 수천 개에 달하는 우리나라의 섬이 모두 일본의 것이란 말인가?

09

일제,
독립 투쟁
그리고 해방

1_ 무단통치,
우리 민족 노예 만들기에 광분하는 일제

1909년 10월, 하얼빈에서 이토 히로부미를 사살한 안중근 의사가 1910년 3월 뤼순 감옥에서 사형당했습니다. 그로부터 5개월 뒤, 대한제국은 식민지의 나락으로 떨어졌습니다. 그러나 당시 대한제국의 대신들은 어느 누구도 망국의 책임을 지지 않았고 그 누구도 독립운동에 참가하지 않았습니다. 오히려 일제가 합방에 협력한 공로를 인정해 제공한 귀족 작위인 '합방공로작'을 주저 없이 받았습니다. 이 '합방공로작'을 거부한 것은 76명 중 단 8명에 불과했습니다. 이 씨, 민 씨 등의 왕실 인사와 노론 출신이 대부분이던 대신들은 귀족 작위와 더불어 주어진 막대한 은사금에 만족하고 일제에 협력했습니다. 지방의 유력 유생들 역시 마찬가지였습니다.

나라의 멸망에 가장 큰 책임을 져야 할 자들은 이처럼 제 목숨을 보전하고 배를 불리며 일제의 수탈에 협력을 아끼지 않았습니다. 반면에 민중은 극도의 고통 속에서 살아가야 했습니다. 을사늑약 이후 진행된 식민지경제체제 수립이, 합병 이후 모든 영역에서 본격적으로 전개되었기 때문입니다.

제국주의가 식민지를 개척하는 가장 큰 이유는 식민지에서 싼값으로 또는 아무 대가도 지급하지 않은 채 경제적 수탈을 할 수 있기 때문입니다. 일제는 후발 제국주의 국가였기 때문에 더욱 가혹하게 조선을 착취했습니다. 그 대표적인 예가 토지조사사업입니다. 토지조사사업의 명목은 근대적 토지제도를 수립해 토지소유권을 보호하고 토지의 생산력을 높인다는 것이었습니다. 과연 그랬을까요?

조선총독부는 토지조사사업을 공표하면서 30-90일 안에 토지 소유자가 신고하면 그 땅의 토지 소유자임을 인정하겠다고 했습니다. 지주들은 대부분 자기 토지를 신고했죠. 그러나 대다수 농민들은 토지조사 사실 자체를 모르는 경우가 많았습니다. 안다고 해도 절차가 매우 복잡했고, 일제의 정책에 저항하고자 하는 마음에 신고를 꺼린 농민들도 많았죠. 그 결과 8년간에 걸친 토지조사 사업 후 전체 농가 수의 3퍼센트에 불과한 지주들이 전체 경지면적의 50퍼센트 이상을 차지한 반면, 농가의 77퍼센트는 소작농이 되거나 화전민이 되었습니다. 이것이 끝이 아니었습니다. 조선총독부는 황실 소유지와 공유지는 물론 전국에 걸쳐 존재하던 미개간지·개간지·산림을 국유지로 만들어 버렸습니다. 조선총독부가 전 국토의 40퍼센트에 해당하는 전답과 임야를 차지한 대지주가 된 것입니다. 조선총독부는 이들 토지를 국책회사인 동양척식주식회사를 비롯해 후지흥업·후지이 등의 일본 토지 회사와 일본인 이민자들에게 무상으로 또는 싼값에 팔아넘겼습니다. 이로 인해 조선 땅에 일본인 대지주가 대거 출현하게 되었습니다.

결국 일제는 토지조사사업을 통해 일본인의 조선 정착에 필요한 토지 및 조선총독부의 재정을 확보하고자 한 것입니다. 또한 전통적인 양반 계층의 지주권을 확보해 주면서 이들을 친일 인사로 포섭했습니다. 한편 모든 자원과 세금을 확실히 파악해 식민지 수탈의 기반 역시 마련했습니다.

토지조사사업은 1918년 11월, 이완용의 토지조사 종료식 축사를 끝으로 막을 내렸습니다. 식민지 지배의 기초를 다진다는 애초의 목적을 100퍼센트 달성한 것입니다.

식민지경제체제는 농업 이외의 분야에서도 마찬가지로 진행되었습니다. 1910년 12월에 공포된 '조선 회사령'은 일본 이외의 나라가 조선에서 자유롭게 회사를 설립하는 것을 금지했습니다. 모든 산업 부문에서 일본 자본의 장악력을 높이기 위한 조치였죠. 1919년까지 일본인 회사는 180개 늘어난 반면 조선인 회사는 겨우 36개 늘어났습니다. 조선 회사령의 목적이 무엇인지 말해 주는 증거라고 봐야겠죠. 산림과 어업, 광업 역시 대부분 일제의 손아귀에 떨어지게 되었습니다.

일제가 식민지경제체제를 완성해 가는 동안 일제에 붙은 지주들은 실질 소작료를 7-8할로 올렸습니다. 그러고는 착취로 번 돈으로 다시 땅을 사들였습니다. 결국 수많은 농민들이 땅을 잃고 도시로 가 저임금 노동자로 살아갈 수밖에 없게 되었습니다. 하지만 공사장·광산·부두

등에서 날품을 팔고 공장에 나가 하루 12-16시간을 일해도 임금은 일본인의 2분의 1이나 3분의 1에 불과했습니다. 조선인 중소 자본가와 상인 역시 일본인과의 경쟁에서 살아남을 수가 없었습니다.

이런 상황에서 조선의 민중은 저항할 수밖에 없었죠. 그러나 일제는 저항을 봉쇄하기 위한 강력한 탄압을 준비해 놓고 있었습니다. 그 정점은 조선총독부였습니다. 조선총독부는 행정·입법·사법·군사 등 모든 분야에서 무제한으로 권력을 행사했습니다. 총독에는 일본 육·해군의 대장 출신이 임명되었습니다. 조선 총독은 요직을 일본인에게 모두 맡기고 조선인 협력자들을 지방행정 담당자로 끌어들였습니다. 모두 망국 이전에 한자리 차지하거나 행세하던 자들이었죠. 중앙에는 중추원이라는 자문 기구를 만들어 이완용·송병준·김윤식 등의 매국노를 끌어들였습니다.

일제가 조선을 지배하고 민중을 상대하는 기본 원칙은 '무단통치'였습니다. 무력으로 조선 민족을 억압하겠다는 것이죠. 이 무단통치의 강력한 수단이 바로 '헌병경찰제'였습니다. 총독부 직속의 일제 군대인 헌병에게 일반 경찰 업무까지 보게 한 것입니다. 그리고 일본 거류민들을 소방대, 재향군인회 등으로 무장시켜 헌병과 경찰을 지원하게 했습니다. 가장 악독한 형태의 군부독재였습니다.

이 무단통치의 성격을 드러내는 데라우치의 말이 있습니다. 초대 조선 총독이었던 데라우치는 '조선인은 우리 법규에 복종하든지 아니면 죽음을 각오하든지 그 어느 것을 택하지 않으면 안 된다.'고 말했습니다. 어떤 종류의 저항도 용납하지 않겠다는 것으로 조선 지배가 폭력적인 방법으로 이루어지고 있다는 것을 스스로 폭로하는 말이었습니다.

헌병경찰이 행사한 폭력 중 최악의 형태는 태형이었습니다. 갑오개혁 때 사라진 태형이 일제에 의해 부활한 것이죠. 태형의 도구로 쓰인 매는 수소의 성기를 말린 후 끝에 납덩어리를 단 물건이었습니다. 이 매는 쉽게 부러지지 않고 몸에 휘감겨 고통을 극대화시켰습니다. 술 마시고 노래를 부르거나, 웃통을 벗고 일했다는 이유만으로 끌려온 조선 사람이 즉결 처분에 따라 태형을 받게 되면, 절대 걸어서 나올 수가 없었다고 합니다. 이렇게 태형을 당한 사람의 수가 1910년부터 1919년까지 26만 명이 넘었습니다.

교육은 천황에게 충성을 다하는 신민을 키우기 위한 수단이 되었습니다. 일제는 고대부터 일본이 조선을 지배해 왔다며 역사를 날조했습니다. 민족 교육은 금지되었고 반일 성향의 잡지·신문·서적은 폐간되거나 발매금지 또는 압수되었습니다. 이처럼 전방위에 걸친 탄압의 목적은 단 하나, 민족 전체가 일제의 지배에 절대 복종하고 어떤 짓을 당하더라도 별수 없다고 생각하게 만들기 위해서였습니다. 즉 조선 민족을 완전한 노예로 만들려는 것이었죠.

●●● 합방공로작, 나라를 팔고 일제의 귀족이 된 사람들

한일합방조약 제5조를 보면 '일본국 황제폐하는 훈공(勳功)있는 한국인으로서 특히 표창에 적당하다고 인정된 자에게 영작(榮爵)을 수여하고, 또 은급(恩級)을 부여한다.'는 말이 나온다. 나라를 팔아먹는 데 공을 세운 조선인들에게 일본 천황의 이름으로 귀족 작위와 하사금을 준다는 말이다. 이렇게 해서 나온 것이 합방공로작이다. 이들은 모두 76명이다. 왕족과 왕실의 외척 및 당시 권력의 핵심부에 있던 인물들이 총망라되어 있다. 왕족 등을 제외하고 당파를 구분할 수 있는 사람들은 총 64명 정도인데, 북인 2명, 소론 6명을 제외한 56명 모두가 노론이다. 조선 후기의 권력을 장악하여 각종 폐해를 낳고, 세도정치로 각종 이득을 독점했던 이들이 나라를 팔아넘기는 데는 누구보다 앞장섰다는 사실을 이 명단을 통해서 알 수 있다.

《일본지조선(日本之朝鮮)》(국립민속박물관)
| 1911년에 총독부의 지시를 받아 재한 일인들이 한일합병의 정당성을 선전하기 위해 만든 책이다. 왕가의 인물과 조선의 유력 인사에 대해서는 물론 건물, 도시 풍경, 산업, 풍속 그리고 한일합병 관련 문서들이 실려있다. 日本之朝鮮, 즉 일본의 조선이란 제목에서 나라를 빼앗긴 사실을 절실하게 느낄 수 있다.

2_ 3·1운동, 그 찬란한 민족해방투쟁

일제는 조선 민중의 저항을 짓밟기 위해 구한말 잔존 의병에 대한 소탕 작전을 계속하는 한편 계몽운동에 대해서도 극단적 탄압을 서슴지 않았습니다. 공포를 조장하여 민족해방투쟁의 싹을 잘라 버리기 위해서였습니다.

안중근의 동생인 안명근이 황해도 지역에서 무관학교 설립을 위한 자금을 모집하려고 했던 일이 있었습니다. 일제는 이 일을 빌미로 황해도 지역의 유력 인사 160여 명을 검거하여 잔혹하게 고문하고는 내란미수·살인미수·강도미수 사건으로 몰았습니다. 이 사건으로 안명근은 무기징역형을 받았습니다. 이것이 1911년에 발생한 '안악 사건'입니다. 일제는 이에 그치지 않고 이 안악 사건에 신민회를 엮어 넣었습니다. 6백

명에 달하는 신민회원을 검거하고는 총독 암살을 시도했다고 조작했습니다. 그 결과 105인이 유죄 선고를 받았습니다. 이를 '105인 사건'이라고 합니다. 취조 과정에서 고문으로 두 명이 사망하기까지 했습니다. 또 많은 사람들이 후유증으로 불구가 되었습니다.

이 두 사건은 애국계몽운동에 대한 대대적인 탄압의 시삭이었습니다. 하지만 민족의 해방을 염원하는 투쟁은 결코 중단되지 않았습니다. 오히려 그러면 그럴수록 일제에 대한 분노와 저항의 움직임은 커져 갔습니다.

일제의 무단통치하에서 독립 투쟁은 비밀결사 형태일 수밖에 없었습니다. 1915년에 결성된 대한광복단은 광산과 우편소 등을 습격해 군자금을 모으고 친일 인사를 살해하는 등의 활동을 했습니다. 그 외에도 선명단·자진회·조선국권회복단·조선국민회 등의 비밀결사가 활동하고 있었죠. 이외에도 대한독립의군부 등 일부 위정척사파 의병의 맥을 잇는 비밀결사도 있었습니다. 하지만 위정척사파는 이념의 한계를 보일 수밖에 없었죠. 그들은 전제 왕권을 추구한 대한제국의 부활을 염원했습니다. 시대에 맞지 않는 목표를 내세운 것이죠. 따라서 민중의 지지를 받기 어려웠습니다. 당연히 이들의 비중은 매우 낮아졌습니다. 대부분의 독립운동 단체는 군주제를 배제하고 공화제를 본격적으로 내세웠습니다. 교육계와 종교계에서도 독립군을 지원하고 학생들의 민족의식을 기르기 위한 비밀 활동을 지속했습니다.

농민들은 일제의 수탈에 끊임없이 저항했습니다. 토지조사 방해와 조세 거부 투쟁은 이 시기 농민들의 대표적인 저항 방식이었죠. 태형과 투옥에도 굴하지 않고 농민들은 각지에서 투쟁을 지속했습니다. 1910

년대 후반으로 가면서 농민들은 사회단체와 연계하여, 세무서·주재소·면사무소 등 일제 통치 기구에 직접적인 공격을 가하기 시작했습니다.

한편 일제 초기, 노동자들의 의식 수준은 낮은 편이었습니다. 이제 막 농촌에서 떠나온 노동자가 대부분이었고, 임금노동을 해 본 경험도 별로 없는 상태였죠. 따라서 임금노동이 무엇인지, 노동자들의 권리가 무엇인지 알 수 없었던 것입니다. 하지만 일제하의 가혹한 노동환경은 노동자들의 의식을 급속히 성장시켰습니다. 일제의 가혹한 탄압에 맞서 노동조건을 개선하는 일이 곧 민족해방투쟁과 연결되는 일이란 것을 깨달은 것이죠. 이 과정에서 노동자 조직이 하나둘씩 생기게 되었습니다. 파업 투쟁도 점점 늘어났죠. 그 결과 1919년에는 노동자 조직이 30여 개, 파업이 84건에 참가 인원은 8천여 명에 이를 정도였습니다.

투쟁은 해외에서도 활기를 띠었습니다. 만주와 연해주 지역에서는 구한말부터 이주하기 시작한 조선인들이 대규모 정착촌을 이루어 살고 있었습니다. 독립 투쟁의 근거지로 알맞은 곳이었죠. 특히 당시 서·북간도와 연해주에는 일제의 탄압이 미치지 않고 있었습니다. 또 한반도와 강 하나를 사이에 두고 마주 보고 있어 각종 학교와 독립군 기지, 독립군 양성소를 두기에 최적의 지역이었습니다.

서간도의 대표적인 독립운동 단체는 '경학사'입니다. 이회영·이동녕·이상룡 등 신민회 내에서 독립 투쟁론을 주장하던 인물들이 주도하여 세운 조직이었죠. 경학사는 직접 일하며 싸운다는 정신에 입각해서 운영되었습니다. 직접 농사를 지으며 학문을 닦고, 구국 인재를 양성하여 무장투쟁을 전개할 것을 목적으로 했습니다. 그리고 이 정신에 입각하여 설립된 독립군 양성소가 바로 신흥강습소였습니다. 이는 나중에 '신흥무관학교'로 바뀌었습니다.

신흥무관학교는 1920년 일제의 탄압에 의해 폐교될 때까지 2천여 명의 졸업생을 배출했습니다. 이들은 홍범도와 김좌진 등이 주도하는 독립군의 중추 역할을 해냈습니다. 그 외에도 각종 독립운동 단체에 소속되어 활동했고, 더 나아가서는 의열단과 일제 말 임시정부가 조직한 광복군에서 활약한 이도 다수였습니다. 신흥무관학교는 말 그대로 독립군 양성의 요람이었던 것입니다.

●●● 아나키스트 이회영과 그의 형제들

이회영은 조선의 명문가 출신이다. 그의 10대조는 이항복이었고 그후 집안 대대로 참판·판서·정승을 역임했다. 그러나 일제의 침략 후 그와 그의 형제들은 일제가 수여한 합방공로작을 받고 기뻐했던 사람들과는 다른 길을 걸었다. 넷째인 이회영을 포함한 여섯 형제는 60여 명

의 가족과 함께 만주로 망명의 길을 나섰다. 지금의 가치로 따지면 2조 원이나 되는 재산을 비밀리에 서둘러 처분하여 600억 원을 마련하여 두만강을 건넜다. 이회영 형제들이 마련한 자금은 모두 독립운동에 사용되었다. 이 자금으로 설립된 신흥무관학교는 2천여 명의 독립군을 양성했고 그들은 봉오동전투와 청산리대첩의 주역으로 활약했다.

이회영은 망명 전인 1907년에 고종에게 헤이그 밀사 파견을 제안하여 친구인 이상설을 특사의 일원으로 파견하기도 했다. 1918년에

이회영 흉상

는 고종의 해외 망명을 추진하기도 했다. 군주제를 지지하지는 않았으나 고종이 가진 상징성을 독립운동에 활용하기 위해서였다. 하지만 고종이 갑자기 독살되면서 이 계획은 실패로 돌아갔다. 1919년 3·1운동 후 임시정부를 설립하려는 움직임이 시작되자, 이회영은 특정 정파가 주도하는 정부 형태보다는 '자유연합적 독립운동본부'를 주장했다. 이때부터 이회영은 아나키스트로서 활동하기 시작했다. 신채호·의열단·김좌진과 협력했으며 한·중·일 연합 투쟁을 기획하였다. 아나키즘은 흔히 무정부주의로 번역되지만 실제로는 자유로운 협동과 이를 기반으로 한 공동체를 추구하는 사상이다.

독립운동에 아낌없이 자금을 지원한 바람에 이회영 형제의 재산은 바닥이 났다. 그의 아들이 '일주일에 세 끼를 먹으면 잘 먹는 것'이었다고 할 정도로 가난에 시달리게 된 것이다. 이회영의 부인은 국내에 들어와 공장에 다니고 삯바느질을 하면서까지 독립운동 자금을 모았다. 하지만 이회영 형제들의 독립운동에 대한 열망은 식지 않았다. 1932년, 이회영은 만주의 중국 군벌 장학량과의 연대를 모색하기 위해 상하이에서 다롄으로 가는 배를 탔다. 그러나 밀고자가 있었다. 이회영은 체포되었고 숱한 고문 끝에 숨졌다. 그의 나이 66세였다. 여섯 형제 중 다섯째인 이시영을 제외한 형제들도 병사하거나 영양실조 등으로 사망했다.

'노블레스 오블리주'라는 말이 있다. 높은 사회적 신분에 걸맞은 도덕적 의무를 일컫는 말이다. 이회영과 그의 형제들은 진정으로 노블레스 오블리주를 실천한 사람들이다.

이회영은 이렇게 말했다. "대의가 있는 곳에서 죽을지언정 구차히 생명을 도모하지 않겠다."

북간도에서도 이미 합방 전부터 다양한 단체와 학교가 설립되었습니다. 대표적으로 서전서숙·간민회·중광단·명동학교 등을 들 수 있습니다. 그리고 연해주·상하이·미주·일본 등에서도 다양한 독립운동 단체가 활발히 움직이고 있었습니다.

이와 같이 국내외에서 다양한 독립투쟁이 전개되는 와중에 세계를 뒤흔든 대규모 전쟁이 벌어졌습니다. 그것은 최초의 세계대전이었습니다. 1914년부터 4년간 지속된 1차 세계대전은 세계정세에 어마어마한 변화를 가져왔습니다. 그리고 그 변화와 맞물리며 민족 최대의 봉기인 3·1운동이 일어나게 됩니다.

1차 세계대전이 한창 진행 중이던 1917년, 러시아에서 10월 혁명이라 불리는 세계 최초의 사회주의 혁명이 발생했습니다. 당시 러시아의 10월 혁명은 제국주의 국가들뿐 아니라 세계 각지의 식민지 국가들에게 엄청난 충격을 주었습니다. 러시아 혁명을 주도한 레닌이 제국주의 전쟁에 반대하고 피압박 민족의 해방운동을 지지하는 '민족자결의 원칙'을 선언했기 때문이었습니다. 러시아의 사회주의 혁명에 충격을 받은 전승국 미국의 대통령 윌슨 역시 제한적이나마 패전국의 식민지에 대해 '민족자결주의'를 선언했습니다. 사회주의와 자본주의를 대표하는 두 나라의 선언은 식민지 조선의 해방운동에 커다란 희망을 안겨 주었습니다. 국내외에서 치열하게 전개되던 독립 투쟁과 국제 정세의 변화가 맞물리게 된 것입니다. 3·1운동은 이렇게 시작되었습니다.

3·1운동에서 선구적 역할을 맡은 것은 학생들이었습니다. 재일 조선인 유학생들은 1918년 말부터 서울과 해외 각지에 대표를 보내 전 민족적인 반일 투쟁을 촉구했습니다. 이에 발맞춰 서울의 학생들도 지방의

여러 학교와 연락을 취하며 적극적으로 나섰죠.

1919년 2월 8일, 일제의 심장부 도쿄에서 6백 명의 유학생들이 드디어 〈2·8독립선언〉을 발표했습니다. 이들은 조선에 대한 일제의 침략과 무단통치를 규탄했습니다. 이들은 선언서를 통해 '우리 민족은 찬란히 빛나는 유구한 문화를 가지고 있으며 또 5천 년의 국가 생활을 경험해 왔다. …(중략)… 새로운 국가를 건설하게 되면 …(중략)… 분명히 세계 평화와 인류 문화에 공헌할 것이다. 이제 우리 민족은 일본 및 세계 각국에게 자결의 실현을 요구한다. 만약 이 뜻이 관철되지 않을 때 우리 민족은 민족의 생존을 위해 자유행동에 의해 독립을 달성시키려는 노력을 중단하지 않을 것이다.'라고 했습니다.

일제는 집회를 강제 해산하고 27명의 대표를 검거하였습니다. 하지만 민족적 자부심과 평화에 대한 갈구, 독립 투쟁을 공표한 〈2·8독립선언〉은 조선 내에 결정적 영향을 미쳤습니다. 결국 국내에서도 종교계 인사들이 중심이 되어 구성된 33인 민족 대표와 학생 대표가 1919년 3월 1일 2시에 탑골공원에서 시위를 시작하기로 합의했습니다. 이날은 일제에 독살되었다는 소문이 파다하게 퍼졌던 고종의 국상을 이틀 앞둔 날이었습니다.

3월 1일, 정오 무렵부터 탑골공원에는 학생과 시민들이 몰려들어 인산인해를 이루었습니다. 그러나 웬일인지 33인 민족 대표는 나타나지 않았습니다. 민족의 지도자라던 그들이 정작 가장 중요한 때 발을 뺀 것이었습니다. 그들은 탑골공원의 민중들 앞에서 발표해야 할 〈독립선언서〉를 요릿집인 태화관에서 낭독했습니다. 그러고는 일제의 경무총감에게 전화하여 스스로 체포를 요청했습니다. 그들의 행동은 이해하기 어려운 것이었습니다. 반일 투쟁에 나선 민중들 앞에 서서 끝까지 싸우자고 격려하는 대신 '셀프 체포'를 요청한 이들의 행위를 이해

탑골공원 팔각정 | 3·1운동이 시작된 곳이다.

할 수 있는 조선의 민중은 없을 것입니다. 한편 이들의 행동은 이미 예견된 일이기도 했습니다. 이들은 〈독립선언서〉에 '일체의 행동은 가장 질서를 존중하라'는 문구를 집어넣었던 것이죠. 하지만 이미 불타오른 반일 투쟁의 기운은 어느 누구도 막을 수는 없었습니다.

한 학생이 팔각정에 뛰어올라 〈독립선언서〉를 낭독하고 조선의 독립을 선언하자 탑골공원에 모인 모든 군중이 "조선 독립 만세!"를 외치며 시위행진을 벌였습니다. 시위 행렬이 서울 중심가를 행진하자, 서울의 각계각층 사람들은 물론 국상에 참여하기 위해 상경한 농민들까지 이 대열에 가세했습니다. 순식간에 그 수는 수십만으로 불어났습니다. 일제는 즉각 군대를 동원하여 평화 시위에 나선 사람들에게 총탄을 퍼붓고 군도를 마구 휘둘러 댔습니다. 그러나 민중은 이에 굴하지 않았습니다. 목숨을 건 만세 시위는 밤늦게까지 계속되었습니다.

서울·평양 등 일곱 개 도시에서 시작된 독립 시위는 곧 전국으로 퍼져 나갔습니다. 학생들은 동맹휴학으로, 노동자들은 파업 투쟁으로, 상인들은 철시를 통해, 또 농민들은 장터에 모여 대일 투쟁을 벌였습니다. 일제의 잔혹한 진압에 민중들은 낫과 몽둥이 등으로 맞섰습니다.

헌병·경찰·면사무소·군청·금융조합 등 일제의 수탈 기구는 물론 일본인 지주와 상인, 고리대업자와 이완용을 위시한 매국노들이 투쟁의 대상이었습니다.

독립 시위는 4월 말까지 두 달간이나 지속되었습니다. 이 기간 동안 2백만 명이 넘는 민중이 참가했습니다. 전국 232개 지역 중 229개 지역에서 1,491건의 시위가 벌어졌고 160개에 달하는 일제의 통치기관을 파괴했습니다.

그러나 일제의 잔혹한 진압으로 시위는 점차 수그러들었습니다. 군인들에 일본 거류민까지 합류해 벌인 무자비한 초토화 작전 때문이었습니다. 그들은 '일본인 가옥에 불을 지르면 조선인 가옥 전부를 불사르고, 일본인 한 사람이 살상되면 될 수 있는 한 많은 조선인을 죽일 것'을 외치며 조선인 탄압에 나섰습니다.

이런 일제의 만행을 대표적으로 드러낸 것이 수원군의 '제암리 학살 사건'입니다. 1919년 4월 15일 새벽, 제암리에 쳐들어간 일본 군대는 마을 사람 전원을 교회에 몰아넣고 문을 잠근 후 총격을 퍼부었습니다. 한 부인이 갓난아기를 창밖으로 내밀며 아기만은 살려 달라고 하자 이아이를 총검으로 찔러 죽였습니다. 그러고는 교회를 불살라 총탄 세례에도 살아남은 사람들까지 남김 없이 태워 죽였습니다. 그후 광분한 일본군은

일본군의 방화로 파괴된 제암리

서대문 형무소 | 1908년에 완공되었다. 해방을 맞기까지 수많은 애국지사가 이곳에 투옥되어 고문을 당하거나 세상을 떠났다.

수원군 전 지역을 돌아다니며 천여 명의 주민을 학살했습니다.

이외에도 수없이 많은 곳에서 학살이 벌어졌습니다. 축소 보고한 일제의 통계에 따르더라도 3월 1일에서 5월 말까지 일제에 의해 학살된 사람이 전국에서 8천 명, 부상자는 6천 명, 검거된 사람은 4만7천 명에 달합니다.

두 달간에 걸친 3·1운동은 수많은 희생자를 내며 결국 막을 내렸습니다. 그러나 세계사에 유례없는 대규모 민족해방투쟁이었던 3·1운동은 조선 민중에게 대단히 중요한 의미를 남겼습니다.

우선 애국계몽이나 실력 양성론에 치우친 독립운동 방식에서 벗어나 무장투쟁을 본격화하는 계기가 되었습니다. 무력을 동원한 일제에 맞서기 위해서는 우리도 무장해야 한다는 것을 깨달은 것이죠. 3·1운동 당시 조선인 희생자가 일방적으로 발생하고 학살에 무참하게 당한 것도 결국 맨손으로 무기에 맞서 싸웠기 때문이었습니다. 3·1운동 이후 망명한 많은 사람들이 독립군 단체에 가입해 독립군의 활동이 왕성해지게 된 것도 그 영향이 컸습니다.

두 번째로는 자칭 민족 대표라는 사람들이 정작 결정적인 시기에는 질서를 내세우며 발뺌하는 것을 보면서, 그들의 한계를 인식하게 되었다는 것입니다. 철저히 비타협적인 반일 투쟁에 나서지 않으면 결국 일제에 협력하는 것이라는 점을 절실하게 느낀 것입니다.

세 번째로 각 계층의 부문별 조직 활동이 3·1운동 과정에서 성장했습니다. 노동 운동·농민 운동·학생 운동·여성 운동 등 계층별 조직이 급속하게 발전했습니다. 반제·반봉건 투쟁은 이 계층별 조직 투쟁과 결합해 나가게 되었습니다.

네 번째로 3·1운동은 조선 민중의 거센 저항에 놀란 일제가 무단통치를 '문화정치'로 바꾸게 된 계기가 되었습니다. 물론 제국주의 식민지 지배라는 점에서는 본질적으로 동일하다고 볼 수 있습니다. 그렇지만 언론·출판·집회·결사의 자유가 제한적으로나마 주어진 것은 3·1운동이 가져온 중요한 성과였습니다. 이런 성과가 다시 민족해방투쟁의 발전에 귀중한 밑거름이 되었기 때문입니다.

그리고 마지막으로 조선의 독립은 조선 사람의 힘으로 이루어야만 한다는 사실을 알게 되었습니다. 3·1운동 와중에 미국이 '윌슨 대통령의 선언은 일본의 영토에서는 적용되지 않는다. 일본은 이미 조선을 제국의 일부분으로 한 것이 확실하기 때문에 오늘날 조선을 이전의 상태로 복귀시키는 제안은 아무래도 불가능하다.'고 밝힌 것입니다. '민족자결주의'가 1차 세계대전 패전국의 식민지에 대해서만 적용되는 허울에 불과함이 분명해진 것이죠.

이처럼 3·1운동은 실패했지만 실패로만 끝나지는 않았습니다. 우리 민족의 독립 의지를 세계만방에 선포하고 앞으로도 독립 투쟁이 중단 없이 힘차게 전개될 것임을 알리는 계기가 되었던 것입니다. 3·1운동은 일제시대는 물론 지금까지도 찬란한 민족해방투쟁의 상징이 되었습니다.

3_ 문화정치와 식민지경제체제, 당근 그리고 채찍

3·1운동에 화들짝 놀란 일제가 내민 구호는 '문화의 발달과 민력(民力)의 충실'이었습니다. 치안 유지·교육 개선·언론과 출판의 자유·지방자치 등을 통해 조선을 새로운 사회로 발전시키겠다는 것이었습니다. 일제의 이 정책을 이른바 '문화정치'라고 합니다.

그러나 '문화'라는 이름 아래 전개된 일련의 정책들을 보면 교묘히 위장한 '무단통치'라는 점을 쉽게 알 수 있습니다. 먼저 치안 유지의 측면에서 살펴봅시다. 무단통치 시기의 헌병경찰제는 이때 와서 보통경찰제로 바뀌었습니다. 군대를 경찰 업무에서 제외한 것이죠. 그러나 1920년에 경찰의 수는 3·1운동 이전에 비해 무려 세 배나 증원되었습니다. 또

헌병이 대거 경찰로 편입되었죠. 모든 군마다 경찰서를 세우고 모든 면에는 주재소를 두었습니다. 독립운동가를 검거하고 고문하는 일을 전담하는 특고형사와 밀정 등도 대거 확충했습니다. 1925년에는 치안유지법을 만들어, 사회운동을 조직하고 선전하는 모든 행위를 금지하고 중벌을 가했습니다. 이 치안유지법은 일제시대 내내 조선의 독립운동을 탄압하는 최고의 무기로 악명을 날렸습니다. 교육 개선의 목적은 단 하나였습니다. 일제의 주도면밀한 친일파 육성 방침에 나오는 대로 '조선 청년을 친일 분자의 인재로 양성'하는 것이었습니다. 또한 언론과 출판의 자유라는 미명 아래 〈동아일보〉나 〈조선일보〉 등이 발간되었지만 일제의 검열을 피할 수는 없었습니다. 결국 신문지상에는 일제의 비위를 거스르지 않는 기사만 넘쳐나게 되었습니다. 또 지방자치라는 명목으로 도입된 협의회와 평의회는 의결권이 없는 자문 기구였을 뿐만 아니라 위원도 일제의 임명에 따라야 했습니다. 결국 친일 귀족·양반·부호 등이 임명될 수 밖에요.

결국 문화정치의 목적은 강력한 채찍과 사탕발림으로 다시는 3·1운동과 같은 민족해방투쟁이 벌어지지 않도록 조선 사람의 정신을 지배하기 위한 것이었습니다. 그리고 친일 분자들을 양성해서 민족 분열을 도모하기 위해서였습니다. 문화정치를 내걸고 조선 총독으로 부임한 사이토는 "조선 문제의 성공 여부는 친일 인물을 많이 얻는 데 있다."라며 "남을 지배하려면 철학과 종교, 교육 그리고 문화를 앞장세워서 정신을 지배해야 한다."라고 했죠. 문화정치의 본질이 무엇인지를 정확하게 알려주는 언설입니다.

실제 이 시기 일제의 문화정치에 넘어가 식민 지배에 적극 협력하는 자들이 나타났습니다. 그동안 말로나마 독립을 떠들던 이들이 민족개량을 부르짖으며 일제의 품에 안긴 것입니다. 민족개량주의자들에는 대지주, 일제 자본에 예속된 자본가 등과 그들에게 친일의 논리를 제공하고 대가를 챙기는 문필가, 종교인 등이 포함되었습니다. 그 대표 주자가 바로 이광수·최남선·김성수·최린 등입니다. 그들의 주장은 이광수의 〈민족 개조론〉에 잘 나타나 있습니다. 이광수는 3·1운동을 무지몽매한 야만종의 맹동이라고 비판하는 한편 조선의 독립을 부정하고 일제에 자치를 청원하자고 했습니다. '조선 사람들은 허위적이고 비사회적 이기심을 가지고 있으며 나태하고 사회성이 결핍된 타락한 민족성을 가지고 있기 때문에 독립을 이룰 수 없다.'는 주장이었습니다. 결국 이들이 1930년대 말 태평양 전쟁 이후 적극적인 친일 분자로 전락해 간 것은 이런 인식에 매몰되어 있었기 때문입니다.

이들이 민족 개조를 주장하며 자신들의 이익을 챙기고 있는 동안 민중은 식민지경제체제 아래서 무자비한 착취를 당하고 있었습니다. 1920년대에 들어와 민중들의 생활을 더욱 곤경으로 몰고 간 대표적인 정책은 1920년부터 시작된 '산미증식계획'이었습니다. 말 그대로 풀이하자면 쌀을 더욱 많이 생산하기 위한 계획이라는 뜻이죠. 그래서 표면적으로는 '조선의 수요 증가에 대비하고 농가 경제 성장을 도모한다.'는 슬로건 아래 진행되었습니다. 그러나 속뜻은 전혀 달랐습니다.

일제는 자국 내 독점자본의 성장을 위해 자국 노동자들에게 오래전부터 쌀값을 싼 가격으로 공급하는 정책을 펴 왔었죠. 그래서 개항 이후 조선의 곡물을 무제한으로 반출해 갔습니다. 그 연장 선상에서 쌀 반출을 더욱 늘리려는 시도가 바로 1920년의 산미증식계획이었습니다.

일본 내 쌀 생산량이 부족해졌기 때문입니다. 산미증식계획은 1934년까지 14년간이나 지속되었습니다. 그 기간 동안 7억 8천만 평에 달하는 토지에서 관개 사업, 개간 사업, 밭을 논으로 바꾸는 공사 등을 벌였습니다. 그리고 이를 통해 늘어난 쌀은 물론 기존의 생산량에서도 일부를 빼내 일본으로 모두 가져가 버렸습니다.

결국 조선에서는 사람들이 먹을 쌀이 점점 줄어들었죠. 1920년에 조선인 1인당 쌀 소비량은 0.63석이었는데 1930년에 가서는 0.45석으로 30퍼센트 가까이 떨어져 버렸습니다. 일본인들이 같은 시기에 1.1석 전후로 소비했으니, 조선 사람은 일본인이 먹는 쌀의 절반도 안 되는 양으로 버텨야 했던 것입니다. 조선 땅에서 생산한 쌀로 일본인은 배불리 먹고, 정작 조선 사람은 배를 곯아야 하는 현실이 일제의 '계획'이 추구한 목적이었죠. 또한 개간 등으로 늘어난 토지는 대지주와 일본 거류민에게 돌아갔습니다. 쌀 수출로 돈을 벌어들인 이들은 다시 농민들의 토지를 사들여 그들의 토지는 점점 늘어만 갔습니다.

한편으로 이 시기에 일본 독점자본의 조선 진출이 본격적으로 진행되었습니다. 조선에 와서 공장을 차리면 일본 노동자의 절반도 되지 않는 임금을 주고 노동력을 착취할 수 있기 때문이었습니다. 토지조사사업, 산미증식계획으로 토지를 잃고 고향을 떠난 농민들을 마음껏 데려다 부리는 것도 가능했죠. 입에 겨우 풀칠하고 산다는 뜻의 '세궁민'이 1931년에 520만 명으로 전 인구의 25퍼센트를 넘고, 걸인도 16만 명에 달할 정도였습니다. 일본 독점자본가들에게는 이런 조선이 헐값의 노동력 천국이었을 것입니다.

그러나 조선 사람에게 식민지 조선은 지옥이었습니다. 조선 내에서 먹고살 길을 찾을 수 없었던 사람들은 조국을 등져야만 했습니다. 1920 년대 일본으로 130만여 명, 간도 등지로 36만여 명의 사람들이 떠났습니다. 남아 있는 사람들도 살기 위해선 일제의 착취에 저항하는 길을 선택할 수밖에 없었습니다.

농민들은 높은 소작료, 소작권의 변경, 지주가 부담해야 할 지세를 소작인에게 떠넘기는 행위 등에 반대하며 투쟁했습니다. 자작과 소작을 병행하는 농민인 자소작농과 소작농이 전체 농가의 80퍼센트에 육박했던 만큼 말 그대로 생존을 위한 투쟁이었죠. 3·1운동 이후 농민 조직이 급격하게 발전하면서 투쟁은 더욱 활발하게 전개되었습니다. 이 시기의 대표적인 농민 투쟁은 전남 무안군의 '암태도 소작쟁의'입니다. 1923년에 시작된 이 투쟁은 암태 소작회를 중심으로 거의 1년 동안 대지주 문재철과 이를 비호하는 일제 경찰에 맞서 진행되었습니다. 그 결과 7-8할에 이르는 소작료를 4할로 낮추는 성과를 거두었습니다.

노동자들의 투쟁 역시 치열하게 진행되었습니다. 그중 1929년에 발생한 '원산 총파업'은 원산 인구의 3분의 1이 참가한 이 시기의 대표적인 투쟁이었습니다. 4개월이나 지속된 이 파업에 일제는 군대파견, 경찰과 소방대 동원, 해고, 핵심 간부 구속, 어용 노조 결성과 같은 온갖 수단을 동원해서 탄압했습니다.

이처럼 민중들이 일제의 채찍질에 저항하고 있을 때 학생들 역시 '교육 개선을 통한 친일 분자 양성'에 적극 저항하고 나섰습니다. '조선 사람들은 해부학적으로 야만에 가깝다.'는 등 공공연한 일제의 모멸에 학생들은 등교 거부·수업 거부·농성 등으로 맞섰습니다. 1926년에 학생들의 주도로 벌어진 6·10 만세 시위 이후 운동은 더욱 조직적으로 발전해 갔습니다. 학생들은 각종 독서회와 비밀결사를 결성했습니다. 이 비밀결사를 중심으로 조선어 교육, 조선 역사와 지리 교육, 조선인 본위 교육과 식민 교육 반대 등을 내걸고 동맹 휴교 투쟁을 벌였습니다. 그리고 1929년 11월, 3·1운동 이후 최대의 반일 민족 투쟁이자 학생운동의 절정인 '광주학생항일운동'이 일어났습니다.

통학 열차 안에서 일본인 남학생이 조선인 여학생을 희롱한 것이 계기였죠. 이미 오랜 기간 독립운동과 학생 투쟁의 경험을 쌓은 광주 학생들은 이를 계기로 투쟁에 나섰습니다. '일본 제국주의 타도'와 '피억압 민족 해방 만세'를 외치며 격렬하게 싸웠죠. 투쟁의 불길은 해를 넘기면서 전국의 149개 학교로 번져 총 참가 학생 수가 5만4천여 명에 달했습니다. 일제는 학생들의 투쟁을 대대적으로 탄압했습니다. 그 결과 퇴학 582명, 무기정학 2,330명에 검거된 학생이 1,642명에 이르렀습니다.

이외에도 여성운동과 형평운동(백정 신분의 차별 타파 운동) 등 다양한 부문에서 각종 조직과 투쟁이 전개되었습니다. 그리고 이 모든 운동은 일제와 그 앞잡이인 친일 분자들에 대한 투쟁으로 발전해 갔습니다. 억압의 근본 원인이 바로 그들에게 있기 때문이었죠.

4_ 임시정부·무장투쟁·의열단·신간회, 새로운 민족해방투쟁을 모색하다

3·1운동 이후 일제에 대한 민중들의 거센 저항이 확산되고 있던 당시, 국내외에서도 다양한 독립 투쟁의 흐름이 나타났습니다.

앞서 본 것처럼 '정신이 지배당한' 민족개량주의자들은 '민족 개조를 목적으로 한다면 정치적 색채를 띠어서는 안 된다.'라며 3·1운동까지 헐뜯는 변절의 길을 가고 있었죠. 이들의 주장은 한마디로 '자력 독립 불능론'이었습니다. 조선 민족의 독자적인 힘으로는 독립을 쟁취할 수도 없고 유지할 수도 없다는 것이죠. 결국 일제의 지배를 인정하고 자치권을 얻어 내는 것이 조선 민족에게 최선이라는 것입니다. 하지만 대부분의 사람들은 일제의 문화정치와 자치론이 무엇을 의미하는지 정확하게 알고 있었습니다. 일제가 민족개량주의자들을 이용해 독립운동의 분열을 꾀하고 있다는 사실을 말입니다. 그리고 민족개량주의자들이 그 틈에서 자신들의 이익을 얻고자 한다는 사실을 말이죠. 따라서 민중들은 이광수 부류의 민족개량주의에 반대하며 다양한 독립 투쟁의 길을 열어 나갔습니다. 무엇보다 중요한 것은 독립운동을 총괄하는 지도 조직이 필요하다는 인식이 광범위하게 퍼져 나간 것이었습니다. 지도 조직 없이 민중의 자발적인 참여만으로는 독립이라는 목표를 달성하기 어려웠기 때문이었습니다. 3·1운동이 전 민족적인 투쟁이었음에도 불구하고 독립을 쟁취하기에는 턱없이 부족했던 터라 더욱 필요성을 절감할 수밖에 없었죠.

지도 조직을 만들기 위한 노력의 결과 1919년 4월, 상하이에서 '대한민국 임시정부'가 수립되었습니다. 또한 서울과 러시아령 연해주에서도 독자적인 정부가 조직되었습니다. 이후 여러 갈래로 나뉜 임시 정부들의 통합 움직임이 일어났습니다. 그런 노력이 성과를 거두어 9월에는 상하이에 통합 임시정부가 수립되었습니다.

그런데 통합 임시정부의 대통령으로 취임한 이승만의 욕심과 고집이 임시정부 수립이라는 역사적 사건을 절반의 성공으로 그치게 만들었습니다. 당시 임시정부 수립에 참가한 대부분의 인사들은 의원내각제를 선호했고, 합의까지 한 상태였습니다. 의원내각제가 다양한 독립운동 세력을 포용하기 쉬운 측면이 있었기 때문이었죠. 또 국민의 선거를 거치지 못하는 상태에서 대통령이라는 1인 권력 체계를 수립하는 것은 어불성설이라는 인식이 많았습니다. 하지만 이승만은 대통령이라는 호칭을 끝까지 포기하지 않았습니다. 결국 연해주의 독립운동 세력은 이에 반발해 통합 정부 참여를 거부했습니다. 이승만의 권력욕이 불러온 비극이었습니다.

이승만의 권력욕과 맞물려 임시정부를 초라하게 만든 것은 임시정부가 추구한 '외교 독립 노선'이었습니다. 당시 만주와 연해주에는 무장투쟁을 수행하던 다양한 세력이 있었습니다. 임시정부는 이들과의 연대와 통합을 우선해야 했습니다. 그러나 이승만이 이끄는 임시정부는 1차 세계대전 처리를 위한 파리강화회의나 워싱턴군축회의에 가서 독립을 호소하는 것을 최우선으로 삼았습니다. 하지만 이들 회의는 조선에 냉담했습니다. 승전국의 식민지는 '민족자결주의'의 대상이 아니었기 때문입니다.

그러던 1925년에 임시정부가 이승만을 탄핵하는 일이 벌어졌습니다. 1919년 2월 파리강화회의에 참가한 윌슨에게 이승만이 보낸 '위임통치 청원서' 때문이었죠. 독립 투쟁을 통해 완전한 독립국가를 수립하는 일에 매진하고 있던 독립투사 입장에서, 국제연맹이 우리나라를 '위임통치'해 줄 것을 애걸한다는 건 독립의 포기와 다를 바 없었습니다.

하지만 이승만 탄핵 후에도 임시정부는 크게 달라지지 않았습니다. 실패가 뻔히 보이는 외교 독립 노선에 집착한 데다 동포들이 몰려 있는 만주나 연해주가 아닌 상해에 자리를 잡은 터라 지리적인 한계가 있었습니다. 임시정부가 독립운동 전체를 포괄하지 못하게 된 것은 당연한 결과였습니다. 김구 등에 의해 명맥은 유지하고 있었지만 오랜 기간 동안 일제에 이리저리 쫓겨 다니며 실질적인 투쟁에 나서지 못했습니다.

반면 만주와 연해주 지역에서는 무장투쟁이 줄을 이었습니다. 만주와 연해주는 백만 명에 가까운 동포 사회를 기반으로 직접적인 독립 투쟁을 수행하기에 알맞은 곳이었습니다. 외교 노선을 펴기에 편한 지역이었던 상해와는 명백하게 대비되는 지역이었죠. 1910년대 신민회의 주도로 이루어진 독립군 기지 건설이 성과를 거둔 덕택이기도 합니다. 각종 독립군 조직과 의병장 출신 독립군이 이곳에서 활발한 활동을 벌이고 있었습니다. 지리적으로도 조선과 지척이기에 투쟁의 성과를 널리 알리고 여차하면 국내 진공을 할 수 있는 지역이기도 했죠. 하지만 일제와 직접 전투를 벌여야 하는 일인 만큼 외교 노선과 달리 목숨을 내걸고 해야 하는 투쟁이었습니다.

1920년대 독립 전쟁의 최대 성과인 봉오동전투와 청산리대첩은 바로 이 지역에서 벌어진 일입니다. 의병장 출신인 홍범도의 대한독립군은 1920년 3월부터 혜산진과 갑산 등 국경 근처의 일본군 수비대와 경찰서 등을 여러 차례 습격하여 성과를 올렸습니다. 그리고 그해 6월, 1개 대대 병력을 동원하여 쳐들어오는 일본군을 맞이했습니다. 다른 독립군 부대와 연합한 대한독립군은 봉오동에서 매복 공격하여 일본군 157명

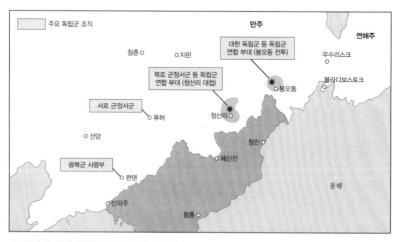

1920년대 무장 독립군의 주요 활동 지역

을 사살하는 전과를 올렸습니다. 7월에는 4개 대대를 동원한 일본군을 다시 물리쳤습니다. 이 봉오동전투는 일본군 정규 병력에 맞서 대승을 거둔 독립군 최초의 대규모 전투였습니다.

청산리대첩은 봉오동전투 직후 벌어진 대규모 승전이었습니다. 1920년 10월 김좌진의 북로군정서와 홍범도의 대한독립군을 토벌하기 위해 일본군이 3개 사단 병력을 동원해 청산리 방면으로 공격해 왔습니다. 하지만 김좌진과 홍범도, 그리고 기타 독립군의 연합 부대 3천여 명은 일본군의 대대적 공격을 지형지물을 이용한 매복과 기습 공격으로 응징했습니다. 21일부터 26일까지 벌어진 치열한 전투 결과 일본군은 1천2백여 명의 전사자를 내고 꽁무니를 뺐습니다. 독립군의 희생은 백여 명에 그친 대승이었습니다. 청산리대첩은 1920년대 무장투쟁의 최대 성과였습니다.

대패한 일제는 독립군 소탕을 핑계로 만주 일대의 한인들을 무차별 학살하기 시작했습니다. 마을을 불태우고 창과 총으로 마을의 모든 남자들을 죽이고 부녀자를 겁탈했습니다. 심지어 사람들을 사격 연습용으로 세워놓고 총질을 해 댔습니다. 사람들을 불태워 죽이고 가죽을 벗기는 등의 야만적인 행위도 수도 없이 벌였습니다. 서너 달간 진행된 일본군의 보복으로 수만 명의 조선인이 살해당했습니다. 일본 제국주의의 본질이 다시 한 번 똑똑히 드러난 셈입니다. 이것이 '경신참변'입니다.

그 후 독립군 부대는 통합과 분열을 겪으면서 만주 각 지역에 참의부·정의부·신민부라는 일종의 자치 정부를 세웠습니다. 독립운동 세력들이 완전하게 통합을 이루지 못한 상태에서 남만주·서간도·북만주에 각각의 조직이 세워진 것이죠. 이들은 임시정부와는 달리 만주 교포 사

의열단원의 의거를 다룬 1923년 4월 12일 자 동아일보 호외 기사(안동독립운동기념관) |
의열단장 김원봉과 단원 김시현의 사진을 볼 수 있다.

회를 바탕으로 하고 있었기 때문에 세금을 걷고 독립군을 양성하는 등
자치 정부로서의 기능을 했습니다. 통합을 이루기 위해 다양한 논의를
하기도 했습니다. 상해 임시정부가 독립운동 세력을 통합·지도하지 못
하고 있는 현실에서 이 논의는 굉장히 중요했습니다. 만주 지역에서 일
제에 맞서 싸울 단일한 조직을 건설하는 일이기 때문이었죠. '민족 유일
당 운동'으로 불리는 이 통합 노력은 성과를 거두어 부분적인 통합을 이

루기도 했습니다. 그러나 사회주의와 민족주의의 갈등, 통합 방법을 둘러싼 이견 등으로 완전한 하나의 정부를 이루지는 못했습니다. 그런 상황에서 일본의 독립군 토벌과 만주 침략이 본격화되자 독립군 부대는 쇠퇴하기 시작했습니다. 1930년대 이후의 무장투쟁은 중국 항일 투쟁과의 연대를 통해 돌파구를 찾아 나가게 됩니다.

무장투쟁의 일종이긴 하지만 군사적 방법 대신 정예 비밀결사를 통해 암살이나 파괴 활동을 함으로써 민중 폭동을 도모하는 투쟁 방식을 택한 이들도 있었습니다. 김원봉의 의열단이 대표적인 경우였습니다. 의열단은 신채호의 〈조선 혁명 선언〉을 통해 자신들의 이념을 확고하게 다졌습니다. 실력 양성론·외교 독립론·자치론을 비판하고 반일 민중 혁명을 추구한다는 것이었죠. 최수봉·김익상·박재혁·김상옥·김지섭·나석주 등이 대표적인 의열단원입니다. 그들은 조선총독부·경찰서·일본 왕궁 등 일제의 식민 지배 기구 및 주요 인물에 대한 폭탄 투척, 저격 등을 통해 자신들의 신념을 실행했습니다.

그러나 개별적인 폭력 투쟁을 통한 독립운동 방식이 해방에 결정적인 역할을 할 수 없다는 것을 깨달은 의열단원들은 중국의 황포군관학교에서 군사 훈련을 받고 국내 노동운동에 참여하는 등 조직 운동을 위한 준비를 하게 되었습니다.

한편 국내에서는 민중들의 저항이 거세지면서 각 부문별로 진행되는 투쟁을 적극 지원·고무하고 민족개량주의에 적극 반대해 연합하는 움직임이 나타났습니다. 여기에는 비타협적 민족주의자들과 사회주의자들이 대거 참여했습니다. 그 결과물이 바로 '신간회'입니다. 1927년 2월에 창립된 신간회에는 각종 사회단체와 언론계, 종교계를 대표하는 주요 인물들이 모두 참가하였습니다. 조선농민총동맹·조선노동총동맹·조선청년총동맹 등 대중 단체의 회원들도 개인 자격으로 적극 참여했습니다. 회장은 이상재, 부회장에는 홍명희가 선출되었죠. 신간회는 민족개량주의자들이 추진하는 자치론을 배격하고 국내에서 벌어지고 있는 각 부문별 투쟁과 만주의 독립군을 적극적으로 지원했습니다.

신간회의 활동이 활기차게 전개되던 1929년 11월에 광주학생항일운동이 일어났습니다. 신간회는 이 운동을 전국적으로 확산시키기 위해 민중 대회를 준비했습니다. 그러나 이를 빌미로 일제는 신간회 간부를 대거 검거했고 결국 김병로를 중심으로 새 집행부가 구성되었습니다. 그런데 이들은 자치론자들과 손을 잡아야 한다는 등 기존 신간회의 노선과는 다른 주장을 했습니다. 이에 대해 사회주의 계열이 반발하면서 신간회는 해소의 길을 걷게 되었습니다. 결국 신간회는 1931년 5월 전체 회의를 통해 자진 해체 결정을 내렸습니다.

해소 당시 신간회에는 141개 지회에 4만여 명의 회원이 있었습니다. 일부 지도부가 타협론에 빠진다고 해서 반일 투쟁이 중단될 리도 없고, 대다수가 자치론을 받아들일 리도 없었죠. 그럼에도 불구하고 민족 협동 전선이자 최대 규모의 항일 단체인 신간회가 해소된 것은 전체 독립 운동에 상당한 타격이 되었습니다. 독립운동에 매진하던 다양한 인물들을 통합하던 공간이 사라지게 되니 뿔뿔이 흩어진 채로 각개 약진할 수밖에 없게 된 것입니다. 노동자·농민·청년·여성 등의 운동을 지원할 수 있는 최대의 합법 조직이 사라지게 된 것 역시 큰 손실이었죠.

이처럼 1920년대의 독립 투쟁은 다양한 방식으로 전개되었습니다. 국내에서 벌어지고 있던 민중들의 투쟁은 이들 독립운동을 지탱하고 지지하는 가장 큰 힘이었습니다. 비록 그 성과를 완전히 거두지는 못했지만 각각의 독립운동을 통합하려는 노력 역시 지속적으로 이루어졌습니다. 일제는 독립운동을 무자비하게 탄압하기도 하고 때로는 자치론 등을 부추기며 분열을 조장하기도 하면서 교활하게 책동했습니다. 하지만 독립 투쟁의 불씨는 결코 꺼지지 않았습니다.

5_ 전시체제에 돌입한 일제, 강화되는 민중 수탈

1929년, 전 세계적인 공황이 발생했습니다. 세계 자본주의의 중심인 미국의 주가 폭락으로 시작된 공황은 전 세계를 덮쳤고 이 충격은 1차 세계대전 이후 안정되는 듯 보이던 전후 체제를 뒤흔들었습니다. 미국은 뉴딜 정책을 통해 수요를 늘리고 실업을 줄이려고 했습니다. 영국과 프랑스 등 전승국이면서 식민지를 광범위하게 경영하고 있던 나라들은 본국과 식민지를 블록화하여 위기를 벗어나려고 했습니다. 하지만 독일과 이탈리아는 파시즘으로 기울어졌고 대외 침략을 통한 위기 극복을 선택했습니다.

일제 역시 공황의 직격탄을 맞았습니다. 무너진 경제 속에서 활로를 되찾기 위한 방안으로 조선과 만주를 하나의 경제권으로 묶어, 일제 독점자본의 시장이자 원료 수탈 기지로 만들려고 했습니다. 1931년 만주 철도 폭파 사건을 조작해 대규모 출병을 강행한 만주사변 이후 일제는 만주 침략을 노골적으로 진행했습니다. 1932년에는 청나라의 마지막 황제 푸이를 꼭두각시로 내세워 만주국을 세웠습니다. 만주를 식민지화 하려는 의도였죠.

만주 침략은 그것으로 끝이 아니었습니다. 일제 독점자본의 시장과 원료에 대한 탐욕에서 촉발된 중국 본토에 대한 야욕은 1937년 중일전 쟁으로, 동남아시아를 대상으로 한 영토 침략은 1941년 태평양전쟁으 로 비화되었습니다. 이로써 일제는 독일·이탈리아와 함께 인류 역사상 최대 규모의 전쟁인 2차 세계대전으로 전 세계를 몰아갔습니다.

일제의 전시체제 돌입이란 식민지 민중에게 더욱 가혹한 탄압과 수 탈이 가해진다는 의미였습니다. 노동자들에 대한 통제는 더욱 심해져 갔습니다. 1930년 이후 한동안 폭발적인 증가세를 보이던 노동자들의 파업도 중일전쟁 발발을 전후해서는 1929년 수준으로 떨어졌습니다. 농민운동 역시 마찬가지였습니다. 파시즘하에서의 투쟁은 이전 어느 시 기보다 더 어렵고 힘들었습니다. 이를 지원할 수 있는 조직 활동도 대 부분 금지된 상태였기 때문입니다.

중일전쟁 이후 일제가 조선에 가했던 주민 통제와 전시 동원 체제는 '병참기지화·국가 총동원·국민정신 총동원'이라는 말로 요약할 수 있습 니다. 일제 독점자본과 군부의 욕구를 충족시키기 위한 식민지 경제 착 취와 사상 통제의 극단적인 형태였죠.

병참기지화와 국가 총동원이란 경제를 군수산업 위주로 재편하고 조 선의 모든 것을 전쟁에 동원한다는 뜻입니다. 쌀은 무제한으로 공출되고 식량은 배급제로 바뀌었습니다. 무기를 만들기 위해 절이나 교회의 종과 놋그릇·숟가락까지 공출 대상이 됐습니다. 기록에 따르면 1941년에서 1945년까지 4년 동안 공출된 식량이 미곡 5천만 석에 달했고 보리·귀리·콩 등이 7백만 석에 달했다고 합니다. 조선 내 총생산량의 50-60퍼센트에 해당하는 양이었죠. 절은 1936년부터 1944년까지 1,789만 톤, 아연은 21만1천 톤, 마그네사이트는 68만 톤이 약탈당했습니다. 1930년대 초에서 1940년대 초까지 3천만 입방미터의 원목이 채벌되었고 1,432만 톤의 수산 자원이 약탈당했습니다.

그뿐만이 아니었습니다. 목숨까지 내놓아야 했습니다. 국민정신 총동원이라는 슬로건 아래 벌어진 일입니다. 1939년부터 1945년까지 20만 명에 달하는 학도병, 7만 명의 종군위안부가 강제 동원되었습니다. 그 외에도 근로정신대와 근로보국대 등 각종 명목으로 끌려간 조선인의 숫자가 6백만 명을 넘습니다.

이에 반발하고 투쟁하는 조선 민중을 억압하기 위해서 일제는 '황국신민화'를 추진했습니다. 일본식 성명 강요·일장기 게양·신사참배·일본어 상용·조선어 금지·애국 저금·국방헌금 등 조선인의 정신을 말살

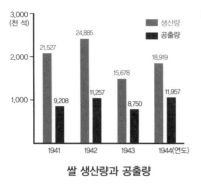

쌀 생산량과 공출량

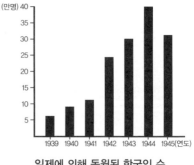

일제에 의해 동원된 한국인 수
(조선총독부 통계)

할 수 있는 수단은 모조리 동원됐습니다. 독립운동의 기미가 보이기도 전에 싹을 잘라 버리겠다는 의도로 '사상범 예방 구금령'도 실시했습니다. 이에 따라 일제에 협력하지 않는 모든 독립운동가들은 죄 없이도 갇히는 신세가 되어 버렸습니다. 〈조선일보〉와 〈동아일보〉 등 검열을 전제로 발행되던 신문조차도 이때는 폐간을 면할 수 없었습니다. '치안 유지법'으로 《우리말 큰사전》을 준비하던 조선어학회 회원들을 구속하기도 했습니다.

이렇게 조선의 모든 국토·자원·목숨이 일제의 수탈에 절단이 나고 있을 때도 여전히 일제에 협력하며 제 목숨을 도모하던 사람들이 있었습니다. 이광수는 "조선인은 쉽게 말하면 제가 조선인인 것을 잊어야 한다 …(중략)… 아주 살과 뼈가 일본인이 되어 버려야 한다."라고 부르짖었고, 김활란은 "이제야 기다리고 기다리던 징병제라는 커다란 감격이 왔다 …(중략)… 우리는 아름다운 웃음으로 내 아들이나 남편을 전장으로 보낼 각오를 가져야 한다."라고 했습니다. 서정주는 가미카제 특공대로 참전하여 전사한 조선 청년을 칭송하는 시를 써서 일제에 부역했습니다. 박정희처럼 아예 일본군이나 만주군의 장교로 복무한 자들도 있었습니다. 이들 친일 부역자들은 일제가 영원하리라는 헛된 믿음이 있었는지 모르겠지만, 조선의 민중들에게 일제는 타도의 대상이었을 뿐입니다. 민중은 일제의 가혹한 탄압에도 불구하고 해방이 되는 그날까지 투쟁을 멈추지 않았습니다. 파업과 공출을 둘러싼 경찰과의 충돌, 징병과 징용 기피와 탈영, 부대 안 폭동 등 처한 상황과 위치에 따라 각기 형태를 달리한 투쟁이 끊임없이 벌어졌습니다. 그 결과 식민지 조선과 만주의 감옥은 일제에 저항하는 사상범으로 가득 차게 되었습니다.

6_ 해방을 맞이하기 위한 최후의 투쟁

1920년대부터 만주 지역에서 무장투쟁을 벌여 온 독립군은 1930년대 초에 들어와서도 지청천의 한국독립군, 양세봉의 조선혁명군이라는 이름 아래 일제와 치열한 전투를 벌였습니다. 일제의 대공세로 세력이 약화되기도 했지만 이들은 중국과의 공동 투쟁을 강화함으로써 돌파구를 찾았습니다. 이 시기에 와서는 조선인의 독립 투쟁이 중국의 해방 투쟁과도 직결되는 상황이 되었기 때문에 공동 투쟁은 반드시 필요한 선택이었습니다. 특히 1931년 만주사변 이후 일제가 만주 침략을 노골화하자 조선과 중국의 공동 투쟁의 열기는 더욱 높아졌습니다. 이는 만주 지역 조선인의 숫자가 급격하게 늘어났기 때문이기도 합니다. 만주의 조선인 숫자는 1930년에 60만 명, 1942년에 가서는 이미 150만 명을 넘어설 정도였으니까요. 따라서 만주 지역 조선인의 항일 투쟁은 중국의 항일 투쟁에도 핵심 요소가 되었습니다. 우리 측 입장 역시 마찬가지였습니다. 소규모 부대보다는 연합 부대가 일제에 맞서는 데 훨씬 유리했죠.

이 시기 항일 전쟁을 주도하고 있던 만주 지역의 중국 공산당과 한인 동포들의 항일 유격대는 공동 투쟁을 위해 '동북항일연군'을 결성했습니다. 그리고 연군 내의 한인 항일 유격대는 함경도 지역의 독립운동 세력을 통합하여 '조국광복회'를 조직했습니다. 이들은 1937년에 함경도 갑산의 보천보를 습격하여 주재소와 면사무소를 파괴하기도 했습니다. 이 보천보 사건은 일제의 대공세로 독립군이 사라졌다는 선전이 거짓이었음을 증명하는 사건이었습니다.

한편 김구 중심으로 명맥을 유지하고 있던 임시정부는 1920년대의 무기력한 외교 노선을 벗어던지고 1931년에 '한인애국단'을 조직했습니다. 한인애국단의 활동 방식은 의열단의 그것과 유사했습니다. 그중 가장 대표적인 인물로는 이봉창과 윤봉길을 들 수 있습니다. 이봉창은 1932년에 도쿄에서 일왕 히로히토에게 폭탄을 던졌습니다. 일왕을 폭사시키지는 못했지만, 일제의 심장부에서 그 상징을 겨냥한 거사는 그 자체로 큰 충격을 주었습니다. 역시 1932년에 상하이의 홍커우 공원에서도 윤봉길의 의거

이봉창 영정   윤봉길 영정

가 일어났습니다. 윤봉길은 일왕의 생일과 상하이 사변 승리를 축하하는 기념식에 폭탄을 던져 일본군 사령관 등을 처단했습니다. 특히 윤봉길의 거사는 일제가 중국 본토 침략을 위해 일으킨 상하이 사변 직후의 일이었기 때문에 중국의 높은 평가를 받았습니다. 이는 임시정부가 중국 국민당의 적극적인 지원을 받는 데 큰 역할을 하기도 했습니다.

그러나 이런 활동들은 비록 영웅적이긴 했지만 개별적인 투쟁이라는 한계를 가지고 있었습니다. 이런 개별적인 투쟁만으로 독립을 이루는 것은 어려운 일이었습니다. 앞서 살펴본 의열단이 조직 운동으로 방향을 전환한 것도 그 한계를 인식했기 때문이죠. 게다가 투쟁의 여파로 일제가 집요한 추적에 나서면서 임시정부는 다시 중국 각지로 쫓겨 다니게 되어 정상적인 활동이 불가능하게 되어 버렸습니다.

이런 상황에서 '민족 유일당 운동'에 이어 독립운동 세력을 다시 하나로 모으기 위한 시도가 일어났습니다. 그 결과 1935년 난징에서 의열단이 중심이 되어 각 정파를 망라한 '민족혁명당'이 창설되었습니다. 중국 내에서 최대 규모의 통일 정당이 등장한 것이죠. 하지만 임시정부 고수를 주장하던 김구는 민족혁명당 참가를 거부했습니다. 조소앙이나 지청천 등 의열단 중심의 정당을 원하지 않던 사람들도 탈당했죠. 이로써 통일전선을 통해 항일 투쟁의 단일 대오를 꾸린다는 민족혁명당의 원래 의미는 사라지고 말았습니다. 결국 하나의 정파로 남게 된 민족혁명당은 1937년에 중일전쟁이 발발하자 산하 군사 조직인 '조선의용대'를 만들었습니다. 그리고 그 주력의 대부분은 중국의 화북 지역으로 이동해, 중국의 항일 전쟁에 국제지원군으로서 참가하였습니다.

이제 독립운동 세력의 단일한 대오를 꾸리는 일은 실패로 끝나는 것

김구 영정

김구 서명문이 들어간 태극기(문화재청) | 미국 교포들에게 광복군 지원을 당부하는 글이 적혀 있다.

같았습니다. 하지만 1940년대에 들어서면서 상황이 바뀌었습니다. 2차 세계대전을 계기로 독립 단체들이 임시정부를 중심으로 다시 모이게 된 것입니다. 일제의 패망이 멀지 않았다는 인식이 광범위하게 퍼졌기 때문입니다. 일제가 패망할 것이 분명한 상황에서 통일된 정부 없이 해방을 맞이할 수는 없었죠.

임시정부를 중심으로 독립운동 단체들이 모이면서 조직이 강화된 임시정부는 김구를 주석으로 선출하고 건국 강령을 발표했습니다. 그리고 그 여세를 몰아 '한국광복군'을 창설했습니다. 임시정부 수립 이후 20여 년 만에 최초로 임시정부 산하 군대 조직을 건설하게 된 것입니다.

한국광복군이 대원 모집을 위해 활발하게 움직이면서 임시정부는 오랜 잠에서 깨어났습니다. 그런데 이때, 일제가 미국 하와이의 진주만을 공격했습니다. 태평양전쟁이 일어난 것입니다. 1941년 12월의 일입니다. 임시정부는 즉시 일본에 선전포고를 했습니다. 그러자 의열단 단장 김원봉이 중국 화북 지방으로 이동하지 않고 남아 있던 조선의용대의 일부 병력을 이끌고 광복군에 합류했습니다. 또한 민족혁명당 출신 인사들과 함께 사회주의 계열 단체도 임시정부에 합류했습니다. 이제 임시정부의 역량은 더욱 커지게 된 것입니다.

임시정부는 연합군과 협력하여 동남아 지역의 군사작전에 광복군을 투입하기도 했습니다. 미국의 '재미 한족 연합 위원회'와도 연결을 시도하여 그들이 결성한 '한인국방경위대'를 광복군의 군사 조직으로 편입했습니다. 그리고 중국의 화북 지역에 결성되어 활발한 무장투쟁을 벌이고 있던 '조선독립동맹'과도 연대를 시도했습니다. '조선독립동맹'은 화북 지역에서 중국 공산당을 지원하여 항일 투쟁을 벌이고 있던 조선 청년들이 중심이 되어 만든 독립 투쟁 단체였습니다. 이 조선독립동맹은 화북으로 이동한 조선의용대의 주력을 포괄한 좌익 계열의 단체였습니다. 독립을 앞둔 시점에서 임시정부가 사상과 이념을 벗어나 단일한 대오를 이루려는 시도를 한 것입니다. 임시정부는 언젠가는 반드시 있을 국내 진공 준비도 해 나갔습니다.

한편 국내에서는 1944년 8월 여운형이 주도하는 '건국동맹'이 결성되었습니다. 민족주의와 사회주의 계열의 연합으로 결성된 건국동맹은 일제의 패망에 대비해서 독립을 맞이할 준비를 국내에서 해 나갔습니다. 독립 후의 행정을 담당하기 위한 조직을 비밀리에 꾸리고 무장봉기를 위한 군사 위원회도 설치했습니다. 그리고 조선독립동맹과 임시정부와의 연계도 도모했습니다.

이렇게 해방 직전 국내외에서는 일제를 몰아낸 후 주체적인 독립국가를 건설하기 위한 움직임이 본격화되고 있었습니다. 임시정부의 국내 진공 작전에다 건국동맹의 무장봉기까지 준비되고 있었죠. 그러나

그 성과를 거두기 전에 일제가 항복을 선언해 버렸습니다. 일본 본토에
대한 미군의 폭격이 절정을 향해 달려가던 8월 6일 히로시마에, 8월 9
일에는 나가사키에 미국이 원자폭탄을 투하하자 일본이 전격 항복을 해
버린 것입니다. 이날이 바로 1945년 8월 15일입니다. 드디어 해방의 날
이 온 것입니다.

　　조선이 식민지로 전락한 이후 해방과 독립을 위한 투쟁은 끊임없이
이어져 왔습니다. 국내는 물론 만주·연해주·중국·미주, 그밖에도 조선
인이 살아가는 모든 곳에서 반일 투쟁을 벌여 왔죠. 때로는 무장투쟁이
나 정치 운동으로, 때로는 개별적 투쟁이나 노동자·농민·청년·학생·여
성들의 조직적 투쟁을 통해서 말입니다. 일제와 친일 부역자들이 아무
리 가혹한 탄압을 가해도, 아무리
달콤한 말로 자치와 민족 개량을
주장해도 굴하지 않고 싸웠습니다.
그동안 수백만 명이 고향을 등지고
수없이 많은 사람들이 목숨을 잃었
습니다. 부지기수의 사람들이 집과
재산을 잃고, 감옥에 갇히고, 고문
을 당해도 결코 물러나지 않았습니
다.
　　비록 완전하게 우리의 손으로
이루어 내지 못한 해방이었지만 이
나라는 조선인들의 땅, 수천 년을

서대문 형무소 수형기록표 ｜ 현재 5천여
명의 독립운동가 수형기록표가 남아 있다.

자신의 힘으로 일구어 온 나라였습니다. 다른 어느 누구도 권리를 주장할 수는 없었습니다.

따라서 1945년 8월 15일 당시 조선에는 대부분의 독립운동 세력들이 주장하고 온 민중이 요구하던 새 나라 건설의 목표를, 반드시 우리의 손으로 이루어 내야만 하는 과제가 남아 있었습니다. 게다가 해방은 김구의 말대로 너무나 급작스럽게 다가왔습니다. 온전하게 우리의 힘으로 이루어 낸 해방이 아니었기 때문에 이 과제를 스스로의 힘으로 달성하는 것이 무엇보다 중요한 일이 되었습니다. 그것만이 완전한 독립을 의미하는 것이었죠. 보통 선거를 통한 민주공화국 건설과 토지개혁, 주요 산업의 국유화와 친일파 청산 등이 그 과제였습니다.

●●● 임시정부는 왜 주요 산업 국유화를 주장했나?

1941년의 대한민국 임시정부 건국 강령은 '전국의 토지와 대생산기관의 국유화'를 주장했다. 이런 주장은 지금의 시각으로 보면 이해하기 어려울 수도 있다. 그런데 1942년의 조선독립동맹의 강령을 살펴보자. '조선에 있는 일본 제국주의자의 일체 자산 및 토지를 몰수하고 일본 제국주의와 밀접한 관계에 있는 대기업을 국영으로 귀속하며 토지 분배를 실행한다.'는 조항이 있다. 임시정부의 강령이 주장하고 있는 것이 무엇인지 한층 더 분명하게 드러난다. 일제가

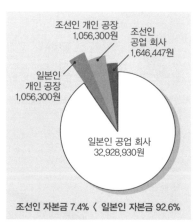

공업 부분의 민족별 자산 추계(경성상공회의소 조사과 통계) | 1945년 8월 기준이다.

우리 땅에서 불법적으로 가지고 있던 모든 재산을 해방 이후 국유화해야 한다는 뜻이다. 건국동맹 등 여타 독립운동 세력들 역시 비슷한 강령을 내세우고 있었다.

'조선에 있는 일제의 자산 및 토지'를 '적산'이라고 한다. 글자 그대로 풀이하자면 적, 즉 일제의 재산이라는 뜻이다. 다른 말로는 '귀속재산'이라고 한다. 남한 지역을 기준으로 본 적산 중 토지는 약 30만 정보였다. 남한 총 경지면적의 약 14퍼센트에 달했다. 사업체의 수는 3,551개였다. 그밖에 건물·주택·대지·점포 등의 부동산과 귀금속·유가증권 등의 동산도 있었다. 당시 귀속재산의 총 가치는 우리나라 총 자산 가치의 약 80퍼센트 정도로 추정될 정도였다. 한마디로 식민지 시절 조선의 모든 것을 일제가 독차지하고 있었던 것이다. 적산의 규모가 어마어마했던 만큼 적산을 어떻게 처리할 것인지는 해방 이후 새로운 사회를 만드는 데 매우 중요한 일이었다. 독립운동 단체들 대부분이 토지 분배와 주요 생산 기관의 국유화를 주장한 것은 일제의 재산이 특정한 개인이나 단체의 소유가 아니라 식민지 시절을 고통 속에서 견딘 모든 국민의 소유라는 것을 밝힌 것이었다.

참고 도서

강만길, 『고쳐 쓴 한국 근대사』, 창작과 비평사, 2006

계승범, 『우리가 아는 선비는 없다』, 역사의아침, 2011

김기협, 『망국의 역사, 조선을 읽다』, 돌베개, 2010

김기흥, 『고구려 건국사』, 창작과 비평사, 2002

김성남, 『전쟁으로 보는 한국사』, 수막새, 2005

김운회, 『우리가 배운 고조선은 가짜다』, 역사의아침, 2012

김영하, 『한국 고대사의 인식과 논리』, 성균관대학교출판부, 2012

문안식, 『한국 고대사와 말갈』, 혜안, 2003

박광용, 『영조와 정조의 나라』, 푸른역사, 1998

박노자, 『거꾸로 보는 고대사』, 한겨레출판, 2010

박창범, 『하늘에 새긴 우리 역사』, 김영사, 2002

박현모, 『세종, 실록 밖으로 행차하다』, 푸른역사, 2007

서병국, 『고구려인과 말갈족의 발해국』, 한국학술정보, 2007

송건호, 진덕규, 김학준 등 저, 『해방전후사의 인식 1』, 한길사, 2004

역사학연구소, 『함께 보는 한국 근현대사』, 서해문집, 2016

우실하, 『동북공정 너머 요하문명론』, 소나무, 2007

윤내현, 박선희, 하문식 공저, 『고조선의 강역을 밝힌다』, 지식산업사, 2006

윤내현, 『한국 열국사 연구』, 지식산업사, 1998

윤내현, 『사료로 보는 우리 고대사』, 지식산업사, 2007

이병희, 『뿌리 깊은 한국사 샘이 깊은 이야기, 고려』, 가람기획, 2002

이재화, 『한국 근현대 민족해방 운동사 I』, 백산서당, 1988

이주한, 『노론 300년 권력의 비밀』, 역사의아침, 2011

임병주, 『한권으로 읽는 삼국왕조실록』, 들녘, 1998

이덕일, 『김종서와 조선의 눈물』, 옥당, 2010

이덕일, 『살아 있는 한국사 1, 2, 3』, 휴머니스트, 2003

이덕일, 『유성룡 : 난세의 혁신 리더』, 역사의아침, 2012

이덕일, 『윤휴와 침묵의 제국』, 다산초당, 2011

이덕일, 『조선 왕을 말하다』, 역사의아침, 2010

이덕일, 『정도전과 그의 시대』, 옥당, 2014

전우용, 『서울은 깊다』, 돌베개, 2008

최태성, 『최태성의 한국사』, 들녘, 2015

허수열, 『개발 없는 개발』, 은행나무, 2016

한국교원대학교 역사교육과 교수진, 『아틀라스 한국사』, 사계절, 2004

함규진, 『108가지 결정: 한국인의 운명을 바꾼 역사적 선택』, 페이퍼로드, 2008

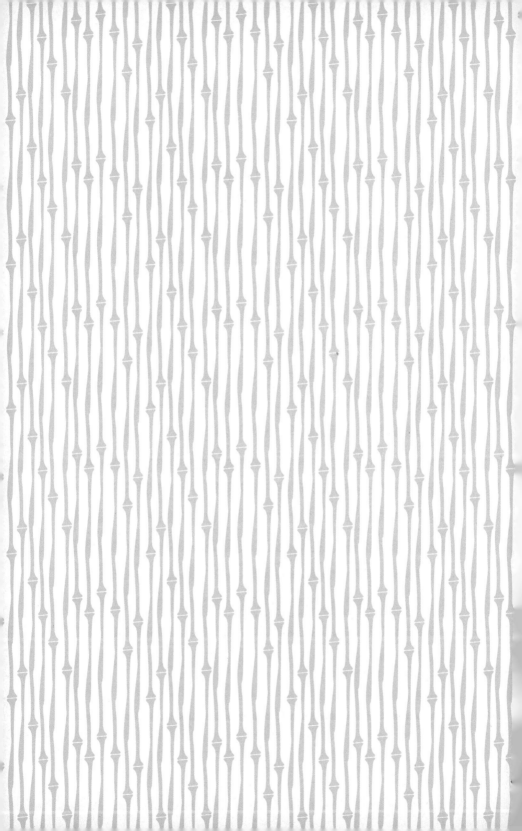